시나리오:

미장센을 활용한 영화적 글쓰기

시나리오
— 미장센을 활용한 영화적 글쓰기

초판 1쇄 펴낸 날 2020년 6월 12일
    2쇄 펴낸 날 2024년 3월 5일

지은이 l 이종승
펴낸이 l 김삼수
펴낸곳 l 아모르문디
편 집 l 김소라
등 록 l 제313-2005-00087호
주 소 l 서울시 마포구 월드컵북로5길 56 401호
전 화 l 070-4114-2665 팩 스 l 0505-303-3334
이메일 l amormundi1@daum.net

ISBN 978-89-92448-99-4 03680

이 도서의 국립중앙도서관 출판예정도서목록(CIP)은 서지정보유통지원시스템 홈페이지
(http://seoji.nl.go.kr)와 국가자료공동목록시스템(http://www.nl.go.kr/kolisnet)에서
이용하실 수 있습니다.(CIP 제어번호: CIP2020020654)

시나리오

미장센을 활용한 영화적 글쓰기

이종승 지음

아모르문디

들어가는 글

영화가 탄생한 이래로 미국의 할리우드는 세계 영화시장의 중심으로 군림하며 막대한 영향력을 행사해 왔습니다. 세계 여러 나라에서 이러한 할리우드의 독점적인 지배구조에 도전장을 던졌지만 천조국(千兆國)의 영화산업은 난공불락의 요새처럼 쉽게 허물어지지 않았습니다. 이런 시점에서 봉준호 감독의 〈기생충〉이 거둔 오스카상 4개 부문 수상은 견고하기만 한 할리우드의 성벽이 조금씩 열리고 있다는 착각을 안겨 주기에 충분한 사건이었습니다.

혹자는 BTS가 빌보드 차트를 석권하면서 K-팝이 전 세계 음악시장의 신흥 강자로 떠오른 것처럼 〈기생충〉을 시작으로 K-무비가 세계 영화시장의 주인공이 될 날이 머지않았다고 장밋빛 기대를 합니다. 저는 그런 의견을 가진 분들에게 질문 하나를 던져 봅니다. 할리우드와 한국영화를 비교할 때 우리가 가장 뒤쳐지는 부분이 무엇이냐고. 바꿔 말하면 어떤 단점을 보완하면 한국영화가 할리우드와 대등하게 싸워볼 수 있겠느냐고요. 대다수의 사람들은 자본력과 기술력, 이 두 가지를 지적합니다. 할리우드처럼 편당 수백억이 투자되는 제작비와 뛰어난 첨단 특수효과만 장착된다면 한국영화도 능히 할리우드와 대적할 수 있을 거라는 견해죠. 독자 여러분은 어떻게 생각하시나요?

개인적으로는 자본력과 기술력이 아무리 보강된다고 하더라도 '이것'을 개선하지 않고서는 한국영화는 할리우드를 절대 따라잡을 수 없다고 생각합니다. 여기서 이것이란 바로 '창조적인 시나리오의 부족'입니다. 할리우드가 전 세계를 지배했고 지금도 지배하고 앞으로도 지배할 가능성이 높은 이유는 천문학적인 제작비와 기술력 그리고 전 세계 영화시장의 29%를 차지하는 북미의 시장 규모에도 있겠지만, 가장 큰 핵심 동력은 바로 할리우드 영화가 가지고 있는 내러티브의 힘에 있습니다. 즉, 할리우드 영화가 세계를 지배할 수 있었던 힘은 인종과 성별 그리고 문화와 시대를 아우를 수 있는 보편적인 이야기 구조에 있는 것이죠.

이런 의견에 혹자는 다시 반박합니다. 할리우드가 한국영화에 비해 시나리오가 비교우위에 있는 것도 다 막대한 자본력 때문이라고요. 한국도 할리우드만큼 제작비가 올라간다면 양질의 시나리오가 얼마든지 나올 수 있다는 것이죠. 과연 그럴까요? 이렇게 반박하는 분들을 설득하는 가장 좋은 방법은 구체적인 수치를 제시하는 것입니다. 숫자는 거짓말을 하지 않으니까요. 한국영화가 할리우드에 비해 얼마만큼 시나리오 개발에 무관심한지 알아보기 위해 한국영화 제작비에서 차지하는 시나리오 개발비의 비중을 알아보겠습니다. 독자 여러분은 한국영화가 과연 얼마나 시나리오에 투자한다고 생각하시나요?

영화진흥위원회가 발표하는 '한국영화 순제작비 원가분석'을 보면 연구개발을 통해 새로운 작품을 발굴하는 데 필요한 '기획개발비'는 해마다 감소하고 있다는 사실을 알 수 있습니다. 2008년 6.82%였던 기획개발비는 10년 후인 2018년에는 4.85%로 오히려 줄어듭니다. 더욱 심각한 대목은 기획개발의 핵심인 시나리오 투자비용이 1.64%에서 1.42%로 감소했다는 점입니다. 어떤가요? 여러분이 예상했던 수치와 비슷한가요? 아니면 깜짝 놀랄 정도로 적나요? 칸영화제에서 황금종려상을 수상하고 아카데미 시상식에서 비영어권 영화로는 처음으로 작품상까지 거머쥔 성과를 낸 한국영화가 시나리오를 개발하는 데 전체 예산 중 1% 남짓 투자하고 있다는 사실이 믿겨지시나요? 이런 현실에서 과연 제2, 제3

의 〈기생충〉이 나올 수 있을까요? 아마 나올 수는 있을 겁니다. 그러나 〈기생충〉이 그랬던 것처럼 반드시 '기적'이 필요할 겁니다.

주지하다시피 영화예술의 기본은 시나리오에 있습니다. 시나리오의 완성도가 떨어지면 당연히 영화의 완성도가 좋을 수가 없습니다. 그럼에도 불구하고 오랫동안 한국영화계는 미흡한 시나리오를 촬영과 연출 그리고 편집으로 보완할 수 있다고 생각해 왔습니다. 이런 이유로 해마다 CG · 광고 · 마케팅 비용과 배급 수수료는 계속 증가하는 반면 기획 개발비는 오히려 감소하고 있는 것이죠.

이런 현실에서는 시나리오 작가의 처우에도 문제가 생기기 마련입니다. 10년 동안 시나리오 개발비용이 감소했듯이 신인 시나리오 작가가 받는 보수는 10년 전이나 지금이나 거의 같은 수준이라고 합니다. 시나리오 한 편이 완성되기까지 소요되는 시간을 고려할 때 글만 써서는 도저히 기본 생계마저 유지할 수 없는 것이죠. 따라서 시나리오 작가는 점점 더 줄어들고 스타 배우와 감독은 있어도 스타 시나리오 작가는 거의 찾아보기 어려운 것이 한국 영화산업의 현주소입니다. 한국영화에는 뛰어난 시나리오가 없어서 작가가 제대로 대우받지 못하는 것일까요? 아니면 시나리오의 중요성을 간과하기 때문에 창조적인 시나리오가 나오지 않는 것일까요? 아무리 생각해도 저는 후자인 것 같습니다.

그러면 할리우드의 경우는 어떨까요? 사실 한국 영화산업의 규모를 고려할 때 할리우드와 직접적으로 비교하는 것은 무리라고 보는 시각도 있습니다. 하지만 우리는 할리우드 영화산업 전체가 아닌 순제작비 중 시나리오에 얼마나 투자하는지만 따져보고자 합니다. 한국콘텐츠진흥원이 발표한 '할리우드 제작예산 편성분석'을 보면 할리우드는 소재를 발굴하고 시나리오를 개발하는 데 약 5%를 투자합니다. 고작 4%의 격차가 뭐 그리 대단한 차이냐고요? 하지만 한국영화와 할리우드의 전체 제작비를 고려할 때 그 차이는 매우 크다고 할 수 있습니다. 실제로 미국 작가협회(WGA)는 영화 스크린플레이(screenplay) 작가의 최저임금을 약 69,499달러로 정해놓고 있는데요. 여기서 중요한 대목은 이 금액이 최소라는 점입니다. 한국영화와 비교할 때 할리우드가 얼마만큼 시나리오 개발에 공을 들이는지 실감이 나실 겁니다.

아직도 막대한 제작비와 뛰어난 기술력만 있으면 한국영화도 세계로 뻗어나갈 수 있다고 착각하는 분들에게 저는 이렇게 말하고 싶습니다. "바보야 문제는 이야기야!" 1992년 미국 대통령 선거에서 빌 클린턴 후보가 내건 구호인 "바보야 문제는 경제야!"를 패러디해 보았는데요. 이 구호는 당시 클린턴 후보가 부시 대통령을 꺾고 승리할 수 있었던 핵심 전략이었습니다. 부시 대통령이 많은 이슈를 선점해 선거를 이끌어갔지만 정작 클린턴 후보는 당시 미국인들에게 가장 중요한 문제였던 경제 문제를 내세우면서 많은 지지를 받을 수 있었습니다.

영화도 마찬가지라는 생각이 듭니다. 한국영화가 풀어야 할 많은 과제 중에 저는 창조적인 시나리오 개발이 가장 우선되어야 한다고 생각합니다. 그러기 위해서는 앞서 설명한 시나리오 작가의 처우 개선을 비롯해 표준근로계약서 사용을 의무화하는 등 스태프의 근로조건 역시 반드시 개선되어야 하겠죠. 그런 후에 장기적인 관점에서 영화산업의 성장과 수익 향상을 위한 전략을 모색하는 것이 뒤따라야 합니다.

그렇다면 창조적인 시나리오는 어떻게 쓸 수 있을까요? 이 물음에 대한 고민이 바로 이 책에 담겨 있습니다. 학교나 문화예술 교육현장에 있으면서 장편 및 단편 시나리오를 제법 많이 접하게 되는데요. 읽고 나서 피드백을 하는 과정에서 가장 많이 하는 조언 두 가지가 있습니다. 첫 번째 조언은 "'가로쓰기'와 '세로쓰기'를 결합하자"입니다.

가로쓰기와 세로쓰기라는 용어가 좀 낯설 수 있는데요. 쉽게 말해 가로쓰기란 기존 이야기 공식에 충실한 시나리오 작법을, 세로쓰기란 자신의 창조성을 발휘해 기존 공식에서 벗어난 변이형을 적극적으로 활용하는 작법을 의미합니다. 이론적으로 설명하면 가로쓰기는 수평적 배열을 중시하는 통합체(syntagm)적인 글쓰기이고 세로쓰기는 수직적 선택을 강조하는 계열체(paradigm)적 글쓰기라고 할 수 있습니다.

가로쓰기는 시나리오를 쓸 때 가장 기본이 되는 글쓰기 전략입니다. 가로쓰기의 대표적인 모델은 바로 3막 구조를 이용해서 시나리오를 작성하는 것이죠. 모든 이야기는 처음과 중간 그리고 끝으로 구성되는 3막의 구조를 가지고 있다고 가정하여 설정 → 전개 → 해결, 또는 상황 → 갈등 → 결말로 이야기를 구조화하는 겁니다. 시나리오 작법에 사용되는 가로쓰기는 이뿐만이 아닙니다. 스토리텔링의 3요소인 '캐릭터＋모티프＋아이템'을 이용해서 글을 쓰거나 서로 대립하는 성격의 두 요소를 이용하는 '이항대립(Binary Opposition) 구조'를 사용할 수도 있고, '영웅 스토리의 12단계' 같은 신화적 구조를 차용해서 시나리오를 쓸 수도 있습니다. 시중에 나와 있는 대다수의 시나리오 작법 교재들이 주로 다루는 것이 바로 가로쓰기 기술이라고 할 수 있죠.

가로쓰기를 이용해 시나리오를 쓰게 되면 일단 탄탄한 이야기 구조를 만들 수 있다는 장점이 있습니다. 사람들이 가장 좋아하는 검증된 이야기 공식이기에 자신의 이야기를 안정적으로 전달할 수 있는 것이죠. 시나리오를 쓰는 사람이라면 반드시 숙지해야 할 모델이라고 할 수 있습니다. 그런데 문제는 모든 사람이 사용한다는 데 있습니다. 즉, 가로쓰기만을 계속 사용하게 되면 안정적일지는 모르지만 남과 차별성이 없는 시나리오가 될 가능성이 매우 높습니다. 관객 입장에서는 어디선가 많이 듣고 보아 온 이야기일 수밖에 없을 테니까요.

바로 이때 세로쓰기가 필요합니다. 이야기의 수직적 선택을 강조하는 세로쓰기로 보편성을 중시하는 가로쓰기를 보완해주는 것이죠. 예를 들어 아래의 세 문장을 어떻게 수직 배열하느냐에 따라 아주 색다른 이야기를 만들어낼 수 있습니다.

교사는	학교에서	수업을	했다.
테러범은	쇼핑몰에서	총격을	가했다.
강아지는	공원에서	산책을	했다

가로쓰기로 작성된 기존의 문장은 지극히 평범합니다. 교사는 당연히 학교에서 학생들을 가르치고, 테러범은 주로 사람이 많이 모이는 쇼핑몰을 노려 테러를 저지르며, 강아지는 한적한 공원에서 주인과 함께 산책을 하겠죠. 그런데 주어, 목적어, 보어 및 부사어 그룹으로 구성된 위 문장을 수직적으로 상호 교환하면 이야기의 의외성을 증폭시킬 수 있습니다. "교사는 쇼핑몰에서 총격을 가했다." 또는 "테러범은 학교에서 수업을 했다."처럼 주어는 그대로 둔 채 장소와 행동을 서로 교환하면 정형성에서 벗어난 스토리가 만들어집니다. 한편 "강아지는 공원에서 총격을 가했다."처럼 모티프 하나만 바꿨을 뿐인데 장르조차 짐작하기 어려운 기상천외한 이야기를 만들 수 있게 됩니다.

최근 유행하는 할리우드 B급 히어로물인 〈킥 애스 Kick-Ass〉(2010), 〈데드풀 Deadpool〉(2016), 〈수어사이드 스쿼드 Suicide Squad〉(2016) 등은 이러한 세로쓰기를 활용한 대표적인 작품이라고 할 수 있습니다.

세상에는 악당으로부터 우리를 구하고 외계인으로부터 지구를 지켜주는 수퍼히어로가 많습니다. ○○맨이라 불리는 슈퍼맨, 배트맨, 엑스맨, 스파이더맨, 아쿠아맨 등은 말할 것도 없고, 이제는 캡틴아메리카, 캡틴마블 같이 캡틴○○○이라 불리는 히어로물까지 쏟아지고 있죠. 그런데 이들 히어로물은 거의 비슷한 영웅 이야기 구조를 가지고 있기 때문에 매번 관객의 높은 기대를 충족시키기가 점점 더 어려워지게 됩니다.

이때 완벽하지 않고 오히려 뭔가 모자라지만 거부할 수 없는 묘한 매력을 지닌 이른바 'B급 병맛 히어로'들이 등장하기 시작합니다. 이러한 할리우드 B급 히어로물은 기존 주류 히어로물의 공식을 슬쩍 비틀었다는 공통점이 있습니다. 우선 주인공의 능력을 몇 단계 아래로 내려버립니다. 기존 A급 히어로들이 보통사람보다 절대적으로 우월한 지위를 가지고 물리적인 환경도 쉽게 뛰어넘을 수 있게 설정되었다면 B급 히어로들은 보통사람보다 아주 조금 우월하거나 아예 열등하게 다운그레이드해버립니다. 당연히 물리적 환경도 어느 정도만 뛰어넘거나 아예 넘지 못하게 설정해버리는 것이죠. 그러다보니 관객은 흥미를 가질 수밖에 없습니다. 어디서 많이 본 이야기이기는 한데 무언가 참신함이 공존하는 것이죠. 공간과 주제 역시 몇 단계 내려 선택합니다. 수퍼히어로물이 초자연적인 상상적 공간에서 펼쳐지는 영웅들의 초월적인 행위에 초점을 맞췄다면 병맛 히어로물은 현실적인 공간과 일상성을 강조함으로써 차별화합니다. 이렇게 세로쓰기를 이용해 시나리오를 쓰면 정형화되지 않은 자신만의 색다른 아이디어를 십분 발휘할 수 있게 해주는 장점이 발생합니다.

하지만 세로쓰기를 너무 남발해서도 안 됩니다. 자기가 보기에는 신선한 아이디어로 무장한 어디서도 보지 못한 새로운 이야기라고 할지라도 그 안에 보편성이 없다면 관객과의 교감에 성공할 수 없기 때문입니다. 그러면 가장 이상적인 시나리오 작법은 무엇일까요? 그렇습니다. 가로쓰기와 세로쓰기가 결합된 나름의 통합적 이야기 구조를 만드는 겁니다. 기본 공식에 충실하되 자신만의 창조성을 가미할 수 있는 능력. 바로 이것이 오늘날 요구되는 시나리오 작법의 모델이라 할 수 있습니다.

그러나 아쉽게도 우리 책은 첫 번째 조언과 관련하여 도움이 되는 내용을 많이 다루지는 못했습니다. 앞으로 소개할 두 번째 조언에 보다 무게 중심을 두었기 때문인데요. 대신 아모르문디 출판사에서 펴낸 영화총서 중 『영화 스토리텔링』을 읽어보시라고 추천해 드립니다. 이상적인 영화 스토리텔링에 대해 많은 것을 배울 수 있으리라 생각합니다.

창조적인 시나리오를 위한 두 번째 조언은 "문학적 글쓰기와 영화적 글쓰기를 구별하자"입니다. 이 조언은 우리 책의 궁극적인 목표 중 하나이기도 한데요. 사실 시나리오 작가를 지망하는 분들에게는 첫 번째 조언보다 두 번째 조언이 더 중요하다고 생각합니다. 그 이유는 시나리오가 가지고 있는 독특한 위상 때문인데요. 이는 앞서 영화예술의 기본이 시나리오라고 한 맥락과 연결되어 있습니다.

소설은 완성된 후 독자와 만나기까지 별다른 매체 변환과정이 필요하지 않습니다. 반면 시나리오는 탈고한 후 매체 변환과정을 통해 계속 내용이 바뀌는 특성을 가집니다. 먼저 시나리오는 이야기를 이미지로 시각화하는 작업인 스토리보드 과정을 거쳐 문자매체에서 일러스트 매체로 변환됩니다. 매체가 변환되면서 이미지화하기 어려운 내용은 생략되거나 이미지에 어울리게 수정됩니다. 스토리보드 작업이 끝난 후 시나리오는 다시 움직이는 이미지 즉, 동영상으로 변환되는 촬영과정을 통해 다시 한 번 일러스트 매체에서 영상매체로 변환됩니다. 이번에는 영상

매체로 표현하기 적합하지 않은 일러스트 내용 역시 수정됩니다. 크랭크업이 된 후에도 시나리오는 편집이라는 또 다른 변환과정을 거칩니다. 영상편집을 통해 개별 동영상이 하나의 영상으로 연결되며 비로소 이야기가 갖춰진 영화가 되는 것이죠. 이 과정에서 최종 이야기에 적합하지 않은 원안의 내용들이 마지막으로 수정됩니다.

마치 끊임없이 진화하는 생명체처럼 영화의 공정이 진행되면서 시나리오가 겪는 이 운명적인 변환과정은 영화예술을 이해하는 데 매우 중요한 단서를 제공해줍니다. 소설은 문자로 작성되어 별다른 변환과정 없이 문자매체인 책으로 독자와 만나지만 시나리오는 문자로 시작되어 영상으로 관객과 만나기까지 계속해서 변환과정을 거치며 수정되는 것이죠. 별거 아닌 것 같지만 이 차이로 인해 소설과 영화는 매우 다른 방식으로 이야기를 만들어냅니다.

하지만 안타깝게도 대부분의 시나리오를 보면 영화가 아닌 마치 소설처럼 작성된 경우가 많습니다. 시나리오는 비록 문자로 써지지만 최종 결과물은 시청각정보를 담은 영상이어야 한다는 영화 매체에 대한 기본 이해가 안 되어 있는 것이죠. 그래서 이 책에서는 우선 영화와 소설의 서술전달 방식과 특징을 비교해 보고자 합니다. '1부 영화 내러티브란 무엇인가?'를 통해 소설과 다른 영화적 글쓰기가 무엇인지를 깊이 있게 파악해보시기 바랍니다. 이어서 '2부 영화 내러티브의 창작과 분석'에서는 구체적으로 영화적 글쓰기를 어떻게 해야 하는지 설명하면서 시나리오 작법에 실질적으로 도움을 줄 수 있는 팁을 제시했습니다. 영화적 글쓰기를 위한 네 가지 팁은 우리 책의 또 다른 목표 중 하나이자 부제인 '미장센을 활용한 영화적 글쓰기'와 연관됩니다.

영화적 글쓰기라고 하면 흔히 시나리오에 영화 기술과 관련된 기호를

다는 것으로만 오해하는 경우가 종종 있습니다. 물론 아주 틀린 생각은 아닙니다. 주지하다시피 시나리오의 기본요소는 장면, 대사, 지문이고 이를 보다 효과적으로 표현하기 위해 편집기호나 촬영기호를 삽입하죠. 그러나 이 책에서 말하는 미장센을 활용한 영화적 글쓰기란 시나리오를 쓸 때 구체적인 이미지와 사운드를 떠올리며 창작하는 것을 말합니다. 즉, 단순히 작가(Writer)로서가 아닌 작가 겸 감독(Writer-Director)으로서 직접 연출한다는 생각으로 글을 쓰는 것이죠. 이렇게 쓴 시나리오는 읽는 순간 자연스럽게 머릿속에 해당 장면이 영화처럼 떠오르게 만듭니다. 2부에서는 바로 이런 글쓰기를 하려면 구체적으로 무엇이 필요한지에 대해 제 나름의 방식으로 설명해보았습니다.

우선 재미있는 이야기를 쓰기 위한 기법(skill)으로서의 영화서사학의 지형을 빠르게 요약하고 탄탄한 이야기 구조를 만들기 위해서는 무엇이 필요한지를 살펴보았습니다. 또한 영화의 내러티브 전달 방식과 특징을 활용한 글쓰기를 위해서는 장면에 걸맞은 시의적절한 미장센 요소의 활용이 반드시 필요하다는 점을 강조하면서, 구체적으로 시간과 공간 그리고 사운드를 어떻게 시나리오 작성에 활용할 수 있는지를 고민해보았습니다.

이 책을 읽다보면 미장센과 관련된 낯선 영화 용어들이 종종 등장할 것입니다. 미장센에 대해서는 '아모르문디 영화총서' 중 『미장센-영화 창작 논리의 해부』에서 자세히 다루었기에 따로 길게 설명하지는 않았습니다. 단 위의 책에서 언급하지 않은 새로운 용어는 '용어 길잡이'를 통해 부연 설명을 했습니다. 또한 독자의 이해를 돕기 위해 되도록 많은 예시를 들려고 노력했습니다. 소설과 영화의 차이를 살펴보기 위해 국내 소설 3편과 외국 소설 5편을 예로 들었고요. 각 장의 내용을 이해하기 위한 장면 예시는 최신영화와 고전영화를 망라하여 총 51편의 영화에서 발췌했고 인용한 장면에 대한 동영상 정보는 찾아보기 편하게 타임코드로 표기했습니다. 많은 분들에게 익숙한 최신 영화의 사례는 독자 여러분의 이해를 돕는 데 효과적일 겁니다. 고전영화를 예시로 활용한 이유는 영화미학의 원형적 특징을 고스란히 간직하고 있기 때문입니다. 혹시라도 보지 못한 작품들이 있다면 이번 기회를 통해 꼭 한번 감상해 보시기 바랍니다.

아무쪼록 이 책이 영화 내러티브를 깊이 있게 이해하여 자신만의 영화적 글쓰기를 완성하고 싶은 미래의 영화창작자들에게 많은 도움이 되었으면 합니다.

2020년 6월

이 종 승

차 례

1부

영화 내러티브란
무엇인가?

1. 문학적 글쓰기와 영화적 글쓰기

1) 내러티브≠서사, 서술≒서사, 내러티브=서술=이야기

본격적인 논의에 앞서 이 책에서 사용할 몇 가지 용어를 정리하고 넘어갈까 합니다. 일종의 조작적 정의(operational definition)라고 할 수 있는데요, 절대적인 개념적 정의라기보다는 필자 나름대로의 소신이자 생각이라고 이해하시면 됩니다. 자칫 불필요한 작업이라고 생각할지도 모르지만 이 책의 궁극적 목표 중 하나인 문학적 글쓰기와 영화적 글쓰기를 구별하는 첫걸음이 바로 이들 용어에 대한 이해에 달려 있다는 점에서 중요한 작업이니 주의 깊게 읽어주셨으면 합니다.

내러티브≠서사, 서술≒서사, 내러티브=서술=이야기

위의 표기가 무슨 의미인지 궁금하실 것 같은데요. 먼저 첫 번째 '내러티브≠서사'의 의미는 "영어 내러티브(narrative)를 한자어 서사(敍事)로 번역하는 것은 그리 바람직하지 않다"는 뜻입니다. 왜 그렇게 생각하는지 서사와 내러티브의 사전적 의미부터 살펴보지요.

'서사'는 차례 서(敍)와 일 사(事) 자가 결합된 단어로서 한자사전에는 "사실을 있는 그대로 적는 일"로, 국어사전에서도 "어떤 사건이나 상황을 시간의 연쇄에 따라 있는 그대로 적음"이라고 비슷하게 정의합니다. 우리는 통상적으로 서사라고 하면 단순히 '이야기'라고 생각하는 경향이 강한데 사전적 의미는 조금 다른 뜻이 들어 있지 않나요? 여기서 주목할 점은 두 가지인데요. 첫째 '서'를 강조하면서 "있는 그대로", 즉 '차례', '순서'라는 의미가 강하게 작용하고 있고, 둘째 '적음'이라는 행위에 방점이 찍혀 있다는 것을 알 수 있습니다.

내러티브는 명사와 형용사로 모두 쓰이는데 명사적 의미만 간추리자면 "묘사[기술/이야기]; 서술(敍述)(기법)" 또는 "이야기체; 화술(話術)" 등으로 정의합니다. 꽤 오랫동안 아주 당연한 듯이 내러티브를 서사로 번역해 왔고 그것이 일반적으로 통용되었다는 점을 감안할 때 실제 사전에서는 서사 대신 서술 혹은 화술로 번역하고 있다는 점이 흥미롭습니다.

두 번째 표기 '서술≒서사'의 의미는 두 단어가 유사한 특징을 가지고 있지만 "완벽한 동의어는 아니다"라는 뜻입니다. 서술(敍述)은 차례 서(敍)와 지을 술(述) 자가 결합된 단어로서 "글로 표현하다, 말하다, 설명하다" 또는 "사건이나 생각 따위를 차례를 좇아 적거나 말함"이라고 정의합니다. 한편 화술(話術)은 말할 화(話), 꾀 술(術) 자가 결합된 단어로서 "말재주, (꾀, 계략, 길, 통로) 즉 말하는 방법"이라고 해석할 수 있습니다. 우리가 서사와 비교하여 서술과 화술에서 주목할 점은 '말함'이라는 특징입니다. 즉, 서사와 마찬가지로 '차례＋적음'이라는 의미도 있지만 그보다는 말함이라는 의미에 방점이 찍힌 것을 알 수 있습니다.

　마지막으로 '내러티브＝서술＝이야기'의 의미는 "내러티브는 한자어로는 서술로, 우리말로는 이야기로 번역하는 것이 바람직하다"는 뜻입니다. 물론 내러티브를 서사라고 쓰는 것이 틀렸다는 말은 아닙니다. 다만 앞서 살펴보았듯이 서사에는 '적는다'라는 산문체의 문학 양식, 즉 문학적 글쓰기라는 의미가 좀 더 강하게 내포되어 있고 아마도 이러한 전통적인 문학적 사용으로 인해 Narratology를 서사학(敍事學)으로 번역해서 오랜 기간 사용해 왔다고 생각합니다. 그에 반해 서술에는 적거나 말하는 의미 모두가 포함되어 있기에 영화적 글쓰기에는 서술이란 표현이 좀 더 어울린다고 생각합니다. 뒤에서 다시 설명하겠지만 결국 영화는 "문자로 적힌 시나리오를 배우가 말하는 예술"이라고 할 수 있으니까요. 그런데 사실 내러티브의 의미를 가장 잘 전달할 수 있는 용어는 한자어가 아닌 우리말 '이야기'입니다. 이야기는 국어사전에서 "어떤 사물이나 사실, 현상에 대하여 일정한 줄거리를 가지고 하는 말이나 글"이라는 의미를 가집니다. 이렇게 이야기에는 내러티브와 서술처럼 말함과 적음 모두가 포함되어 있습니다. 영화 분야에서 두 용어의 어울림은 더욱 두드러지는데요. 실제로 영화용어사전에서는 내러티브를 서사 구조가 아닌 "이야기가 전개되는 서술 구조"라고 정의하고 있습니다.

　이런 이유를 종합해서 영화적 글쓰기가 핵심인 우리 책에서는 더 이상 서사라는 용어는 사용하지 않으려고 합니다. 대신 내러티브 혹은 이야기로 통일해서 사용할 것입니다. 한 가지 남은 점은 이야기와 스토리의 구별인데 이에 대해서는 2부에서 다시 설명하겠습니다.

2) 이야기: 인류의 가장 오래된 엔터테인먼트

"인간은 이야기의 동물이다"라는 말처럼 우리 인간은 한편으로는 쉬지 않고 이야기를 만들어내고 또 다른 한편으로는 끊임없이 이야기를 듣고 싶어 하는 본능을 가지고 있습니다. 이런 이야기의 본능이 존재하는 가장 큰 이유는 인간이 무한한 존재인 자연이나 신이 아닌 유한한 생명을 가진 미약한 존재이기 때문일 겁니다. 태풍 · 홍수 · 호우 · 폭설 · 가뭄 · 지진 등의 피할 수 없는 자연현상으로 인하여 인류의 생명과 재산은 위협을 받아왔고 그때마다 세계의 혼돈을 체험한 인간은 어떻게 해서라도 그것의 존재와 이유에 대해 납득할 만한 설명을 하려고 노력했습니다. 그 끊임없는 인류의 노력의 산물이 바로 이야기라고 할 수 있습니다. 동서고금을 막론하고 신화, 전설, 민담이 과거부터 현재까지 전승되는 것도 바로 이런 이유 때문이라고 할 수 있죠. 그렇기 때문에 우리는 이야기를 문화원형(cultural archetype)의 중요한 요소로 간주하게 됩니다. 즉, 이야기는 현실적으로 해결할 수 없는 자연의 모순을 상징적으로 해결하려고 하는 인간의 노력이라고 정의 내릴 수 있습니다. 또 다른 의미에서 이야기는 인류의 가장 오래된 엔터테인먼트 기술이라고 할 수 있습니다. 본격적인 예술이 탄생하기 전에 사람들에게 즐거움과 감동을 주는 역할을 한 것이 바로 신화에서 출발한 다양한 이야기이기 때문입니다.

이렇게 자연에 대한 경외심을 상징적으로 묘사하고 또 다른 한편으로는 희로애락의 감정을 전해 줄 수 있는 이야기를 가장 잘 구현하고 있는 매체를 하나만 꼽자면 단연 영화라고 할 수 있습니다. 영화만큼 동시대 대중이 느끼는 잠재의식을 정확하게 포착해서 이를 이야기로 재현하여

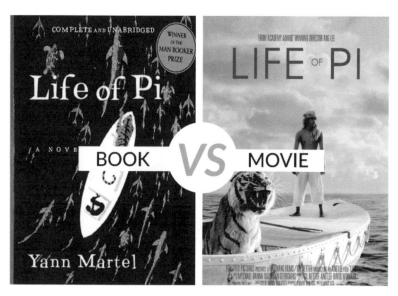

인간의 이야기 본능을 충족시켜주는 대표적인 예술 양식인 소설과 영화

숨겨진 욕망을 해소시켜 주는 예술 매체는 없다고 해도 과언이 아니겠죠. 그래서 흔히 "영화는 사회를 반영하는 거울"이라고 말합니다. 흥미로운 점은 현재 영화가 차지하고 있는 이 지배적인 위치를 반세기만 거슬러 올라가도 소설로 대표되는 문학이 담당했다는 사실입니다. 문학과 영화 모두 이야기를 기반으로 한 예술이라는 공통점은 있지만 그 전달하는 방식은 사뭇 다릅니다. 그리고 바로 이 차이점이 지금부터 시작할 우리의 첫 번째 논의입니다.

이제부터 본격적으로 '영화의 이야기'를 알아봅시다. 영화 이야기가 가지고 있는 특징을 이해하는 가장 좋은 방법은 바로 또 하나의 대표적인 이야기 매체인 소설과의 비교를 통해서 알아보는 것입니다.

2. 영화와 소설의 이야기 서술방식 비교

음절이 모여 단어가 되고 단어가 모여 문장이 되어 문단으로 이어지고 최종적으로 한 편의 작품이 되는 과정을 통해 소설은 이야기를 표현합니다. 영화 역시 비슷한 과정을 거쳐 이야기를 완성하죠. 숏(shot)을 조합하여 신(scene)을 만들고 신이 모여 시퀀스(sequence)를 구성하고 시퀀스를 통합하여 한 편의 작품을 완성하는 과정을 거칩니다. 이렇게 작은 단위에서 큰 단위를 거쳐 내러티브를 만든다는 점은 두 매체의 공통점이라고 할 수 있습니다. 그러나 동시에 영화와 소설은 이야기를 전달하는 상이한 방식으로 인해 서로 다른 차이점을 갖게 됩니다.

지금부터 이야기의 전달방식, 수용방식, 내면심리 묘사, 현실세계의 표현, 서술방식 이렇게 5가지 측면에서 영화와 소설의 차이점에 대해 알아보도록 하겠습니다. 시작하기에 앞서 우리가 절대 오해하면 안 되는 점에 대해 언급하고자 합니다. 문자매체의 대표 주자인 소설과 시청각

매체의 대표 선수인 영화를 비교하는 것은 두 매체의 우월과 열등함을 논하고자 함이 아닙니다. 다시 말해 누군가가 "이야기를 전달하는 데 있어 영화와 소설 중 무엇이 더 우월한가요?"라는 우문(愚問)을 던진다면 "두 매체는 이야기를 전달하는 데 있어 서로 다른 특징을 가지는 것뿐 어느 쪽이 우월하다고 볼 수 없습니다."라는 현답(賢答)을 해야 된다는 것이죠. 다시 한 번 강조하지만 두 매체 간 차이는 '우월과 열등'이 아닌 '장점과 단점'이라는 특징으로 이해해야 합니다.

1) 화자(話者)와 중개자(仲介者)

첫 번째 차이점은 이야기를 전달하는 방식에서 발생합니다. 일반적으로 이야기를 전달하는 과정에는 크게 세 주체가 있다고 볼 수 있습니다.

> 화자(speaker) ➡ 중개자(intermediator) ➡ 청자(listener)

먼저 이야기를 하는 사람인 화자와 그 이야기를 듣는 청자(聽者) 그리고 화자와 청자 사이에 위치하는 중개자가 그것이지요. 대개 소설은 청자를 독자로, 영화는 관객으로 표현합니다. 우리가 관심을 가져야 하는 지점은 소설은 화자와 중개자가 동일하지만 영화는 화자와 중개자가 분리된다는 것입니다.

소설은 화자와 중개자가 동일합니다. 따라서 소설의 의미를 이해하는데 있어 다른 중개자의 도움이 필요 없습니다. 그래서 소설에 있어서 화자는 서술자이면서 동시에 중개자라고 할 수 있습니다. 소설의 화자는 중개자의 역할까지 겸하기 때문에 소설 속 가상세계와 독자가 존재하고 있는 현실세계의 중간 지점에 위치하고 있다고 할 수 있습니다. 따라서 화자가 독자에게 이야기를 전달할 때 다른 누구의 중개를 필요로 하지 않습니다. 이해를 돕기 위해 예를 하나 들겠습니다.

다음은 이병주 작가의 소설 『지리산』 1권 첫 단락의 내용입니다. 다소 길더라도 이해를 돕기 위해 인용한 것이니 한번 찬찬히 '읽어'보시지요.

'병풍 속의 길'

봉선화가 담장 그늘 속에서 이슬을 머금고 수줍은 분홍 빛깔이었다. 장독대 언저리에 심어진 닭벼슬꽃이, 이제 막 솟아오른 해의 빛을 반겨 의기양양한 장닭의 볏처럼 짙은 연지색으로 요염했다. 빛과 그늘의 경계가 차츰 자리를 옮겨가면서도 선명하게 그어진 뜰이 말쑥하게 비질되어 있고, 그 뜰 가득히 가을 아침이 상냥하게 서렸다. 눈을 들면, 사랑채 지붕 위로 펼쳐진 하늘도 이미 가을 빛깔이었다. 뜰 한구석에서 거목으로 커버린 감나무의 반들반들 윤기 흐르는 녹색 잎사귀에 섞여 황금빛으로 익어가는 감들은 방울방울 탐스런 모양 그대로 소리 없는 **가을의 노래였다.**

이것은 1933년 **추석날, 이규(李圭)의 회상 속에 새겨놓은 풍경의 한 토막이다.** 그 해에도 국내·국외에서 사건이 많았다. 그 내용을 연표에서 대강 간추려보면 다음과 같다.

윤봉길 의사가 상해에서 시라카와 대장을 죽인 전년의 사건에 이어 2월, 조선혁명당이 중국의 구국회와 합작해서 항일 전선을 결성했다. (…)

그러나 그때 규가 이 모든 일을 알았을 까닭이 없었던 것처럼, **지리산이 남해를 향해 뻗어간 지맥 가운데 조그마한 분지에 자리 잡고 있는 규의 마을은 단 하나인 일본인 순사의 군림 아래 겉으론 거짓말같이 조용하고 평화**

로운 추석을 맞이한 것이다.

(이병주 저, 『지리산』, 한길사, 2006, 7~8쪽)

우리는 위 소설을 읽고 다양한 정보를 얻을 수 있습니다. 소설의 시간적 측면은 가을, 1933년, 추석날, 일본인 순사 등의 정보를 통해 일제강점기의 명절날이라는 것을 알 수 있죠. 또한 공간적인 측면은 풍경 묘사, 지리산, 분지 등을 통해 산골이라는 정보를 즉각적으로 얻을 수 있습니다. 그리고 소설의 주인공으로 추정되는 인물의 이름이 '이규'라는 것도 눈치 챌 수가 있겠죠. 그런데 우리가 소설 속 시간, 공간, 캐릭터 정보를 얻는 데 있어 다른 '무엇인가' 혹은 '누군가'의 도움이 있었나요? 여기서 말하는 다른 무엇인가와 누군가란 중개자를 의미합니다. 아닙니다. 아무런 중개자가 없이도 독자는 소설을 읽는 순간 즉각적으로 관련 내용의 감정을 느끼고 의미를 이해할 수 있습니다. 그래서 소설이 이야기를 전달하는 방식을 도표로 표현하자면 다음과 같이 표기할 수 있겠죠.

소설의 이야기 전달방식: 화자=중개자 ➡ 독자

영화는 소설과 달리 화자와 중개자가 동일하지 않고 철저히 분리되어 있습니다. 그 대표 중개자를 '카메라'라고 부릅니다. 즉, 영화의 서술자인 화자는 이야기를 전달하기 위해서 카메라라는 중개자가 반드시 필요한 것입니다. 카메라의 중개 없이는 이야기의 전개가 성립될 수 없는 것이죠. 이런 점에서 영화의 중개자인 카메라는 화자와 관객 사이의 경계선에 위치하며 영화의 서술 내용을 카메라를 통해 중개하고 관객은 카메

라에 전적으로 의존하며 관련 정보를 얻게 됩니다. 관객은 이야기의 정보를 얻기 위해서는 카메라가 제공하는 화면의 공간 안에만 머물러야 하며 관객의 시선은 항상 카메라의 시선과 일치하게 될 수밖에 없습니다. 예를 들어 카메라가 오른쪽으로 이동하면 관객의 시선 역시 오른쪽으로 따라가야 하며 카메라가 아래쪽으로 움직이면 관객의 시선 역시 아래로 향하는 것이죠. 아주 이상한 취향을 가진 관객이 아니라면 카메라가 왼쪽을 보여주는데 구태여 오른쪽을 보지는 않습니다.

> 영화의 이야기 전달방식: 화자 ➡ 카메라(+사운드) ➡ 관객

이런 점을 감안할 때 영화가 이야기를 전달하는 방식은 앞서 소개한 세 주체가 모두 필요한 도표로 표기될 수가 있는 것이죠. 어찌 보면 아주 당연한 말이지만, 영화는 카메라 없이는 결코 제대로 된 이야기를 관객에게 전달할 수가 없습니다. 물론 예외적인 경우도 있습니다. 영화는 시청각매체이기에 영상 없이 오직 사운드만으로도 이야기를 전달할 수는 있습니다. 그러나 이는 아주 예외적이고 부분적으로만 사용할 수 있는 스타일입니다. 영상 없이 1시간 30분 동안 사운드로만 이야기를 전달할 때 우리는 그것을 영화가 아니라 '라디오 드라마'라고 할 테니까요. 한 가지 확실한 점은 영화는 소설에는 없는 카메라와 사운드라는 두 중개자를 보유하고 있다고 할 수 있습니다.

이해를 돕기 위해 앞서 예로 들었던 『지리산』의 첫 단락을 이번에는 독자가 아닌 관객에게 화자가 설명한다고 가정해봅시다. 우리는 무엇을 어떻게 해야 할까요? 그렇습니다. 문자를 읽으면서 독자가 정보를 얻었

듯이 이번에는 카메라로 관객에게 구체적으로 보여주어야만 영화의 시공간과 캐릭터를 전달할 수가 있습니다. 지리산 산골 마을의 가을 정취를 관객에게 전달하기 위해 카메라는 봉선화가 자아내는 분홍색을, 닭벼슬꽃의 연지색 등 '색감'을 그려내야 하고요. 말끔하게 비질되어 있는 뜰의 모습과 사랑채 지붕, 감나무 등 가을을 상징하는 '질감'을 구현해야합니다. 1933년 일제강점기라는 시간대를 관객에게 전달하기 위해서도 카메라는 열일을 해야 합니다. 일제강점기는 일본인 순사의 모습을 보여주는 것으로 가능하지만 1933년이라는 특정 시간대를 관객에게 주지시키기 위해서는 달력 등의 소품을 이용하거나 자막, 대사 등을 보충적으로 사용해야 가능할 것입니다. 주인공 캐릭터인 이규의 모습 역시 구체적으로 관객에게 보여주어야 하겠죠. 여기에 시공간에 어울릴 만한 사운드가 추가되면 금상첨화일 겁니다.

어떻습니까. 이제 소설과는 다른, 영화가 이야기를 전달하는 방식에 대해 어느 정도 이해를 하시겠지요. 이번에는 이장호 감독의 〈바보선언〉(1983)의 오프닝 장면을 통해 실제 영화에서 어떻게 카메라와 사운드를 활용해 이야기를 전달하는지 알아보겠습니다.

영화가 시작하자마자 전자오락 사운드가 들리며 영화의 이야기를 전달하는 화자 역할을 하는 어린아이의 목소리가 들립니다. "옛날 한 옛날 20세기가 끝날 무렵에 우리나라에 동칠이라는 바보 같은 어른이 살았습니다."라는 말과 함께 동칠이(김명곤 扮)가 화면 가운데에 등장합니다. '바보 같은 어른 동칠이'의 캐릭터가 관객에게 제대로 전달되기 위해서 중개자인 카메라는 어떻게 해서든지 동칠이가 왜 바보로 불리는지를 구체적으로 보여주어야 합니다. 이를 위해 영화는 동칠이가 다리를 절며 입을 헤 벌리고 걸어가면서 동네 할머니들과 정신줄을 놓고 함께 춤을

[그림1] 〈바보선언〉 : 바보 동칠이의 묘사(00:00:24~00:02:40)

추는 모습을 보여줍니다. 만약 카메라가 이런 모습을 보여주지 않았다면 관객은 화자가 왜 동칠이를 바보로 부르는지 납득할 수가 없게 되지요. 여기에 동칠이의 캐릭터를 강화시키기 위해 영화는 또 하나의 중개자인 사운드를 추가합니다. 동칠이가 등장할 때 배경음악으로 한국 전래민요 "꼭두각시"를 깔아줍니다. 왜 하필이면 "꼭두각시"를 관객에게 들려줄까요? 꼭두각시란 자기 주체성 없이 남의 조정대로 움직이는 사람을 말하기 때문에 바보로 호명되는 동칠이의 캐릭터를 상징하는 강력한 보조장치로 사용한 것이죠. 이렇게 이장호 감독은 절름발이와 꼭두각시라는 상징성을 통해 자유가 박탈되었던 1980년대 한국사회를 우화적으로 비판하는 이야기의 힘을 얻을 수 있게 됩니다.

이번에는 같은 내용을 서로 다른 시점으로 묘사하는 예시를 통해 소설과 영화의 이야기 전달방식의 차이점을 알아보겠습니다. 이야기를 만들 때 누가 어떤 측면에서 묘사하느냐에 따라 같은 내용이더라도 상반된 효과를 얻을 수 있습니다. 이런 점에서 이야기의 작법에서 시점의 활용은 매우 중요한 요소라고 할 수 있죠.

가) **달팽이** 한 마리가 빌라 창문에 찰싹 붙어 기어간다. 달팽이 바로 옆으로 물이 한줄 흐른다. 달팽이의 움직임으로 미루어 짐작컨대 물이 흐른 자국과 달팽이는 약 8초 후에 만나게 되어 있다.

나) **그는** 빌라 창문에 찰싹 붙어 기어가는 달팽이 한 마리를 초조하게 바라본다. 달팽이 바로 옆으로 물이 한줄 흐른다. 달팽이의 움직임으로 미루어 짐작컨대 물이 흐른 자국과 달팽이는 약 8초 후에 만나게 되어 있다.

다) **나는** 빌라 창문을 바라본다. 달팽이 한 마리가 창문에 찰싹 붙어 기어간다. 달팽이 바로 옆으로 물이 한줄 흐른다. 달팽이의 움직임으로 미루어 짐작컨대 물이 흐른 자국과 달팽이는 약 8초 후에 만나게 되어 있다.

위 예시는 창문에 붙은 달팽이의 움직임에 대한 동일한 내용을 묘사하지만 그 시점이 서로 다른 문장입니다.

먼저 가)는 서술자가 자신의 주관을 배제하고 외부 관찰자의 시점에서 객관적으로 이야기를 서술하는 '3인칭 관찰자 시점'으로 쓰인 문장입니다. 3인칭 관찰자 시점의 가장 큰 장점은 독자의 상상력을 최대한으로 발휘하게끔 한다는 점입니다. 왜냐하면 3인칭 관찰자 시점에서의 화자는 이야기와 전혀 관계없는 외부 존재이기 때문에 이야기의 내용이나 흐름에 전혀 영향을 미치지 않습니다. 그래서 대부분의 소설이나 영화에서 사용하는 가장 일반적인 작법 시점이죠. 위 글에서의 화자도 달팽이의 움직임에 아무런 영향을 미치지 않는 객관적인 서술로 이야기를 진행시키고 있습니다.

나)는 이야기 밖의 서술자인 3인칭 시점으로 쓰인 글이지만 관찰자가 아닌 '전지적 작가 시점'으로 이야기를 전달하고 있습니다. 3인칭 관찰자 시점과 비교해 가장 다른 점은 이야기 속 인물의 내면과 감정까지 파악하여 서술할 수 있다는 것입니다. 말 그대로 서술자는 이야기의 모든 걸 알고 있는 전지전능한 위치에서 사건에 대한 평가까지 서술할 수 있는 것이죠. 위의 글에 등장하는 그는 달팽이가 물과 만나면 창문에서 떨어질지도 모른다고 생각하며 초조함을 느끼는 것으로 묘사됩니다.

다)는 화자인 '나'가 주어가 되어 문장을 풀어내는 1인칭 시점입니다. 1인칭 시점의 최대 강점은 독자에게 상당히 높은 몰입감을 선사할 수 있다는 점입니다. 인물이 이야기 속에서 직접 독자에게 말을 건네기 때문에 이야기가 훨씬 생생하게 전달될 수 있는 것이죠. 1인칭 시점은 다시 주인공과 관찰자로 분류될 수 있는데요. '1인칭 주인공 시점'은 말 그대로 주인공이 스스로 자기 자신의 이야기를 하는 시점입니다. 즉, 서술자가 곧 주인공이며 자기 자신의 심리나 감정을 표현하는 데 두드러진 특징을 보이는 작법이라고 할 수 있습니다. 다니엘 디포가 쓴 『로빈슨 크루소』를 떠올리면 이해하기가 쉬울 겁니다. 난파되어 무인도에 홀로 남아 28년간이나 혼자 살았던 로빈슨 크루소의 이야기가 마치 내가 주인공이 된 것처럼 흥미롭게 전달되는 작품입니다. 달팽이가 등장하는 예시의 다)글은 '1인칭 관찰자 시점'이라고 할 수 있는데요. 주인공 시점과는 달리 1인칭 관찰자 시점은 화자인 서술자가 자신이 보는 주인공을 관찰하며 이야기하는 시점입니다. 따라서 일반적으로 서술자는 관찰자의 역할에 충실하며 사건의 중심은 주인공이 되는 것이죠. 코난 도일의 추리소설 『셜록 홈즈』를 떠올리면 바로 이해가 됩니다. 드라마나 영화 등 많은 버전들이 대부분 동료인 왓슨 박사의 시점으로 이야기가 전달되지만 결국 이야기의 주인공은 셜록인 것이죠. 위의 예시에서도 나는 관찰자에 머물며 이야기의 주인공은 달팽이라고 할 수 있습니다.

여기서 중요한 점은 3인칭 관찰자, 전지적 작가, 1인칭 관찰자 시점으로 서로 다르게 묘사한 소설을 읽는 독자는 특별한 중개자 없이도 앞서 말한 시점 변화에 따른 효과를 그대로 이해하고 느낄 수 있다는 것입니다. 가)를 읽을 때는 '달팽이'에 집중하며 도대체 8초 후에 무슨 일이 벌어질까라는 궁금증으로 글을 읽을 것이고, 나)는 그 모습을 초조하게 바라보는 '그'의 감정과 내면에 집중하며 왜 그가 그렇게 느끼는지에 보다 방점을 찍으며 이야기 진행을 지켜볼 것이며, 다)는 달팽이에도 집중하겠지만 그것을 보다 생생하게 전해주는 '나'라는 화자에 의해 이야기에 좀 더 몰입하며 어떤 사건이 이어질지를 궁금히 여기게 되는 것이죠.

중개자가 필요 없는 소설의 독자와 달리 이 세 상황을 영화를 통해 경험해야 하는 관객은 시점 변화에 따라 전혀 다른 이미지를 접하게 됩니다. 앞서 말했듯이 관객은 카메라에 전적으로 의존하기 때문이죠.

먼저 3인칭 관찰자 시점으로 써진 가) 버전의 시나리오를 영화적으로 묘사하기 위해서는 카메라는 벌레의 움직임을 중심으로 잡으면 됩니다. 여러 가지 방법이 있겠지만 저는 중개자인 카메라의 줌(zoom in, out), 클로즈업(close-up), 패닝(panning)으로 구성된 촬영 스타일을 사용하고 싶네요. 우선 아파트도 단독주택도 아닌 3~4층의 빌라 창문이라는 것을 관객에게 인지시키기 위해서 어떻게든 빌라를 보여줘야 합니다. 보여주지 않으면 관객은 이 창문이 빌라 창문이지 알 수가 없으니까요. 이후 천천히 줌인으로 창문이 화면 중앙에 크게 보일 때까지 당겨줍니다. 그런 다음 컷을 바꿔 적당한 크기의 클로즈업으로 창문에 붙어 기어 다니는 달팽이를 잡아주지요. 이번에는 왼쪽으로 패닝해서 물 한 방울이 아주 천천히 흐르는 모습을 보여줍니다. 관건은 달팽이와 물이 만나게 될 8초라는 시간을 공간으로 변환해서 보여줘야 한다는 점입니다. 소설에서는 "약 8초 후에 만나게 되어 있다"라는 문장을 읽은 독자가 특별한 중개자 없이도 그 의미를 이해할 수 있지만 영화는 다릅니다. "약 8초 후에 만나게 되어 있다"라는 내용을 자막 혹은 내레이션으로 따로 제공해주지 않는 이상 어떻게든 8초라는 시간성을 공간성으로 변환하여 제시해야 관객이 이해할 수 있기 때문입니다. 이때 줌아웃을 쓴다면 꽤 효과적으로 표현할 수 있을 것 같네요. 한 프레임 안에 아주 천천히 달팽이와 물의 간격을 8초로 느낄 수 있을 정도까지 뒤로 빠지며 관객에게 보여주는 것이죠. 어떤가요? 소설로 읽을 때보다는 다소 복잡한 과정을 거쳐야 문장에 충실한 내용을 전달할 수 있겠네요.

　이번에는 전지적 작가 시점으로 이야기를 전달하는 나) 버전의 시나리오를 영화적으로 표현해봅시다. 가)에서 사용한 카메라의 줌, 클로즈업, 패닝 기능을 그대로 사용해도 되겠지만 초조하게 바라보는 '그'라는 인물의 내면을 반드시 관객에게 보여줘야 합니다. 그래야만 전지적 작가 시점으로 작성된 시나리오의 의도를 정확하게 표현하는 것이니까요. 많은 선택지 중 저라면 창문 밖에 크레인(crane)이나 지미집(Jimmy Jib)을 설치한 후 한 곳을 응시하는 그의 모습을 포착하겠습니다. 물론 그를 연기하는 배우의 얼굴 표정을 매우 섬세하게 포착해야겠죠. 초초함을 전달할 수 있는 배우의 연기는 무엇이 있을까요? 역시 많은 가능성 중 저는 배우에게 손톱을 물어뜯는 몸짓을 하라고 지시할 것 같네요. 그 후 가)와 비슷한 방법으로 달팽이를 보여주되 이번에는 그와 달팽이를 번갈아 컷을 바꿔가며 보여주는 것이 초초한 감정을 보다 효과적으로 전해줄 수 있을 것 같습니다.

　끝으로 1인칭 관찰자 시점인 다)의 묘사를 제대로 살리기 위해서, 먼저 카메라가 창문 내부에서 달팽이를 바라보는 '나'라는 화자를 보여주는 것이 어떨까 합니다. 가)와 나)가 창문 외부에서 달팽이를 포착했다면 이번에는 내부에서 '나'의 시선을 통해 보여주는 것이죠. 이를 위해 시점숏(P.O.V.)을 통해 나라는 존재를 강하게 관객에게 인지시키는 것이 효과적으로 보입니다. 주관적 카메라(subject camera)를 사용해 나의 시선으로 달팽이를 관찰하는 듯한 인상을 주는 것이죠. 처음에 화자인 나의 눈을 클로즈업으로 보여준 후 바로 이어서 달팽이의 상태를 관찰하면 관객은 나의 시선으로 달팽이를 바라본다고 생각하게 되니까 1인칭 관찰자 시점으로 사건을 보려는 의도를 제대로 살릴 수 있게 됩니다.

위에서 보았듯이 3인칭 관찰자, 전지적 작가, 1인칭 관찰자 시점으로 서로 다르게 묘사한 영화의 서술을 관객에게 제대로 전달하기 위해서는 아주 세세한 부분까지 카메라를 통해 중개되어야 하며 관객 역시 그런 카메라 미학에 전적으로 의존해서 의미를 받아들이게 됩니다. 이런 의

☞ **시점숏과 주관적 카메라 앵글**

- 시점숏(P.O.V.: Point Of View shot)은 등장인물의 눈을 통해 시야를 경험하게 하는 촬영기법으로서 관객으로 하여금 주인공의 내면에 쉽게 동화시키는 효과를 얻고자 할 때 자주 사용됩니다. 영화에서 사용되는 시점숏의 방법은 대개 등장인물을 클로즈업으로 잡아낸 후 다음 숏에 등장인물의 시선이 닿는 곳을 촬영하는 것입니다.

- 주관적 카메라 앵글(subjective camera angle): 특정 연기자의 시점으로 표현하는 촬영기법을 말합니다. 예를 들어, 술에 취해 비틀거리는 취객의 불안정한 신체와 심리를 표현하기 위해 카메라가 취객의 눈이 되어 일부러 기울어진 각도로 전봇대를 보여준다거나 바닥을 흔들리게 포착함으로써 등장인물의 심리와 감정 상태를 표현하는 것을 말합니다.

미에서 소설에서의 화자는 영화 미학적으로 본다면 일종의 카메라의 렌즈와 같은 역할을 하고 있다고 볼 수 있습니다.

시점의 변화를 통한 소설과 영화의 전달방식의 차이점을 통해 우리가 반드시 기억해야 할 영화적 글쓰기의 첫 번째 팁을 제시합니다.

> "영화는 구체적으로 관객에게 보여주어야 한다."

사실 팁이라고 부르기에도 민망한 지극히 당연한 말입니다. 그런데 시나리오를 쓰면서 우리는 종종 위의 교훈을 자주 잊어버립니다. "굳이 안 보여줘도 관객이 알아서 생각하고 유추하겠지"라고요. 아닙니다. 영화는 반드시 카메라라는 '중개자'가 있어야만 관객에게 내가 하려는 이야기를 전달할 수 있습니다. 이 점을 망각하는 순간 자신이 만든 이야기는 영화적 글쓰기가 아닌 문학적 글쓰기로 구성된 내러티브로 전락할 수 있다는 점을 잊지 말아야 합니다.

소설과 영화는 이렇게 이야기의 시점 활용이 다르기 때문에 종종 소설을 원작으로 만들어지는 각색 영화는 소설 속 시점을 변환시켜 영화로 완성하기도 합니다. 물론 이런 변환이 관객과의 교감에 긍정적으로 작용할 수도 있고 반대로 부정적으로 작용할 수도 있지만요. 그럼 『헝거게임』과 『파이 이야기』의 예를 통해 실제 영화가 소설의 시점을 어떻게 변환하는지 알아보겠습니다.

수잔 콜린스 작가의 소설 『헝거게임』(2008)은 지구멸망 이후 통제국가 판엠에서 벌어지는 체제의 대립과 저항을 그리고 있는 작품입니다. 서로를 죽여야만 살아남는 무한 생존경쟁에 내몰린 아이들의 이야기를

3부작으로 다루고 있는 소설은 전 세계에서 8,000만부 이상 판매고를 올리며 베스트셀러가 되었고 이후 4편의 시리즈로 영화화되어 역시 세계적으로 흥행에 성공했습니다. 특히 영화 시리즈의 첫 번째 작품인 게리 로스 감독의 〈헝거게임: 판엠의 불꽃〉(2012)은 박진감 넘치는 액션과 화려한 볼거리로 전 세계 영화팬들의 큰 사랑을 받았습니다. 그러나 소설을 먼저 읽고 영화를 관람한 관객들의 대부분은 영화가 콜린스의 의도를 제대로 구현해내지 못했다는 아쉬움을 피력했습니다. 영화가 원작의 디스토피아적 세계관을 제대로 표현하지 못하고 액션만을 너무 부각시켰다는 것이 주된 이유였죠. 실제로 소설과 영화는 이야기를 전개시키는 시점이 다른데요. 소설은 주인공 캣니스의 1인칭 시점으로 이야기가 전개되는 반면 영화는 3인칭 관찰자 시점으로 그려집니다. 아마도 이 시점 차이로 인해 영화에 대한 불만족이 나오지 않았을까 생각해봅니다. 그렇다고 1인칭 시점을 살리지 않은 영화를 비난할 필요는 없습니다. 반대로 영화가 1인칭 시점으로 제작되었다면 원작 소설을 그대로 재현하는 부분에서는 도움이 되었겠지만 속도감 있는 전개와 스펙터클을 보여주는 데 있어서는 단점으로 작용했을 것이기 때문입니다. 앞서 말씀드렸지만 소설과 영화의 매체적 우월성을 논하는 예시가 아니라는 점을 다시 한 번 강조합니다.

앞서 설명한 대로 1인칭 주인공 시점의 최대 강점은 주인공이 스스로 자기 이야기를 하는 만큼 자신의 심리나 감정을 표현하는 데 탁월한 효과를 거둘 수 있다는 것입니다. 1인칭 주인공 시점으로 작성된 소설 『헝거게임』의 주된 이야기 흐름 역시 캣니스의 감정 변화에 초점이 맞춰져 있습니다. 따라서 3인칭 시점을 고수하는 영화보다 감정 묘사나 등장인물의 디테일한 설정 묘사 등이 탁월하게 독자에게 전달될 수 있는 것이죠. 반대로 대부분의 상업적인 대중 영화가 그러하듯이 3인칭 시점의 영화 〈헝거게임〉은 캣니스가 겪는 내면의 고통에 대한 몰입도가 소설에 비해 현저하게 떨어집니다. 대신 카메라라는 중개자가 있기 때문에 스펙터클한 묘사는 소설보다 강점을 갖게 되지요. 구체적인 두 장면의 예를 통해 시점 변화에 따른 소설과 영화의 특징을 비교해보겠습니다.

첫 번째 장면입니다. 일 년에 한 번, 12개의 구역에서 십대 남녀 두 명을 선발해 최후의 1인이 남을 때까지 싸우는 죽음의 게임 '헝거게임'에 여동생이 선발되자 캣니스는 동생을 대신해 헝거게임에 참가하게 됩니다. 같은 구역 사람이지만 곧 생존 경쟁에서 싸울 경쟁자를 기다리고 있는데 운명의 장난으로 빵집 아들 피터가 선발됩니다. 피터는 과거 캣니스가 너무 오래 굶어 아사 직전까지 갔을 때 빵을 건네준 아이였습니다. 이제 캣니스는 생명의 은인을 죽여야 하는 비극적인 운명에 내몰리게 되는 것이죠. 소설은 바로 이 순간 캣니스가 겪는 혼란스러운 감정을 뛰어나게 묘사합니다.

> 왜 하필 저 애인거지? 그러면서도 나는 상관없다고 생각하려 애쓴다. 피터 멜라크와 나는 친구가 아니야. 이웃조차 아니야. 서로 말해본 적도 없잖아. 우리 사이에 딱 한 번 있었던 그 일은 벌써 여러해 전이야. 그는 아마 잊어버렸을 거야. 하지만 나는 잊지 않았고, 앞으로도 잊지 못하겠지….
>
> (수잔 콜린스 저, 이원열 역, 『헝거게임』, 북폴리오, 2009, 30쪽)

주인공의 심리를 정말 생생하게 독자에게 전달하는 뛰어난 묘사입니다. 소설은 1인칭 캣니스의 시점에서 한편으로는 은인을 죽여야 하는 죄책감에 시달리는 감정을, 또 다른 한편으로는 애써 그 운명을 회피하려는 혼란스럽고 복잡한 심리를 아주 세밀하게 독자에게 전달하고 있습니다. 실제로 원작『헝거게임』의 주된 감상 포인트는 화려한 스펙터클이 아닌 바로 이런 세밀한 심리 묘사를 경험하는 데 있죠.

영화에서는 같은 장면을 어떻게 묘사하고 있을까요. 피터가 호명되는 순간 캣니스는 본능적으로 그가 자신의 생명의 은인이라는 점을 기억합니다. 아주 미세하지만 캣니스의 얼굴에는 복잡한 심경이 표현되지요. 천천히 피터가 단상에 오를 때 캣니스는 정면으로 마주보지 못합니다. 카메라 역시 이 둘을 하나의 프레임에 잡지 않고 왼쪽에서 오른쪽으로 패닝하며 따로따로 보여줍니다. 사회자는 캣니스와 피터에게 악수를 하라고 지시합니다. 악수를 하려고 두 주인공이 몸을 돌려 마주하는 순간 영화는 3초도 되지 않아 즉시 플래시백(flash-back)으로 비가 오는 날 떨고 있는 캣니스를 바라보는 과거 속의 피터의 얼굴을 잡아줍니다. 그러다 다시 1초 후 현재 시점의 캣니스의 얼굴을 보여주죠. 그런 후 두 사람은 사회자의 요구대로 악수를 하고 실내 공간으로 들어가는 모습을 보여준 후 컷이 바뀌게 됩니다. 소설과는 달리 캣니스의 복잡 미묘한 심리를 관객이 느끼기에는 관련 정보도 부족하거니와 그 시간이 너무나 짧게 편집되었기 때문에 캣니스의 감정선은 관객에게 이르기도 전에 차단되어 버리고 말죠. 또한 소설과 달리 피터가 캣니스에게 빵을 주는 장면은 이후에도 아주 조금씩 관객에게 노출되어 두 사람의 인연을 계속해서 궁금하게 만드는 데 치중하고 캣니스의 감정에는 별로 신경 쓰지 않습니다. 즉, 영화에서는 피터의 후보자 호명으로부터 이어지는 캣니스의 내면의 감정은 구현하지 못하고 있는 것이죠.

두 번째 장면입니다. 헝거게임의 치열한 생존 경쟁 속에서 참가자들은 서로 목숨을 뺏고 빼앗기며 하나 둘씩 목숨을 잃어갑니다. 게임이 막

[그림2] 〈헝거게임: 판엠의 불꽃〉: 캣니스와 피터의 대면(00:14:50~00:18:00)

바지에 이르자 컨트롤 룸에서는 최후의 승자를 가리기 위해 남은 생존자들에게 생체돌연변이 괴물 머테이션을 투입시킵니다. 이 장면을 소설은 다음과 같이 묘사합니다.

> 으르렁거리느라 분홍색 입술을 까뒤집은 채 놈은 뛰어 올랐다. 공중에 떠 있는 그 순간, 내가 머테이션들의 어떤 것을 보고 동요했는지 깨닫는다. 나를 향해 번득이는 그 녹색 눈은 개도 아니고 늑대도 아니고 내가 본 어떤 갯과류 동물의 눈도 아니다. 분명히 인간의 눈이다. 그 사실을 깨닫기가 무섭게, 목걸이에 보석으로 1이라는 숫자가 새겨진 것이 눈에 들어온다. 그러자 이 모든 끔찍한 일들이 분명해진다. 금색 털, 녹색 눈, 숫자 1 …. 글리머다.(수잔 콜린스, 앞의 책, 332쪽.)

소설 속 머테이션에 대한 묘사는 헝거게임이라는 무자비한 살육경쟁에서 희생된 아이들이 얼마나 무시무시한 괴물로 변할 수 있는지를 보여주는 상징적인 심리 묘사라고 할 수 있습니다. 즉, 그들은 진짜 괴물이 아니라 헝거게임 중에 사망한 참가자들의 시체가 변화된 것이라고 캣니스는 생각하는 것이지요. 그래서 캣니스는 그들이 인간의 눈을 가지고 있으며 사람 머리색과 같은 털을 가지고 있고 게임에 참가할 당시 부여된 번호가 새겨진 목걸이를 착용하고 있다고 느끼는 겁니다. 정말 소름 끼치는 묘사라고 할 수 있습니다. 자기 자신의 의사와는 상관없이 서바이벌 게임에 끌려와 죽음을 당한 것도 모자라 판엠에 의해 생체병기로까지 이용당하는 불쌍한 아이들에 대한 연민이 녹아있는 묘사인 것이죠. 괴물에 대한 두려움도 있지만 동시에 희생자에 대한 측은지심의 감정이 공존하는 캣니스의 심리를 표현하고 있다고 할 수 있습니다.

이런 공포와 연민이 공존하는 머테이션 등장 장면을 영화는 어떻게 보여주고 있을까요? 캣니스와 피터가 코뉴코피아에 다다를 때 머테이션이 피터를 급습합니다. 캣니스가 화살을 쏴 제압을 하지만 머테이션은 살아나고 이들은 돌연변이 괴물들에게 쫓기게 됩니다. 카메라는 칠흑 같은 어둠 속에서 도망치는 캣니스와 피터 그리고 쫓아가는 괴물을 이동 촬영으로 속도감 있게 잡아냅니다. 한 마리에 불과하던 머테이션들은 다섯 마리로 늘어나지만 두 주인공은 죽을힘을 다해 달려 코뉴코피아 동상까지 기어 올라가는 데 성공하지요. 캣니스에 이어 피터가 오르기 시작할 때 머테이션들이 피터의 다리를 물고 늘어지고 이 장면을 카메라는 부감(high angle)으로 잡아냅니다. 한숨을 돌리나 싶더니 또 다른 생존자에게 급습을 당합니다. 아래에는 머테이션들이 위에는 강력한 도전자가 목숨을 위협하는 진퇴양난에 빠진 것이죠. 피터가 참가자에 의해 목숨이 위태롭게 되자 캣니스는 화살을 쏴 피터를 구합니다. 떨어진 참가자는 머테이션들에 의해 물어뜯기며 비명을 지르고 캣니스는 경쟁자가 고통에서 벗어나도록 화살을 쏘게 됩니다. 영화는 이렇게 소설에서 캣

[그림3] 〈헝거게임: 판엠의 불꽃〉: 머테이션의 공격과 캣니스의 심리(02:02:38~02:07:30)

니스가 머테이션들에게 느꼈던 복잡한 심리를 거의 전달하지 않고 있습니다. 대신 머테이션들의 무시무시한 괴물로써의 공포심에만 집중하지요. 즉, 영화는 머테이션이라는 소재를 후반부 서바이벌 게임의 클라이맥스로 이용할 뿐 죽은 아이들에 대한 연민 따위는 화려한 액션에 가려 드러내지 않는 선택을 합니다. 앞선 피터와의 만남에서처럼 액션과 스펙터클을 우선시하며 캣니스의 심리는 제외시켰다고 할 수 있습니다.

이처럼 소설 『헝거게임』과 영화 〈헝거게임〉의 이야기를 구성하는 방식이 다른 것은 1인칭 시점과 3인칭 시점을 택한 매체 차이로 인한 결과라고 할 수 있습니다. 소설의 전략은 주인공의 심리를 독자에게 전달하는 것에 치중한 것이고 영화의 전략은 속도감 있는 전개와 스펙터클을 보여주는 데 집중한 것이죠. "소설과 영화 중 어느 작품이 더 좋았다"라는 미적 판단은 전적으로 개인의 기호와 관련된 것이지 매체의 우월성과는 관계가 없다는 점 다시 한 번 강조하고 싶습니다.

이번에는 얀 마텔 작가의 『파이 이야기』(2002)와 그것을 영화화한 이안 감독의 〈라이프 오브 파이〉(2013)를 비교해보겠습니다. 『파이 이야기』는 열여섯 살 인도 소년 '파이'가 사나운 벵골 호랑이와 함께 구명보트에 몸을 싣고 227일 동안 태평양을 표류한 이야기를 100개의 챕터로 묘사하고 있는 모험소설이자 성장소설입니다. 전 세계 40개 언어로 번역되어 스테디셀러로 등극한 이후 2013년 세계적인 거장 이안 감독에 의해 영화로 만들어졌죠. 역시 소설은 1인칭 주인공 시점으로 영화는 3인칭 시점으로 묘사하고 있습니다. 사실 이안 감독의 입장에서『파이 이야기』를 영화화하기는 매우 힘들었을 겁니다. 이야기의 거의 대부분이 구명보트 안에 주인공과 호랑이만 있는 서술 구조이기 때문이죠. 그러나 영화는 언제 자기를 잡아먹을지 모를 호랑이와 공존 아닌 공존을 해야 하는 상황에 놓인 파이의 심리와 절망의 순간에 이르러 마침내 희망을 찾은 소년의 모험담을 원작 소설이 지닌 멋스러움을 그대로 유지한 채 황홀하고 화려한 상상력으로 이미지화하는 데 성공합니다. 이제부터 주요 장면을 통해 3인칭 영화의 상상력이 1인칭 소설의 사실성을 어떻게 구현했는지 알아보도록 하겠습니다.

원작과 영화 모두 주요 감상 포인트는 소년 파이와 호랑이 리처드 파커의 관계의 변화를 지켜보는 데 있습니다. 소설은 이 둘의 최초의 만남을 1인칭 주인공 시점으로 이렇게 묘사합니다.

> 안녕 리처드 파커! 호랑이가 나를 보았다. 콧방귀를 뀌었달까. 재채기를 했다고 할까. 어느 말도 정확하지는 않다. 또 프루스텐을 했다. 얼마나 대단한 동물인가. 그리도 당당한 풍채. '왕족' 벵골 호랑이란 표현이 딱 맞았다.
> (얀 마텔 저, 공경희 역,『파이 이야기』, 작가정신, 2004, 219쪽)

처음으로 벵골 호랑이를 본 파이의 가슴 떨리는 심정이 고스란히 독자에게 전달됨을 알 수 있습니다. 그러나 이런 문장을 3인칭 시점의 영화에서 표현하기는 매우 어렵습니다. '나를 보고 있는 호랑이'까지는 카메라로 표현할 수 있겠지만 "콧방귀를 뀌었달까. 재채기를 했다고 할까."라는 표현을 구체적인 이미지로 재현하기란 상당히 까다롭습니다. 왜냐하면 이런 문장은 주인공 파이의 내면심리를 묘사하고 있기 때문입니다. 그래서 실제로 영화에서는 이 장면을 비교적 간결하게 많은 숏으로 나누어 묘사합니다.

어린 파이가 고기를 손에 든 채 리처드 파커를 부릅니다. 카메라는 철창 너머에서 어린 파이를 잡아낸 후 컷을 바꿔 이번에는 파이의 뒤에서 호랑이가 나오는 철창 사이를 롱 숏(long shot)으로 보여줍니다. 잠시 후 리처드 파커가 모습을 드러내고 천천히 파이를 향해 다가옵니다. 카메라는 이번에는 반대로 호랑이의 뒤에서 철창 너머의 파이를 역시 롱 숏으로 보여줍니다. 마치 철창을 사이로 서로를 바라보는 듯한 인상을 관객에게 주기 위함이죠. 그런 다음 이번에는 비교적 사이즈가 크게 리처드 파커를 화면 중앙에 배치시키고 파이가 고기 한 덩어리를 권하는 모습을 클로즈업으로 잡아내죠. 호랑이는 파이의 말을 이해하기라도 한 것처럼 서서히 파이에게 다가옵니다. 카메라는 그 뒤를 아주 천천히 이동하며 쫓아가죠. 파커가 다가올수록 파이는 손을 떨며 불안해합니다. 카메라는 이제 화면 가득 손에 쥔 고기 덩어리를 지켜보는 파커의 얼굴을 크게 클로즈업으로 보여줍니다. 냄새를 맡으며 고기를 먹으려는 순간 파이가 다칠까봐 걱정하는 아버지가 소리를 지르며 뒤에서 뛰어오고 파커는 그대로 달아나고 맙니다. 파이는 경솔한 행동을 했다며 아버지에게 크게 혼나고 말죠. 원작에서 리처드 파커를 보고 느끼는 파이의 경외에 찬 감정은 영화에서는 느낄 수 없습니다. 그러나 클로즈업으로 보

[그림4] 〈라이프 오브 파이〉: 리처드 파커와 파이의 첫 만남(00:22:19~00:24:44)

이는 리처드 파커의 모습은 관객에게 당당하고 위압감을 주기에 충분한 아우라를 풍깁니다. 아마도 이안 감독은 문장 말미 "당당하고 왕족같은 호랑이"의 묘사에 더 치중했다는 생각이 듭니다. 그렇다고 영화가 원작을 제대로 표현하지 못했다고 감독을 책망할 필요는 전혀 없습니다. 소설은 파이의 1인칭 시점으로 호랑이를 묘사한 것이고 영화는 3인칭 시점으로 파이가 아닌 관객을 위해 리처드 파커를 묘사한 것일 뿐 작품 전체에서 장면이 갖는 중요성은 매우 유사한 효과를 거두고 있다고 볼 수 있습니다.

2) 독자의 능동성과 관객의 수동성

소설과 영화의 두 번째 차이점은 독자와 관객의 수용방식에서 발생합니다. 소설을 '읽는' 독자와 영화를 '보는' 관객의 차이점이라고 할 수 있겠죠.

　먼저 소설을 읽는 독자는 소설 속 화자의 말과 해설을 통해 주요 캐릭터를 파악하게 됩니다. 이렇게 소설 속 인물과 상황을 이해하기 위해서 독자는 매우 '능동적'인 자세가 필요하죠. 여기서 말하는 능동성이란 적극적으로 글을 집중해서 읽어야 한다는 것을 의미합니다. 왜냐하면 일반적으로 독서라 함은 독자 스스로 책장을 넘기며 소설의 서술진행을 뒤쫓아 가야 하는 행위이기 때문이죠. 글을 읽는 순간 집중하지 못하고 잠시라도 딴 생각을 한다거나 외부의 자극에 의해 독서 행위가 멈추게 되면 문장의 행간을 이해하지 못하게 되고 서술진행에서 뒤처지게 됩니다. 그럼 독자는 자신이 놓친 맥락을 이해하기 위해 다시 정독을 해야 합니다. 또한 소설의 문체가 지나치게 난해하거나 복잡한 경우 역시 제대로 문맥을 이해하기 위해서는 다시 재독을 하는 과정을 되풀이해야 하지요. 우리는 종종 독서를 싫어하는 아동·청소년이나 성인들을 보게 되는데요. 그들이 책을 멀리하는 다양한 이유 중 상당수는 바로 문자매체가 가지고 있는 이러한 능동성이 자신의 기호와 맞지 않아서가 대부분이라고 할 수 있습니다. 반대로 독서를 즐겨하는 부류의 독자들은 자기 자신이 스스로 조절할 수 있는 이 능동적 참여에 매력을 느끼기 때문에 책을 가까이 하는 것이죠.

　소설 수용방식의 능동성의 핵심은 바로 독자의 자의에 의해 얼마든지 서술진행을 중단할 수 있다는 점입니다. 언뜻 보면 불편하게 느낄 수 있는 소설의 수용방식의 단점을 얼마든지 보완해주고도 남는 어마어마한 장점이지요. 일단 시간적으로 독자는 얼마든지 자신의 일정에 맞춰 독서 시간을 조절할 수 있습니다. 책의 첫 장을 넘기자마자 글의 재미에 흠

빽 빠져 밤을 꼬박 새워 단숨에 완독할 수도 있고요. 친구에게 선물 받은 책의 내용이 생각보다 나와 맞지 않아 오랫동안 책장에 묵혀 두면서 조금씩 읽을 수도 있습니다. 단편소설의 경우 1시간 만에 완독할 수 있고요. 반대로 대하소설의 경우 이야기의 끝을 알기 위해서는 1년이 걸리기도 합니다. 독서의 공간적인 측면도 정말 자유롭습니다. 집중을 위해 의자에 똑바로 앉아서 정독해도 되고 카페에 앉아 음악을 들으며 독서를 즐길 수도 있습니다. 또 많은 분들처럼 취침 전 침대에 누워서 책을 읽는 재미도 쏠쏠합니다. 어디 이뿐인가요. 화장실에 앉아 볼일을 보며 독서를 하는 습관을 가진 분들도 꽤 많습니다. 이렇게 능동성이 요구되는 소설의 수용방식은 한편으로는 독자에게 일종의 집중을 요구하지만 다른 한편으로는 매우 자유로운 독서 환경을 시공간적으로 제공한다고 할 수 있습니다. 물론 요즘 들어 책을 읽어주는 오디오북이 등장하면서 더 이상 독서가 시각에만 의존하는 것이 아닌 청각을 활용하는 독서 문화가 빠르게 대중화되고 있는 것도 사실입니다. 그러나 오디오북 역시 독자의 능동성을 어느 정도 요구한다는 점은 비슷하다고 볼 수 있습니다.

반면 영화의 관객은 앞서 살펴보았듯이 카메라에 전적으로 의존하며 캐릭터와 상황을 이해하게 됩니다. 한 인물이 다른 인물과 상황들에 대하여 반응하는 모습을 카메라가 비춰주지 않으면 전혀 이해할 수가 없기 때문이죠. 보다 구체적으로는 미장센(Mise-en-scène)을 구성하는 카메라의 움직임, 각도, 위치, 거리 그리고 편집 리듬 등의 시각적 요소를 통해 이야기의 의미와 인물들의 감정이 전달됩니다. 물론 화면은 아무것도 보이지 않고 오로지 사운드적인 요소로만 이야기를 전달하는 아주 예외적인 장면도 있지만 매우 드문 경우죠. 즉, 관객은 카메라가 보여주지 않으면 이야기의 맥락을 전혀 모르기 때문에 다분히 '수동적'인 수용방

[그림5] 독자와 관객의 수용방식 차이

식을 가진다고 할 수 있습니다. 마치 어미 새가 물어다주는 먹이를 그저 받아먹기만 하는 아기 새나 메뉴의 선택권이 없는 오로지 한 음식만 파는 식당에서 밥을 먹는 손님이라고 할까요.

소설의 독자처럼 아주 집중하지 않아도 카메라가 보여주는 것만 이해하면 되는 관객은 상대적으로 여유롭게 영화를 관람한다고 할 수 있습니다. 여기까지만 보면 소설보다 영화가 수용방식에서 편리하다고 생각할 수도 있는데요. 꼭 그렇지만도 않습니다. 왜냐하면 영화는 소설처럼 서술진행을 스스로 조절할 수 있는 시공간적 자유가 거의 없기 때문입니다. 소설이 일반적으로 한 권의 책을 한 명의 독자가 읽는 것을 전제로 출간되는 것과 달리 영화는 기본적으로 혼자가 아닌 다수의 관객들과 극장에서 함께 관람한다는 전제하에 만들어진 예술입니다. 이런 점을 고려할 때 관객은 소설의 독자처럼 자기 마음대로 스크린 위에 영사되는 영상의 흐름을 멈출 수가 없습니다. 영화를 보는 도중에 화장실에 가고 싶을 때가 종종 있는데요. 이때 영사실을 향해 "나 화장실 갔다 올 때까지 잠시 영사를 멈추세요."라고 요구할 수 없습니다. 그냥 그동안 영상을 보지 못하는 불편함을 감수하고 부득이하게 자리를 떠나는 것이지요. 즉, 소설의 독자가 자의에 의해 서술진행을 중단했다가 다시 자유롭게 이어갈 수 있는 것과는 달리 스크린 외부에 존재하는 관객은 영화를 관람하는 시간에 개입할 수 없습니다.

또한 영화는 소설과는 달리 상영시간(running time)에도 제약을 받습니다. 소설은 작가가 마음만 먹으면 50권이 넘는 대하소설로 출간할 수 있습니다. 실제로 출간된 지 20년이 넘도록 아직도 연재를 이어가고 있는 작품도 존재하죠. 그러나 영화는 상업적인 이유로 아무리 긴 영화라도 3시간의 상영시간을 넘기기가 매우 어렵습니다. 〈어벤져스: 엔드게임 Avengers: Endgame〉(2019)의 상영시간이 181분이었는데요. 거의 이 정도면 상영시간의 끝판왕이라고 봐도 무방할 것입니다. 아무리 재미있는 이야기를 영상으로 옮긴다고 하더라도 같은 자리에서 3시간이 넘게 앉아 있다는 것은 큰 고역이니까요. 물론 영화의 이러한 시공간적 제한은 영화 기술이 발달하면서 변모하고 있는 것이 사실입니다. 처음 가정용 비디오 플레이어가 나왔을 때 영화를 극장에서 보지 않고 자신의 집에서 여러 번 반복해 보거나 끊어볼 수 있는 새로운 관람 문화가 생겨났고요. 디지털 시대로 접어들면서 극장 화질과 사운드에 못지않은 DVD와 VOD로 원하는 장소와 시간대를 골라 영화를 감상할 수 있게 되었습니다. 특히 최근 들어 주류 영화산업에까지 진입한 다양한 온라인 동영상 스트리밍 서비스(OTT)는 더 이상 "영화가 극장이라는 공간에만 의지하지 않는 예술이 되었다"라는 점을 세계만방에 선언하기도 했습니다. 그러나 앞서 얘기했지만 여전히 영화는 소설에 비해 서술진행을 스스로 조절할 수 있는 자유가 제한적이라는 점은 유효하다고 생각합니다.

정리하자면 소설을 읽는 독자와 영화를 보는 관객은 매체 특성상 서로 다른 수용방식으로 이야기를 감상한다고 할 수 있습니다. 능동적인 태도를 요구하는 문자매체의 경우 감상할 수 있는 시공간의 자유가 보장되는 반면 수동적인 태도로도 이야기를 전달받을 수 있는 영상매체는 대신 감상에 필요한 시공간의 자유가 다소 제약된다고 할 수 있습니다. 별것 아닌 것 같지만 이야기를 영화로 만드는 창작자에게 있어 두 매체의 차이점을 이해한다는 것은 매우 중요한 일입니다.

3) 내면심리 묘사: 상징적 기호와 도상적 기호

소설과 영화의 세 번째 차이점은 문자와 영상이라는 서로 다른 서술전달 방식에서 발생합니다. 소설과 영화의 서술전달 방식의 차이를 논할 때 가장 중요한 측면이라고도 할 수 있는데요. 소설과 영화를 구분 짓는 가장 결정적인 변별적 요소 중 하나이기 때문입니다. 당연한 말이지만, 소설은 이야기가 문자로 서술된다면 영화는 영상으로 서술됩니다. 따라서 소설의 문자는 '상징적 기호'이며 영상은 일종의 이미지로 이루어진 '도상(圖像)적 기호'라고 할 수 있습니다.

먼저 문자로 이루어진 소설을 이해하기 위해서는 필연적으로 문법을 비롯한 언어의 언술작용을 이해해야 합니다. 쉽게 말해 글을 모르는 문맹자(文盲者)는 소설을 이해할 수 없는 것이죠. 따라서 소설은 기본적으로 일정 정도 수준의 사고를 요하는 논리적이고 이성적인 매체라고 할수 있습니다. 이런 측면은 소설이 인물의 추상적이고 복잡한 생각이나 느낌, 내면심리를 직접적으로 표현할 수 있는 강력한 무기를 보유하게해 줍니다. 즉, 소설은 영화에 비해 상대적으로 관념적 묘사를 치밀하게 행할 수 있는 능력을 가지고 있습니다.

이해를 돕기 위해 앞서 예로 들었던 이병주 작가의 소설 『지리산』을 다시 소환해보겠습니다.

그 추석날 규는 처음으로 할아버지 산소에 성묘하러 갔었다. 그리고 그 해가 저물 무렵, 큰아버지가 할아버지 대에 이어 60년 넘게 살아왔다는 그 집에서 딴 곳으로 이사를 했기 때문에, 그 집에서의 추석은 그날이 마지막이었던 것이다. (…)

그런데 그 큰집이 초라한 집으로 이사를 했으니 어린 가슴에 충격이 아닐 수 없었다. 그 충격으로 해서 그 집에서의 마지막 추석이 회한처럼 가슴 밑바닥에 서리게 되었는지 모른다.

뒤에 생각하니 바로 그 추석날에도 집 안에 침울한 기분이 감돌고 있었던 것 같은데, 그때 규가 그런 것을 느꼈을 리는 만무했다. (…)

제상 뒤의 병풍이 막연하나마 어떤 의미를 띠고 규의 마음에 다가선 것도 그날이었다. 울창한 숲이 있고 기광(奇光)이 있고 개울이 있는 병풍 속의 풍경이 살아 움직이는 것처럼 느껴지기조차 했다. 그 병풍 속의 길을 걸어보고 싶은 충동도 일었다. 그 길은, 양쪽 절벽 사이로 흐르는 개울의 굴곡을 따라 거슬러 올라가 병풍 한가운데 부분에서 심산유곡으로 사라져버렸다. 그림 자체가 사라져버린 그 길을 계속 걸어보았으면 하는 감동을 자아내는데, 할머니의 말씀으로 인해 그 감동은 신비감을 띠었다.

(이병주, 앞의 책, 8~9쪽)

위의 글은 주인공 규가 큰아버지 댁에서 마지막으로 보낸 추석날에 대한 우울한 기억에 대한 서술입니다. 우리가 주의 깊게 볼 문장은 "회한처럼 가슴 밑바닥에 서리게 되었는지 모른다."입니다. 앞서 첫 번째 차이점인 화자와 중개자를 설명하면서 『지리산』의 시공간적 배경과 캐릭터를 영화적으로 어떻게 변환할 수 있는지를 예로 들었는데요. 색감, 질감, 소품 등으로 어느 정도 표현이 가능할 수 있었습니다. 그런데 이번에는 상황이 좀 다릅니다. 한 인간의 마음에 가슴 밑바닥에 서리게 된 '회한'을 도대체 어떤 영화언어로 표현할 수 있을까요? 아무리 뛰어난 연기력을 보유한 배우라고 할지라도 위의 감정을 제대로 관객에게 전달할 수 있을까요? 아니면 CG로 사람의 가슴을 열어 회한을 상징할 수 있는 질감과 색감을 통해 표현할 수 있을까요?

이번에는 바로 밑 문단에 이어지는 병풍과 관련된 관념적 묘사를 영화로 표현한다고 생각해봅시다. 병풍 속 풍경이야 어떻게든 표현할 수 있다손 쳐도 그 병풍 안으로 들어가고 싶은 욕구와 충동 그리고 감동과 신비감은 또 어떤 방식으로 영화적으로 재현될 수 있을까요? 제 생각으로는 거의 불가능합니다. 물론 영화가 소설의 관념적 묘사를 담고 있는 문장 하나하나를 그대로 재현해야 한다는 규칙은 없습니다. 영화는 영화만의 방식으로 소설의 정서를 관객에게 전달할 수 있는 상상력이 분명 존재합니다. 그러나 아무리 뛰어난 감독이더라도 소설 속 복합적인 규의 감정을 올곧이 직접적으로 전달한다는 것은 결코 쉬운 일이 아닙니다.

그렇기 때문에 영화의 영상은 소설의 언어적 사유를 구체적이고 명확한 시공간의 세계로 가시화시켜야 합니다. 다시 말해 영화는 시각적인 이미지의 연쇄를 통해 관념적인 의미를 직접적이 아닌 간접적으로만 전달할 수 있습니다. 영화는 이런 의미에서 관념적 묘사에 한해서는 소설처럼 또렷한 의미전달을 하기가 매우 어렵다고 할 수 있습니다. 이해를 돕기 위해 이번에는 앞서 소개한 소설 『파이 이야기』와 〈라이프 오브 파이)를 다시 한 번 비교해보겠습니다.

이 경우 역시 소설의 세밀한 관념적 묘사를 영화가 미처 표현하지 못한 경우라고 할 수 있습니다. 긴 표류로 인해 갈증에 시달리던 파이는 호랑이가 잠든 틈을 이용해 선실 안을 용기 내어 들어갑니다. 비상용 배낭을 발견한 파이는 그 속에서 꽤 많은 양의 생수 캔을 발견하고 정신없이 들이킵니다. 영화는 목을 하늘로 향하며 그야말로 허겁지겁 물을 마시는 파이의 모습을 보여주죠. 파이는 리처드 파커가 깨기 전 남아있는 생수 캔을 튜브로 만든 임시 뗏목으로 던지기 시작합니다. 카메라는 이번에는 허기를 채우려고 비스킷을 폭풍 흡입하는 파이를 클로즈업으로 보여주죠. 이어서 호랑이가 깨어나 파이를 위협하는 위기의 순간이 이어지고 파이는 다시 맹수를 피해 바다 속으로 뛰어듭니다. 파커는 보트 끝까지 쫓아오며 계속해서 위협하고 파이는 뱅골 호랑이를 피해 다시 멀찌감치 바다로 헤엄쳐갑니다. 급하게 음식물을 섭취한 파이는 귀한 음식까지 게워내고 말죠. 이 장면에서 극장에 있던 많은 관객이 정말 깜짝 놀랐던 기억이 아직도 생생한데요. 그 정도로 평화로운 순간에서 다시 급격한 리듬으로 순식간에 바뀐 매우 인상적인 장면입니다.

그런데 사실 원작에서는 이 장면을 긴장감 있는 영화 속 급박한 사건과는 거리가 한참 멀게 아래와 같이 묘사하고 있습니다.

내 기분이 어땠을지는 누구나 상상할 수 있겠지만 도저히 말로 표현할 수는 없다. **탐욕스런 목구멍으로 순수하고, 선하고, 아름답고, 수정 같은 물이 흘러들어 온 몸으로 퍼져 나갔다.** 그건 촉촉한 생명력이었다. 그 생명수를 마지막 한 방울까지 다 마신 후에도 깡통에 난 구멍에 남아 있는 물기를 빨았다.(얀 마텔, 앞의 책, 181쪽.)

[그림6] 〈라이프 오브 파이〉: 갈증을 해소하는 파이와 파커의 공격(00:54:15~00:56:33)

　어떤가요? 영화에서는 미처 느끼지 못한 파이의 그토록 간절했던 목마름을 해결한 생생한 심리와 감정이 느껴지시나요? 심한 갈증을 해결했던 경험들을 떠올려보면 파이의 심정이 충분히 이해가 갑니다. 정말 그 순간에 세상 무엇과도 바꿀 수 없는 행복감을 느꼈을 겁니다. 우리가 흔히 "지금 죽어도 좋아"라고 하는 그 기분 말이죠. 얼마나 간절했는지 물을 "순수하고 선하고 아름답다"라고 묘사하고 그 물을 마시는 자신의 목구멍을 '탐욕스럽다'라고 표현합니다. 정말 기가 막힌 묘사죠. 영화가 물을 마신 행복감 이후 찾아오는 급박한 리듬의 변화에 초점을 맞췄다면 소설은 짧은 순간 파이가 느꼈을 청량감에 집중했다고 할 수 있습니다. 이렇게 소설과 영화는 서로 다르게 장면을 해석했다고 할 수 있습니다. 이안 감독이 왜 이 장면을 이렇게 해석했는지 충분히 이해가 갑니다. 왜냐하면 영화가 소설 속 표현인 '순수하고 선하고 아름다운 물', '탐욕스러운 목구멍' 등을 이미지로 표현하기는 매우 어려웠을 테니까요.

그렇다고 "소설은 관념적 묘사가 영화보다 우월하고 영화는 열등하다"라고 단순하게 말할 수는 없습니다. 왜냐하면 영화는 소설이 가지지 못한 히든카드 한 장으로 이러한 단점을 극복하고도 남는 반전의 미학을 가지고 있기 때문입니다. 그 숨겨진 비밀무기는 바로 사운드의 요소입니다. 글의 서두에서 말씀드렸지만 영화는 시각매체가 아니라 '시청각' 매체입니다. 시각적으로는 관념적인 내면 묘사를 직접적으로 하기는 힘들지만 청각적인 요소를 활용하면 오히려 소설이 표현하지 못하는 은은하고 간접적인 방식으로 내면 묘사를 할 수 있다는 장점 또한 가지고 있습니다. 이창동 감독의 〈초록물고기〉(1997)는 사운드, 특히 배우의 대사를 이용해 주인공의 내면심리를 훌륭하게 관객에게 전달하는 좋은 예시를 보여줍니다.

　이제 막 군대를 제대한 막둥이(한석규 扮)는 태곤(문성근 扮)의 지시로 처음으로 살인을 하게 됩니다. 막둥이는 상대편 보스를 제거하는 살인을 저지른 후 심리적으로 매우 불안해하죠. 카메라는 화장실 바닥에 흘린 피를 닦아내기 위해 발버둥 치며 흐느끼는 막둥이의 모습을 흔들리는 핸드헬드(hand-held)로 잡아냅니다. 덕분에 불안하면서도 후회스럽고 무서우면서도 빨리 이 자리를 도망치고 싶은 막둥이의 심리가 관객에게 고스란히 전달됩니다. 피도 눈물도 없는 냉혈한 살인 청부업자가 아닌 정말 평범하고 순박했던 청년이 순식간에 살인자로 둔갑했으니 그 심정이 어땠을까요? 피가 묻은 얼굴과 손을 씻어내며 거울을 본 막둥이는 이제 오열하기 시작합니다. 그런 다음 막둥이는 이 불안함을 위로받기 위해 공중전화 부스에서 집으로 전화를 겁니다. 그런데 화면에는 막둥이의 모습은 보이지 않고 전화통화를 하는 음성과 대로변으로 추정되는 거리의 소음만이 들려오죠.

[그림7] 〈초록물고기〉: 대사 연기를 활용한 막둥의 심리 묘사(01:31:57~01:35:36)

"여보세요? 큰성이야? 큰성 나야, 막둥이. 엄마는? 아이, 엄마 어디 갔어?"라는 대사가 이어집니다. 그제야 카메라는 서서히 틸 다운(till down)하며 공중전화 부스에 쭈그리고 앉아 표정은 오열하고 있지만 애써 감정을 감추며 통화하는 막둥이를 보여주죠. 막둥이를 영화 프레임 내 공중전화 부스라는 또 하나의 프레임에 가두어 놓으며 막둥이에게 앞으로 닥칠 폐쇄된 운명을 강조한 것이죠. 이 시간이 무려 15초입니다. 현실에서 15초는 매우 짧은 시간이지만 영화에서 프레임을 비운 채 15초 동안 사운드만 들려주는 경우는 매우 이례적인 경우라고 할 수 있습니다. 당연히 관객은 중개자인 카메라가 이미지가 아닌 대사로만 정보를 전달할 때 사운드에 대한 의존도가 극대화될 수밖에 없습니다. 살인으로 인한 공황상태에 빠진 막둥이가 유일하게 의존할 사람이 정신지체를 갖고 있는 큰형이었다는 사실은 관객에게 매우 큰 울림으로 다가옵니다.

카메라는 이어서 큰형에게 걱정을 끼치지 않으려고 말할 때는 웃는 표정을 짓지만 들을 때는 수화기를 가리며 "큰성 전화 끊지 마"라고 흐느끼는 막둥이의 모습을 줌인으로 크게 잡아줌으로써 관객들로 하여금 막둥이의 감정에 동화될 수 있도록 유도합니다. 이 전화통화 장면은 약 1분 45초 동안 진행되는데요. 복합적인 막둥이의 심리를 사운드와 이미지의 조합으로 훌륭하게 표현해낸 명장면이라고 생각합니다. 이 장면은 영화 서술에서 배우의 연기가 얼마만큼이나 중요한 요소인지를 깨닫게 해주는 뛰어난 예시라고 할 수 있습니다. 감독의 창의적인 대사 연출도 물론 중요하지만 결국 그 요소를 구체적으로 관객에게 전달하는 것은 배우의 능력이기 때문이죠. 만약 한석규 배우가 아닌 다른 사람이 연기했다면 위와 같은 정서적 효과는 얻기 힘들었을 겁니다. 이런 점에서 배우의 좋은 연기는 주옥같은 소설의 문장과도 같은 역할을 합니다.

역으로 이 장면을 소설의 문장으로 표현하라고 한다면 이번에도 쉽지 않을 것 같습니다. 결국 앞서 살펴본 두 가지 차이점과 마찬가지로 소설과 영화의 서술전달 방식은 내면의식의 상이한 표출 양상에 따라 다를 수밖에 없는 것일 뿐 매체의 우월성과는 관계가 없다고 생각되네요.

4) 현실세계의 표현: 상상력의 편차

소설과 영화의 네 번째 차이점은 현실세계를 표현하는 언어와 영상의 가능성의 정도에서 발생합니다. 소설이 영화에 비해 상대적으로 관념적 묘사를 좀 더 치밀하게 행할 수 있는 능력을 가지고 있다면, 실재하는 현실의 모습을 전달하는 데에는 영화가 소설보다 다소 유리하다고 할 수 있습니다. 러시아의 거장 안드레이 타르코프스키(Andrei Tarkovsky) 감독이 "영화의 탄생은 현실의 시공간을 직접적으로 포착할 수 있는 가능성을 발견한 사건"이라고 말한 것처럼 영화는 타 예술과 비교할 때 우리가 살고 있는 현실세계를 실제 모습과 가장 가깝게 묘사할 수 있다는 장점을 가지고 있습니다. 영화는 별 어려움 없이 보여주고 싶은 시공간을 그대로 카메라로 촬영하고 사운드로 녹음할 수 있기 때문입니다.

예를 들어 보죠. 비 오는 날 부침개를 부쳐 먹던 시골 평상의 평화로운 한때를 묘사하고 싶다면 영화는 이런 모습을 그대로 재연해서 관객에게 보여주면 됩니다. 이번에는 아이들이 눈사람을 만들고 썰매를 타며 군고구마를 먹던 추억을 묘사하고 싶다면 영화는 마찬가지로 별 어려움 없이 그대로 재연할 수 있습니다. 혹자는 반문합니다. 이 정도는 소설도 문자로 충분히 묘사할 수 있는데요? 네. 맞습니다. 소설도 가능하지요. 그런데 여기에는 한 가지 문제가 있습니다. 소설의 현실 묘사에 있어 작가와 독자의 '상상력의 괴리'가 영화의 그것에 비해 훨씬 크다는 점입니다. 소설 작가가 문자를 통해 현실을 완벽하게 표현했다 하더라도 독자가 작가의 의도대로 현실을 똑같이 상상할 수 있을지는 장담할 수 없습니다.

위의 예로 들었던 비오는 장면과 눈이 내리는 장면을 다시 소환해봅시다. 작가가 비오는 날 부침개를 먹는 모습과 눈 오는 날 군고구마를 먹던 모습을 제 아무리 정밀하게 묘사한다고 하더라도 독자의 개인적 경험에 의한 상상력의 차이로 그 의도는 천차만별로 그려질 수 있습니다. 실제로 비슷한 경험을 한 독자와 그런 경험이 전혀 없는 독자 사이의 상상력의 괴리감은 꽤 많이 벌어질 수 있기 때문입니다. 그러나 영화는 이런 창작자와 수용자의 괴리감이 소설에 비해 상대적으로 적을 수밖에 없습니다. 왜냐하면 현실을 그대로 재연하기 때문입니다. 시골에서 부침개를 먹어 보지 못한 관객이더라도, 썰매를 타보지 못했던 관객이라도 영화가 직접 그 현실을 재연하면서 보여주고 들려주기 때문에 충분히 감독의 의도를 느끼고 공감할 수 있는 가능성이 커진다고 할 수 있습니다. 물론 소설과 영화 모두 무조건 창작자의 의도대로 수용자가 받아들이는 것이 작품의 최우선의 목적은 아닙니다. 얼마든지 수용자가 작가의 의도와는 다르게 묘사된 현실을 상상할 수 있고 자기 주관대로 감정과 의미를 해석할 수 있는 것이죠. 그러나 소설과 영화를 비교할 때 그 상상력의 편차가 소설은 너무 크게 벌어질 수 있는 위험성이 있는 반면 영화는 최대한 그 편차를 줄일 수 있는 가능성이 높다고 할 수 있습니다.

이 문제에 대해 소설 『개미』로 잘 알려진 프랑스의 소설가 베르나르 베르베르(Bernard Werber)는 2013년 11월 방한 기자간담회에서 다음과 같이 말합니다. "문학은 영화와 달리 작가가 해주는 일이 절반밖에 안 됩니다. 나머지는 독자 스스로 고유한 이미지를 창조하며 채워나가는 과정이죠." 영화적 글쓰기와 문학적 글쓰기의 차이에 대해 고민하던 저에게 아주 큰 실마리를 던져준 의미심장한 말이었습니다. 베르베르의 말은 "영화가 소설보다 전달방식에서 우월하다거나 소설 작가가 영화감독에 비해 게으르다"라는 말이 아닙니다. 아주 정확히 소설이 가진 현실 세계의 표현에 대한 한계점을 지적하고 그에 맞는 문학적 글쓰기에 대한 팁을 준 것이죠. 즉, 작가와 독자의 상상력의 편차가 큰 소설은 독자 스스로 이미지를 창조할 수 있도록 상상력을 자극할 수 있는 글로 묘사를 해야 독자와의 교감에 성공할 수 있다고 보는 것이죠.

좀 더 이해를 돕기 위해 중국 무협소설의 대가 김용 작가의 사조삼부곡(射雕三部曲) 중 첫 번째 시리즈 『사조영웅전』의 한 단락을 예로 들어보겠습니다. 아래는 강남칠괴가 곽정을 찾아 몽골에 도착한 후 구음백골조를 습득한 매초풍과 한판 대결을 벌이는 장면을 묘사한 문단입니다.

가진악이 두 손을 모아 여섯 개의 독릉(마름쇠)으로 일곱 발짝 앞을 겨누고 상, 중, 하로 쏘았다. 가진악이 벽력같은 소리를 지르며 석관에서 뛰어 나오고 강남칠괴가 사면에서 동시에 공격을 시작했다. 매초풍이 처참한 비명을 질렀다. 두 개의 마름쇠가 그의 두 눈을 맞힌 것이다. 가슴과 다리를 겨누어 날아간 마름쇠는 그대로 땅에 떨어지고 만다. **매초풍은 화가 머리 끝까지 치밀어 두 손의 장풍으로 석관을 때렸지만 가진악은 벌써 한쪽으로 피했고 쾅쾅 소리와 함께 돌가루가 사방으로 흩어졌다.** 그 여자가 미쳐 날뛰듯 한 발을 들어 석관을 짓밟자 두 조각으로 부러지고 만다. 엄청난 힘이다. 칠괴는 옆에서 이를 지켜보다가 아연실색하여 다시 대들 생각을 잠시 잊는다. (…)

말이 채 끝나기도 전, 가진악은 벌써 한 줄기 강한 바람이 가슴을 향해 엄습함을 느끼며 쇠지팡이에 의지하며 **몸을 날려 나무꼭대기에 올라앉았다. 매초풍도 몸을 날려 가진악이 올라타고 있는 나무의 뒤에 있는 다른 나무를 얼싸안고 두 손의 열 손가락을 깊숙이 나무줄기에 꽂았다.** 육괴는 얼굴이 새파랗게 질렸다. 가진악이 조그만 늦었더라도 꼼짝없이 죽었을 게다. 그 여자는 공격에 실패한 것을 알고 창공을 향해 괴상한 소리를 낸다. 마치 기러기가 울듯, 원숭이가 계곡을 향해 울부짖는 듯 날카롭고 긴 소리가 멀리멀리 사라져 간다. 주총이 느끼는 바 있어 소리를 지른다.

(김용 저, 김일강 역, 『영웅문1』, 고려원, 1986, 187~188쪽)

중국의 셰익스피어라고 불리는 김용은 미국의 하버드와 영국의 캠브리지 등 세계 여러 대학에서 그의 작품을 중국어 보조교재로 사용할 정도로 작품성을 인정받은 작가인데요. 특히 김용의 사조삼부곡인 『사조영웅전』, 『신조협려』, 『의천도룡기』는 사실 그 중독성으로 인해 매우 악명 높은 작품입니다. 한번 읽기 시작하면 자신도 모르게 시리즈 마지막 권인 24권까지 읽을 수밖에 없게 만들기 때문이죠. 밤새워 책을 읽는 것은 말할 것도 없고 식음을 전폐해서 위장병이 걸리고 눈이 빨갛게 충혈되면 안약을 넣어서라도 완독을 하게 만든다는 전설과 같은 작품입니다. 그렇다면 무협소설임에도 불구하고 왜 그렇게 남녀노소 독자들을 열광하게 만들었을까요? 바로 베르베르가 말한 "독자 스스로 고유한 이미지를 창조하며 채워나"갈 수 있게 집필된 소설이기 때문입니다.

위의 글만 보더라도 독자 스스로 이미지를 창조할 수 있도록 상상력을 자극하는 묘사가 돋보이는데요. 여기서 한 가지 흥미로운 점이 발견됩니다. 무협소설을 읽는 독자는 무협영화나 무협드라마를 얼마나 많이 보았는지에 따라 그 상상력의 차이가 발생할 가능성이 높다는 것입니다. 예를 들어 보죠. "매초풍은 화가 머리끝까지 치밀어 두 손의 장풍으로 석관을 때렸지만 가진악은 벌써 한쪽으로 피했고 쾅쾅 소리와 함께 돌가루가 사방으로 흩어졌다." 무협영화를 많이 본 독자라면 장풍을 쏘고 그 충격으로 돌이 날아다니는 장면이 그리 낯설지 않습니다. 그러나 직접적인 영상 이미지로 그런 묘사를 접하지 못한 독자라면 과연 위의 장면을 어떤 식으로 상상했을까요? 또한 "쇠지팡이에 의지하며 몸을 날려 나무꼭대기에 올라앉았다. 매초풍도 몸을 날려 가진악이 올라타고 있는 나무의 뒤에 있는 다른 나무를 얼싸안고 두 손의 열 손가락을 깊숙이 나무줄기에 꽂았다." 이 문장은 이른바 도약력을 높이고 불안정한 장소에서 균형을 잡을 수 있는 경공술(輕功術)을 묘사한 장면인데요. 역시 많은 무협영화나 드라마에서 필수적으로 보여주는 무술 장면입니다. 이런 경험이 축적된 독자에게 위 문장은 정말 박진감과 리듬감이 공존하는 뛰어난 묘사로 느껴지지만 경험치가 적은 독자에게는 작가가 의도한 이미지와의 간극이 충분히 생길 수도 있는 낯선 묘사가 될 수 있습니다.

정리하면 작가가 아무리 뛰어난 문체로 아크로바틱한 인간 신체의 움직임을 세밀하게 묘사한다고 해도 그것을 읽는 독자는 현실세계에서 축적된 경험치의 차이로 인해 작가의 상상력과의 괴리가 나타날 가능성이 높다고 할 수 있습니다. 그에 반해 영화는 그런 움직임을 직접적인 이미지와 사운드로 재연할 수 있기에 그 상상력의 편차가 상대적으로 작다고 볼 수 있는 것이지요. 비슷한 예로 우주 공간의 묘사를 들 수 있습니다. 과학적 지식이 풍부한 한 작가가 소설로 우주 공간을 묘사할 때 그 글을 읽는 독자는 우주에 대한 직간접적인 정보의 습득 유무에 따라 머릿속에 그려지는 우주에 대한 상상력의 폭이 달라질 가능성이 농후합니다. 그러나 크리스토퍼 놀란 감독의 〈인터스텔라 Interstellar〉(2014)와 같은 영화는 화려하고 정교한 특수효과로 광활한 우주를 직접적으로 묘사하기 때문에 우주여행 경험이 전혀 없는 대부분의 관객도 영화 속 우주가 마치 진짜 우주일 것이라는 착각을 하게 되는 것이죠.

이 지점에서 다시 한 번 영화적 글쓰기의 첫 번째 팁인 "영화는 구체적으로 관객에게 보여주어야 한다는 점"이 중요하게 다가옵니다. 결국 바람직한 문학적 글쓰기가 "독자 스스로 고유한 이미지를 창조하며 채워나가는 과정"을 극대화시키는 데 있다면 이상적인 영화적 글쓰기란 "관객 스스로 고유한 이미지를 창조하며 채워나가는 과정"을 최소화할 수 있게 프레임을 채워나가는 과정이라고 할 수 있습니다. 물론 때로는 여백으로 남겨두는 것이 더 효과적일 수도 있다는 점도 잊지 말아야겠죠.

이번에는 대니 보일 감독의 〈127시간 127 Hours〉(2010)의 예를 통해 상상력의 괴리에 대한 이해의 폭을 넓혀보겠습니다. 〈127시간〉은 실화를 토대로 만든 재난영화인데요. 어느 날 주인공 애론은 유타주에 있는

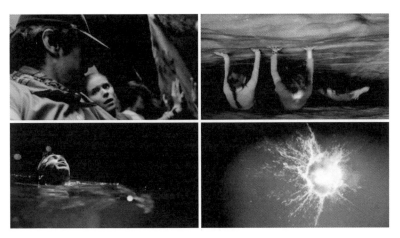

[그림8] 〈127시간〉: 사실적인 현실 묘사(00:10:35~00:13:26)

계곡을 홀로 탐험하던 중 암벽에 팔이 짓눌려 고립됩니다. 영화는 127시간 동안 치열한 사투를 벌이며 결국 생존에 성공하는 모습을 통해 인간 의지의 승리를 관객에게 전달합니다. 여러분에게 소개해드릴 장면은 본격적인 재난 상황이 닥치기 전 한가롭게 하이킹을 즐기던 애론이 우연히 만난 두 명의 여성들에게 자신만이 알고 있는 핫스팟인 동굴 속 호수로 다이빙을 하자고 제안하는 장면입니다.

　먼저 카메라는 사선앵글(Oblique angle)로 한 사람이 겨우 지나갈 정도의 낭떠러지에 매달려 있는 세 명의 등산객을 보여줍니다. 프레임 전경에는 애론을, 중경과 후경에는 호기심에 들떠 있는 두 여성을 잡아주지요. 그런 다음 이번에는 방향을 바꿔 애론을 후경으로 배치하는 컷으로 전환시키고 다시 처음 컷으로 돌아옵니다. 먼저 시범을 보이기 위해 애런이 밑으로 손을 놓고 떨어지는 모습을 부감으로 잡아냅니다. 실제로 한치 앞도 보이지 않는 심연 속으로 남자가 사라지죠. 그런 다음 애런이 푸른 물속으로 들어가는 장면을 보여줍니다. 그 사실을 알리가 없는 위의 두 명은 잠시 패닉 상태에 빠집니다. 아무리 애런을 불러도 대답이 없기 때문이죠. 애런이 서서히 물속에서 나와 헤엄치는 모습을 보여주며 환호에 찬 목소리로 빨리 뛰어내리라고 재촉합니다. 그 소리가 메아리가 치며 위에까지 전달되죠. 그제야 마음이 놓인 두 명은 웃으며 자신들을 놀린 애런을 질책합니다. 애런은 신나서 노래까지 부르고 그 메아리가 두 명을 끊임없이 유혹하죠. 카메라는 푸른 호수가 있는 지하 공간과 두 명이 매달려 있는 지상 공간을 번갈아 보여줍니다. 잠시 뜸들이던 두 명 중 한 명이 먼저 호수로 내려가고 이어서 나머지 한 명도 호수로 몸을 던집니다. 자신들이 그 높은 곳에서 떨어졌다는 사실을 믿지 못하고 놀라워하며 온몸으로 물의 청량감을 느낍니다. 이제 세 사람은 누가 먼저랄 것도 없이 계속해서 다이빙을 반복하며 동굴 속 호수로의 일탈을 만끽합니다. 영화는 부감과 앙각(low angle)을 적절히 활용하며 이 모습을 약 2분간 반복해서 보여줍니다. 잠시 뒤 127시간 동안 갇혀야 하는 주인공의 고난에 대한 극적 효과를 높이기 위한 노림수라고 볼 수 있죠.

위의 소개한 장면은 인물의 심리를 표현한 관념적 묘사가 아니라 절벽 틈에서 동굴 속 호수로 떨어지는 사실적 묘사입니다. 그런데 이 장면을 모험에서 살아남은 주인공 애런이 자서전을 통해 글로써 묘사한다고 가정해봅시다. 과연 이 장면을 어떻게 묘사해야 사실적으로 전달할 수 있을까요? 한 가지 분명한 점은 어떤 화려한 문체로 이 장면을 표현한다고 하더라도 글을 읽는 독자와의 상상력의 괴리는 커질 수밖에 없습니다. 애런과 똑같은 경험을 한 독자가 아니라면 직접적으로 그 기분을 체험한다는 것은 거의 불가능하기 때문이죠. 바로 이 점이 소설이 가지는 현실 묘사에 대한 한계입니다. 그렇다고 소설이 표현하지 못한다는 뜻

> ☞ **사선앵글(Oblique angle)**
>
> 카메라를 비스듬하게 한쪽으로 기울여 찍은 숏을 말합니다. 사선앵글로 찍힌 피사체는 대각선 위에 기울어진 것처럼 보입니다. 관객들이 현실생활에서 일상적으로 경험하는 이미지가 아니기 때문에 관객에게 혼란, 어지러움, 기괴함, 심리적 불균형 등을 표현할 때 효과적으로 사용되지요. 더치 앵글(Dutch angle)이라고도 부릅니다.

은 아닙니다. 베르나르 베르베르가 말한 문학적 글쓰기로 독자의 상상력을 자극하는 방식을 택해 묘사하면 되니까요.

이번에는 소설 속 다소 일반적인 묘사를 영화의 상상력을 동원하여 화려한 이미지로 변주해낸 두 장면을 소개합니다. 영화적 글쓰기의 좋은 예를 이안 감독의 〈라이프 오브 파이〉가 다시 한 번 보여줍니다.

파이와 가족들은 동물원을 모두 처분하고 남은 몇 마리의 동물들과 함께 화물선을 타고 캐나다로 향하는 배에 몸을 싣습니다. 그러다 바다 한가운데서 갑자기 조난을 당하고 파이는 동물과 함께 구명보트에 가까스로 오르게 되죠. 소설은 아래와 같이 그 순간을 이렇게 묘사합니다.

화물선이 거품을 내고 트림을 하면서 물속으로 사라지는 광경을 지켜봐야 했다. 불이 깜빡하더니 꺼져버렸다. 가족이나 생존자를 찾느라 두리번거렸다. 다른 구명보트가 있는지 희망을 안겨줄 만한 것이 있는지 찾아보았다. 아무것도 없었다. 빗줄기와 검은 바다의 집채만 한 파도만 있을 뿐. 배에서 쏟아진 화물만 비극을 안고 떠다닐 뿐이었다.

(얀 마텔, 앞의 책, 140~141쪽)

사실 배에서 조난된 상황을 묘사하는 여타의 모험소설에 비해 『파이 이야기』의 상황 묘사는 그다지 새롭게 다가오지 않는 평범한 문장으로 담담하게 서술하고 있습니다. 화물선의 비극적인 상황을 강조하기 위해 의인화한다든지 "집채만 한 큰 파도"라는 묘사를 통해 위험한 상황이 이어졌다는 사실만을 독자에게 전달하고 있습니다. 그러나 영화 〈라이프 오브 파이〉는 이 순간을 영화 전체를 통틀어 가장 인상적인 장면 중 하나로 변주해 냅니다.

거대한 폭풍우로 인해 난파 위기에 몰린 순간, 파이는 가족들을 살리기 위해 배 안으로 들어갑니다. 그러나 거센 물살로 인해 접근조차 하지 못하죠. 갑판으로 다시 나온 파이는 사람들에게 도움을 청하고 선원들은 자신들이 가족을 구하겠다고 말하며 파이를 구명보트에 억지로 태웁니다. 이때 놀란 얼룩말이 갑판 2층에서 떨어지며 파이가 타고 있던 구명보트는 바다로 추락하게 됩니다. 아슬아슬하게 구명보트의 끝자락을 잡고 파이는 버티지만 강한 비바람과 파도로 인해 화물선과의 거리는 점점 멀어져 갑니다. 카메라가 심하게 흔들리는 구명보트의 모습을 핸드 헬드로 잡아준 덕분에 관객은 마치 파이와 함께 보트에 탄 것 같은 생생함을 느낄 수 있습니다. 이때 제임스 파커가 보트 안으로 들어오고 파이는 이를 막으려 하지만 거대한 호랑이가 오르는 것을 지켜볼 뿐 아무것도 할 수가 없습니다. 파이는 위협을 느끼며 그대로 바다 속으로 뛰어듭니다. 정확하게 이 순간부터 위의 소설 속 묘사가 영화로 재현됩니다. 정말 집채만 한 파도가 파이를 집어삼키고 소용돌이는 파이를 물속으로 끌어당깁니다. 설상가상으로 상어까지 출몰하지요. 파이는 더 깊이 잠수를 해서 화물선으로 다가가려 애쓰지만 그만 힘이 빠지고 맙니다. 카

[그림9] 〈라이프 오브 파이〉: 화물선의 침몰(00:38:50~00:43:50)

메라는 이 모습을 롱 숏과 롱 테이크(long take)의 결합으로 절묘하게 포착합니다. 후경에는 불을 환히 밝힌 채 서서히 침몰하는 화물선의 모습을, 중경에는 물속으로 가라앉는 파이가 화물선을 지켜보는 모습을 동시에 잡아내지요. 분명 처참하고 무서운 장면임에도 너무나도 아름다운 영상미로 인해 황홀감이 느껴집니다. 파이는 안타까운 배의 최후를 천천히 지켜봅니다. 그래도 파이는 절망하지 않고 다시 구명보트를 향해 힘차게 헤엄쳐갑니다. 이 모습을 이번에는 환상적인 앙각으로 보여줍니다. 소설의 묘사가 배의 침몰이라는 긴장감보다는 다분히 평온한 분위기에서 파이의 관조적인 심리를 강조하는 데 방점을 찍고 있는 데 비해, 영화는 거대한 자연 앞에서 속수무책으로 당하는 인간의 모습을 좀 더 스펙터클하게 강조하고 있습니다. 소설 역시 정말 뛰어난 문체로 묘사하고 있지만 솔직히 이 장면만큼은 영화가 월등하게 표현해냈다는 생각이 드네요.

[그림10] 〈라이프 오브 파이〉: 날치 떼의 비상(01:14:00~01:16:27)

　이렇게 〈라이프 오브 파이〉는 환상적인 비주얼로 보는 내내 관객들을 매료시키지만 그중에서도 가장 인상적인 장면 하나만 선택하라면 아마도 대다수의 관객들이 날치 떼가 날아오르는 장면을 꼽을 것 같습니다.

　파이와 리처드 파커 모두 허기로 하루하루 힘든 나날을 보냅니다. 자신은 비상용 비스킷을 먹으며 버티면 되지만 호랑이가 계속 굶게 되면 결국 헤엄을 쳐 뗏목까지 와 자신을 잡아먹을 거라는 생각에 파이는 어떻게든 먹이를 구하려고 낚시를 시도하지요. 그러나 낚시는 생각보다 쉽지 않습니다. 설상가상으로 비상용 비스킷마저 물에 젖어 소실되고 말죠. 오랜 굶주림으로 지쳐갈 무렵 어디선가 생선 한 마리가 날아와 파이의 얼굴을 강타합니다. 그 생선을 파커에게 재빨리 던져주지만 날개가 달린 듯 생선은 다시 날아가 버립니다. 파이와 파커 모두 망연자실한 순간 놀라운 일이 일어납니다. 수를 헤아리기도 어려울 만큼 많은 날치들이 보트를 향해 날아오기 시작한 것이죠. 카메라는 날치들이 날아오는 방향으로 천천히 패닝하며 날치 떼를 바라보는 파이와 파커의 뒷모습을 잡아줍니다. 파이는 손으로 눈을 가리고 파커는 입을 크게 벌려 날치를 삼켜버립니다. 이때 영화는 재치 있게 주관적 카메라를 사용하여 눈을 가린 채 파커를 쳐다보는 파이의 시선을 관객에게 보여줍니다. 그런 다음 이 황홀한 광경을 롱 숏으로 넓게 보여주며 날치 떼를 뒤쫓는 참 다랑이의 모습을 보여주며 마무리합니다. 물론 대부분의 장면이 CG작업을 통해 구현해내었지만 정말 자연의 경이로움을 생생하게 맛 볼 수 있는 명장면으로 기억됩니다.

그러나 사실 원작에서는 이 박진감 넘치는 스펙터클을 아주 담백하게 묘사하고 있습니다.

> 바로 그 순간, 공기가 떨리더니, 우리는 날치 떼의 공격을 받았다. 날치 떼
> 가 메뚜기 떼처럼 몰려들었다. 물고기 수만 많은 게 아니라, 날개를 휘젓는
> 소리도 메뚜기 소리와 비슷했다. 수면 위로 한꺼번에 뛰어 나왔다. 한 번에
> 수십 마리씩 무리 지어, 100미터쯤 되는 거리에서 날아들었다.
>
> (얀 마텔, 앞의 책, 227쪽)

만일 영화를 보지 않았다고 가정할 때, 이 문장 자체로도 독자의 머릿속에 날치 떼의 비상이 아름답게 상상되는 것은 사실입니다. 독자 스스로 고유한 이미지를 창조하며 상상할 수 있게 철저하게 문학적 글쓰기로 표현한 문장이니까요. 그러나 방금 영화에서 보았던 경이로운 시각적 체험까지는 사실 느껴지기 어려운 것도 부인할 수 없는 사실입니다. 왜냐하면 대다수의 사람들은 파이 같은 경험을 할 수가 없으니까요.

5) 소설과 영화의 이상적인 서술방식

마지막으로 소설과 영화의 다섯 번째 차이점은 서술방식의 차이에서 발생합니다. 먼저 소설의 서술은 단선적입니다. 문자 그대로 한 줄로 직선상으로 구성된다는 말입니다. 즉, 소설의 구조는 연속적으로 연결되어 있는 선형적 구조(linear structure)로서 글과 글이 이어지고 또 연결되면서 이미지와 의미가 구체화되는 것이죠. 따라서 소설은 시공간에서 일어나는 상황을 세밀하게 기술하면 할수록 많은 단어와 문장 그리고 문단이 필요할 수밖에 없습니다. 이러한 특징은 소설의 의미를 받아들이고 해석하는 독자에게 막대한 영향을 미칩니다. 즉, 세밀한 묘사를 하면 할수록 많은 양의 글이 필요하고 그 문자를 통해 의미를 판독해야 하는 독자 입장에서는 그만큼의 많은 시간이 요구될 수밖에 없는 것이죠. 따라서 소설에서의 묘사의 양과 문장·문단의 길이는 독자의 해독 시간과 대체로 정비례한다고 볼 수 있습니다.

그러나 영화의 서술은 소설에 비해 함축적이며 보다 즉각적이라고 할 수 있습니다. 소설에서 길게 서술된 상황을 영화는 시각적으로 단번에 장면화할 수 있다는 특징이 있기 때문입니다. 예를 들어보죠. 먼저 소도구를 이용한 셔레이드(charade) 기법의 대표적인 예인 스탠리 큐브릭 감독의 〈2001 스페이스 오딧세이 2001 : A Space Odyssey〉(1968)의 한 장면입니다. 영화는 유인원이 우연한 기회에 짐승의 다리뼈라는 강력한 사냥 도구를 발견하는 장면을 보여줍니다. 유인원은 괴성을 지르며 인류 최초의 도구를 하늘 높이 던집니다. 다리뼈가 하늘로 비상하는 모습을 클로즈업으로 보여준 후 아래로 하강하는 장면 도중 영화는 바로 이어서 우주 공간을 유영하는 우주선의 모습을 보여주죠. 다리뼈에서 우주선으

[그림11] 〈2001 스페이스 오딧세이〉: 시공간의 비약(00:14:51~00:21:32)

로 이어지는 컷과 컷 사이가 불과 6초에 불과하지만 관객은 별다른 부연설명 없이도 빠른 시간 안에 즉각적으로 구축된 이미지를 통해 의미를 판독해낼 수 있습니다. 짐승의 다리뼈로 시작된 보잘것없던 인류의 문명이 눈부신 기술적 진보를 통해 최종적으로 우주 공간으로까지 확장되었다는 심오한 철학적 의미를 말이죠. 큐브릭 감독은 인류의 기술적인 진보를 보다 함축적으로 전달하기 위해 우주선의 모습을 유인원이 던진 다리뼈의 모양과 유사하게 장면화함으로써 관객의 이해를 돕고 있습니다. 이렇게 감독은 간단한 소도구의 병치를 통해 무려 400만년이란 세월을 단숨에 초월시킨 시공간의 비약을 보여줍니다. 그런데 만일 이 장면을 소설을 통해 독자에게 이해시키려 한다면 얼마나 많은 문장과 문단이 필요할까요? 또한 단선적이고 선형적인 소설의 서술진행을 이해하기 위해 독자는 얼마나 많은 시간을 투자해서 의미를 판독해야 할까요?

두 번째 예는 오손 웰즈 감독의 〈시민 케인 Citizen Kane〉(1941)에서 케인과 첫 번째 부인의 냉담한 관계를 내레이션이나 대사 없이 소도구와

[그림12] 〈시민케인〉: 함축적 공간 묘사(51:50~53:49)

신체언어를 활용한 서레이드로 함축적으로 표현해내고 있는 시퀀스입니다. 케인과 부인은 신혼 시절 알콩달콩 잠시도 떨어져 지내지를 못하는 다정한 사이로 묘사됩니다. 식탁에 앉은 두 사람의 거리도 상당히 밀착한 모습을 보여주죠. 세월이 흘러 아들의 양육문제와 집안문제로 인해 사소한 언쟁이 시작되고 점점 말수가 적어지더니 급기야 마지막 장면에서는 서로 시선조차 주지 않은 채 신문만 읽고 있는 모습을 보여줍니다. 게다가 부인은 케인의 경쟁사에서 발행하는 크로니클 신문을 읽고 있죠. 결국 시퀀스 말미에 두 사람은 처음과 달리 식탁 양쪽 끝에 위치하고 있음을 알 수 있습니다. 공간과 거리를 함축적으로 보여주는 숏의 비교만으로도 이들의 관계가 회복할 수 없는 지경에 이르렀음을 잘 보여줍니다. 시간적으로는 약 2분에 해당하는 장면이지만 관객에게 케인의 행복했던 신혼 초기부터 결국 파경에 이르는 십여 년 간의 케인의 결혼생활 전체를 즉각적으로 전달할 수 있는 탁월한 연출이라고 할 수 있습니다. 역시 마찬가지로 소설로 이들의 결혼생활 10년을 묘사하기 위해서는 많은 에피소드의 예를 통해 상당히 길게 엇갈리는 서로의 감정선을 묘사할 수밖에 없었을 겁니다.

이번에는 성서의 이야기를 다루고 있는 〈노아 Noah〉(2014)의 예입니다. 영화는 성경에 나오는 노아의 방주 이야기를 다루고 있습니다. 타락한 인간 세상에서 신의 계시를 받은 유일한 인물인 노아는 어느 날 꿈을 통해 신이 대홍수를 일으켜 세상을 파괴하려는 것을 알게 됩니다. 그러나 하나님은 구체적으로 무엇을 어떻게 해야 되는지는 노아에게 알려주지 않습니다. 노아는 날이 밝자 이 해답을 풀기 위해 생사조차 모르는 할아버지 므두셀라를 찾아가기로 결심합니다. 그러나 가족들과 함께 대홍수로부터 세상을 구할 수 있는 해답을 찾기 위해 떠나는 여정은 그리 쉽지 않다는 것을 알고 있습니다. 할아버지를 찾아낼 수 있는 유일한 단서는 꿈속에서 보았던 산의 모습밖에 없기 때문이죠. 영화는 거대한 방주를 지어 인류를 구해야 하는 운명을 지닌 노아의 첫 번째 여정을 페이드인-아웃(fade in-out)을 이용한 장면전환으로 함축적으로 묘사하고 있습니다. 카메라는 모든 나무가 잘려진 황폐한 땅을 걷고 있는 노아의 가족을 크레인 숏으로 천천히 보여주며 서서히 페이드아웃 시킵니다. 그런 다음 페이드인이 되며 이번에는 앞선 장면보다 더 황폐한 땅까지 갈라진 언덕길을 오르는 가족의 뒷모습을 역시 크레인 롱 숏으로 잡아준 후 다시 페이드아웃 시킵니다. 다시 페이드인이 된 후 전경에는 동물의 뼈가 뒹굴고 있는 썩은 웅덩이를, 후경에는 풀 한포기 없는 민둥산을, 중경에

[그림13] 〈노아〉: 페이드 장면전환을 이용한 시간묘사(00:12:25~00:15:29)

는 그사이 공간을 힘겹게 걷고 있는 가족들의 모습을 멀리서 보여줍니다. 또 한 번 페이드아웃 되고 이어지는 페이드인에서는 운명의 아이 일라를 만나게 되는 버려진 금 광산의 모습을 보여주죠. 영화는 페이드를 사용한 장면전환으로 노아가 방주를 찾기 위해 얼마나 고된 역경과 시련을 겪어야 했는지를 별다른 부연설명 없이도 빠른 시간 안에 즉각적으로 관객에게 전달합니다.

함축적이면서 즉각적으로 장면화가 가능한 영화적 서술의 세 번째 사례는 〈트랜스포머: 패자의 역습 Transformers: Revenge Of The Fallen〉 (2009)의 한 장면입니다. 주인공 샘은 인류를 위협하는 디셉티콘 군단에 맞서기 위해 큐브의 비밀을 풀어줄 로봇 선구자 제트파이어를 찾아 워싱턴에 있는 항공우주박물관에 갑니다. 그곳에서 만난 선구자는 샘에게 큐브 힘의 원천인 매트릭스가 있는 이집트로 공간 이동을 시켜주지요. 영화는 미국에서 지구 반대편에 위치한 이집트로의 공간적 비약을 숏의

☞ 장면전환의 기법들: 컷, 페이드, 디졸브

영화에서 가장 많이 사용되는 장면전환 기법은 크게 세 가지입니다.
첫째, 컷(cut)입니다. 컷은 분리된 두 숏을 연결할 때 가장 흔히 쓰는 전환기
법으로 한 화면에서 다른 화면으로 순간적으로 바꾸는 기법을 말합니다. 특
별한 장치 없이 숏 뒤에 바로 숏을 이어 연결하는 것을 말하지요.

둘째, 페이드(fade)입니다. 페이드는 두 숏이나 시퀀스 간의 장면전환을 이루
는 방법으로 쓰입니다. 또한 영화를 시작하거나 끝낼 때도 많이 사용하지요.
페이드는 페이드인과 페이드아웃으로 나눌 수 있습니다.

화면 ⇒ 점차 어두어짐 ⇒ 암흑 상태 ⇒ 점차 밝아짐 ⇒ 선명한 화면
| ----------------- Fade out ------------------- Fade in --------- |

한 화면이 점차 어두워지기 시작하여 암흑 상태로 변한 다음 점차적으로 밝
아지기 시작하여 완전히 선명하게 나타나는 장면전환으로 전자를 '페이드아
웃' 후자를 '페이드인'이라고 하지요. 전통적으로 페이드 기법은 극적 전개의
연속성을 분명하게 단절시킴으로써 일정한 시간이나 공간 또는 주제나 상황
을 명확하게 알리는 신호로 사용됩니다.

셋째, 디졸브(dissolve)입니다. 디졸브는 하나의 숏이 스크린에서 점점 희미
해짐과 동시에 그 숏을 대체하는 다른 숏이 점점 밝아지면서 선명하게 나타
나는 장면전환의 방식입니다. 순간적으로 두 영상이 이중인화되거나 오버랩
(overlab)이 됨을 볼 수 있습니다. 페이드와 마찬가지로 명백하게 분리된 신
이나 시퀀스 사이의 장면전환 신호로서 기능을 하지요.
페이드는 시간과 장소의 변화를 강하게 감지하게 하지만 디졸브는 최소한도
의 시간경과와 장소의 변화를 전달한다는 점에서 차이가 있습니다.

[그림14] 〈트랜스포머: 패자의 역습〉: 공간의 비약 숏 연결 (01:25:53~01:28:35)

연결만으로 표현해냅니다. 한 번도 쉬지 않고 무려 14시간 동안 비행을 해야 다다를 수 있는 대륙 간 이동을 단 1초 만에 해낼 수 있는 거죠. 먼저 영화는 제트파이어가 샘과 오토봇 일행을 자신의 발밑에 모아두고 양손에서 나온 강력한 푸른 광선을 집약시키는 장면을 프레임 중앙에 타이트하게 보여줍니다. 그런 다음 바로 이어지는 숏에서는 부감으로 바닥에 그려진 기이한 기호만을 남기고 아무도 없는 텅 빈 공간을 보여주죠. 이번에는 이전 숏의 공간과는 전혀 다른 광활한 사막의 모습을 롱 숏으로 보여준 후 바닥에서 폭발이 일어나며 오토봇들이 날아오르는 모습을 이동촬영으로 포착합니다. 주인공 샘도 그 와중에 바닥으로 쓰러지지요. 이렇게 짧고 간결하게 연결되는 숏은 매우 효과적으로 공간의 비약을 관객에게 자연스럽게 인지시킵니다. 특별한 부연 내레이션이나 자막을 사용하지 않더라도 제트파이어의 신비한 능력으로 샘과 그의 일행들이 무사히 이집트 사막까지 이동했다는 것을 별 의심 없이 받아들일 수 있는 겁니다. 이러한 미국에서 이집트로의 공간 이동 장면을 소설도 묘사할 수는 있습니다. 그러나 영화가 단순하게 숏의 연결만으로 해낸 공간의 비약을 독자에게 자연스럽게 전달하기 위해서는 꽤 많은 상세한 묘사가 필요할 겁니다.

지금까지 세 편의 영화를 통해 소설에 비해 함축적이고 즉각적인 서술양식을 가지고 있는 영화의 특징에 대해 알아보았습니다. 이번에는 원작을 영화화한 작품의 비교를 통해 이상적인 소설적 글쓰기와 영화적 서술양식이란 무엇인가에 대한 예를 들어보겠습니다.

이범선의 단편소설 『오발탄』은 전후(戰後) 소설의 대표작으로서 6·25 전쟁 직후의 궁핍한 시대를 배경으로 전쟁이라는 비극적 상황 때문에 비정상적인 생활을 영위하게 된 한 가족의 모습을 그리고 있는 작품입니다. 소설에서 가장 인상적인 장면 중 하나는 죽은 아내가 안치되어 있는 병원을 나온 철호가 아픈 사랑니를 뽑기 위해 치과를 찾아 서울 거리를 배회하는 부분인데요.

이윽고 병원의 큰 문을 나선 철호는 전차 길을 따라서 천천히 걸었다. 자전거가 휙 그의 팔굽을 스치고 지나갔다. 그는 멈춰 섰다. 여섯 시도 더 지났을 무렵이었다. 이제 사무실로 가야 할 아무 일도 없었다. 그는 전차 길을 건넜다. 또 한참 걸었다. 그는 또 멈춰 섰다. 이번엔 어느 사이에 낮에 왔던 경찰서 앞에 와 있었다. 그는 또 돌아섰다. 또 걸었다. 그저 걸었다. 집으로 돌아가자는 생각도 아니면서 그의 발길은 자동기계처럼 남대문 쪽을 향해 걷고 있었다. 문방구점, 라디오방, 사진관, 제과점, 그는 길가에 늘어선 이런 가게의 진열창을 하나하나 기웃거리며 걷고 있었다. 그러면서도 무엇이 있는지 하나도 보이지 않았다. 그러던 철호는 우뚝 섰다. 그는 거기 눈앞에 걸린 간판을 쳐다보고 있었다. 장기판만한 판에 빨간 페인트로 치과라고 써 있었다. 철호는 갑자기 이가 쑤시는 것을 느꼈다. 아침부터 아니

벌써 전부터 훌떡훌떡 쑤시는 충치가 갑자기 아파 났다. 양쪽 어금니가 아래 위 다 쑤셨다. 사실은 어느 것이 정말 쑤시는 것인지조차 분간할 수가 없었다. (…) "설렁탕." 무슨 약 이름이기나 한 것처럼 한 마디 일러 놓고는 그는 식탁 위에 엎드려 버렸다. 또 입 안으로 하나 찝찔한 물이 고였다. 철호는 머리를 들었다. 음식점 안을 한 바퀴 휘 둘러보았다. 머리가 아찔했다. 그는 일어섰다. 그리고 문 밖으로 급히 걸어 나갔다. 음식점 옆 골목에 있는 시궁창에 가서 쭈그리고 앉았다. 울컥하고 입 안엣것을 내뱉었다. 그러나 이번에는 주위가 어두워서 그것이 뭔지 또는 침인지 알 수 없었다. 철호는 저고리 소매로 입술을 닦으며 일어섰다. 이를 뺀 자리가 쿡 한 번 쑤셨다. 그러자 뒤이어 거기에 호응이나 하듯이 관자놀이가 또 쿡 쑤셨다.

(이범선 저, 정현기 외 엮음, 『오발탄 외』, 푸른사상, 2013, 124~127쪽)

육체적으로나 정신적으로 위축되고 불안한 철호의 심리를 이범선 작가는 글과 글이 이어지고 또 연결되면서 이미지가 그려지는 선형적 구조를 통해 매우 사실적인 문체로 묘사하고 있습니다. 같은 정서를 이번에는 영화가 어떻게 재현했는지 비교해보도록 하겠습니다.

소설을 영화화한 유현목 감독의 영화 〈오발탄〉(1961)은 한국 리얼리즘 영화의 대표작이자 동시에 사실주의와 형식주의의 완벽한 조화를 보여준 명작이라고 할 수 있습니다. 〈오발탄〉의 미장센은 리얼리즘 영화치고는 매우 다양한 미학적 실험들로 짜인 수준 높은 기술적 완성도를 보여줍니다. 〈오발탄〉의 영상미가 가장 뛰어나게 구현된 장면이 바로 위 소설 속 장면이 나오는 마지막 시퀀스입니다. 소설에서 매우 단선적으로 묘사한 것과는 달리 영화는 주인공 철호의 불안정한 심리를 시점숏과 이동촬영 그리고 앵글의 조화를 통해 매우 세밀하게 관객에게 철호의 감정선을 전달합니다. 우리의 주 관심사인 영화적 서술양식의 특징을 매우 잘 보여주는 예시라고 할 수 있는데요. 지금부터 구체적으로 어떻게 소설 속 장면을 구성했는지 분석해보겠습니다.

영화는 고통이 심해 현기증을 느끼며 거리를 배회하는 철호(김진규 扮)의 얼굴을 클로즈업으로 잡아냅니다. 그런 다음 진열대 위의 상품들을 마치 철호가 보는 듯한 느낌으로 촬영한 이동촬영, 즉 트래킹숏(tracking shot)이 이어집니다. 카메라는 다시 현기증을 느낀 철호의 모습을 보여주고 치과 간판의 초점이 흐려지는 모습을 보여준 후 시점숏으로 철호의 방황하는 심리를 계속해서 잡아냅니다. 의사의 만류에도 불구하고 철호는 아픈 사랑니를 한꺼번에 무리하게 뽑고 비틀대며 밤이 늦도록 서울 거리를 계속해서 배회합니다. 배가 고파 설렁탕을 시키지만 고통과 과다출혈로 제대로 먹지도 못하고 심한 현기증을 느끼지요. 카메라는 철호의 모습과 올려다본 전봇대가 흔들리는 모습 등을 번갈아가며 보여줍니다. 여기에 앵글은 불안감을 증폭시키는 사선앵글이 가미되어 철호의 현기증은 관객에게 더욱 증폭되어 전달되죠. 마지막 시퀀스에서 주인공 시점으로 묘사된 이 배회 장면은 철호의 불안하고 혼란스러운 내면심리를 절묘하게 보여주고 있습니다. 이렇게 서술양식의 차이에 따라 같은 정서를 소설과 영화는 각각 다르게 묘사하고 있습니다. 원작 소설도 영화도 모두 뛰어나기에 어느 매체가 철호의 내면심리를 보다 잘 전달하느냐 우열을 가리기가 매우 어렵습니다. 역시 소설은 소설답게 영화는 영화답게 서술될 때 수용자와의 교감에 성공할 수 있다고 생각합니다.

〈오발탄〉에서 또 하나 눈여겨볼 장면은 동생 영호(최무룡 扮)의 도주 시퀀스에 등장하는데요. 사건의 서스펜스를 증가시키기 위해 영호의 도

[그림15] 〈오발탄〉: 불안한 철호의
심리(01:34:18~01:39:48)

주 장면과 경찰의 추격 장면을 이질적인 연속된 숏을 충돌시켜 관객에게 보여줍니다. 은행을 턴 영호는 돈 꾸러미를 안고 남대문의 은행가를 지나 공사 중인 건물로 도주합니다. 경찰은 경찰차를 타고 영호의 뒤를 쫓게 되죠. 영호는 다시 복개중인 청계천으로 도주하고 좁은 청계천 지하도를 오가며 경찰과의 총격전이 시작됩니다. 한창 도주 중인 영호 앞에 어린아이를 업은 채 목을 매고 자살한 한 여인의 시체가 나타납니다. 그야말로 쇼킹한 장면이 아닐 수 없습니다. 지상으로 탈출한 영호 앞에 이번에는 노동자의 처우를 개선하라는 시위대가 등장하며 이들의 외침을 비집고 영호는 다시 도주를 시작합니다. 어떻게 보면 다소 뜬금없어 보이는 자살한 엄마의 모습과 노동자의 모습을 이토록 긴박한 도주신 사이에 왜 배치한 것일까요? 감독은 바로 이러한 이질적인 숏의 비약적인 배치를 통해 관객에게 강한 충격을 주고 싶었던 겁니다. 즉, 영호의 도주는 은행 강도로서의 개인적 타락의 문제가 아닌 당시 급속하게 진행된 근대화로 인한 무질서하고

[그림16] 〈오발탄〉: 영호의 도주(01:20:25~01:26:07)

황폐한 전후 한국사회의 부끄러운 민낯에서 비롯된 것임을 중의적으로 전달하고 싶었던 것이죠. 앞서 말씀드렸던 것처럼 〈오발탄〉은 리얼리즘 계열의 영화에서는 중시하지 않았던 이런 몽타주(montage) 편집의 효과를 오히려 사실성을 강조하는 리얼리즘의 또 다른 무기로 사용하고 있다는 점에서 동시대 서구영화와 견주어도 결코 뒤쳐지지 않는 뛰어난 미학적 완성도를 보여줍니다. 그렇다면 소설은 이런 중의적인 장면을 어떻게 묘사했을까요?

권총 강도.
형사에게서 동생 영호의 사건 내용을 들은 철호는 앞에 앉은 형사의 얼굴을 바보모양 멍청히 바라보고 있을 뿐이었다. 점점 핏기가 가셔 가는 철호의 얼굴은 표정을 잃은 채 굳어 가고 있었다.

　어느 회사에서 월급을 줄 돈 천오백 환을 찾아서 은행 앞에 대기시켰던 지프차에 싣고 막 떠나려고 하는데 중절모를 깊숙이 눌러 쓰고 색안경을 낀 괴한 두 명이 차 속으로 올라오며 권총을 내어들더라는 것이었다.

　"겁내지 말라! 차를 우이동으로 돌리라."

　운전수 또 한 명 회사원은 차가운 권총 구멍을 등에 느끼며 우이동까지 갔다고 한다. 어느 으슥한 숲속에서 차를 세웠다고 한다. 그리고는 둘이 다 차 밖으로 나가라고 한 다음 괴한들이 대신 운전대로 옮아앉더라고 한다. 운전수와 회사원은 거기 버려 둔 채 차는 전 속력으로 다시 시내로 향해 달렸단다. 그러나 지프차는 미아리도 채 못 와서 경찰에 붙들리고 말았던 것이었다. 그런데 차 안에는 괴한이 한 사람밖에 없었다고 한다.

(이범선, 앞의 책, 119쪽)

　이런 명장면을 원작 소설에서는 아주 단선적인 묘사로 간결하게 묘사할 뿐입니다. 직접적으로 강도 후 도주 장면을 묘사하는 것이 아닌 경찰에 붙잡힌 영호를 면회하기 위해 온 형 철호의 심리를 중심으로 그려내고 있는 것이죠. 소설이 형 철호의 심리에 초점을 맞췄다면 영화는 영호의 입장에서 왜 강도 범행을 할 수밖에 없는지를 관객에게 상세하게 전달하고 있습니다. 이범선의 『오발탄』은 단편소설이다 보니 유현목 감독은 영화에서 원작에는 없는 캐릭터와 상황 등을 좀 더 세밀하게 묘사했다고 볼 수 있습니다.

　이상적인 영화적 서술양식이란 무엇인가에 대한 두 번째 예는 김성동 작가의 소설 『만다라』를 영화화한 임권택 감독의 〈만다라〉(1981)입니다. 영화는 성격도 믿음도 가치관도 판이하게 다른 두 명의 승려가 깨달음을 얻기 위해 함께 걷는 길을 그리고 있습니다. 법운스님(안성기 扮)은 불교의 계율을 엄격히 지킴으로써 깨달음을 얻을 수 있다고 생각합니다. 반면 지산스님(전무송 扮)은 파계함으로써 해탈을 추구하고 실천을 모든 것에 우선시하는 믿음을 가지고 있지요. 비유하면 한센병 환자들을 위해 지극 정성으로 기도를 하는 것이 중요한가 아니면 기도보다는 그들의 고름을 직접 입으로 짜주는 것이 선인가 하는 문제라 할 수 있습니다. 사실 두 가지 행위 모두 중요하지요. 〈만다라〉의 핵심은 상반된 두 스님 캐릭터를 관객에게 어떻게 영화적 서술로 전달할 수 있는가에 있습니다.

먼저 소설은 법운의 1인칭 시점으로 두 스님의 상반된 캐릭터를 아래와 같이 묘사하고 있습니다.

갑자기 버스가 멈췄다. 국방색 작업복에 감싸인 완강한 체구의 사내가 한 손에 카빈을 들고 차에 올랐다.(…) "신분증 좀 봅시다." 거칠고 딱딱한 목소리로 물어봤다. 나는 호주머니를 뒤져 주민등록증을 꺼냈다. 나꿔채듯 받아든 작업복은 빠르게 훑어보고 나서 내게 돌려주며 "승려증 좀 봅시다." 하고 말했다. "승려증 말입니까?" 내가 확인하기 위해 다시 묻자 작업복은 우악스럽게 생긴 턱을 끄덕거렸다. 오른손에 들려 있는 카빈이 기분 나쁘게 흔들렸다. 나는 묵묵히 승려증을 꺼내 보였다. "당신." 작업복이 턱 끝으로 지산을 가리켰다. "왜 그러슈?" 지산은 앉은 자리에서 꼼짝도 하지 않고 작업복을 올려다보았다. 작업복은 다 떨어져 너덜거리는 승복에 비쩍 마른 중의 아래위를 찬찬히 훑어보며 짧게 말했다. "승려증 좀 봅시다." "없는데요." 작업복의 눈꼬리가 위로 치켜졌다. "없다니? 승려면 승려증이 있어얄 게 아뇨?" 지산이 입술을 비틀며 웃었다. "중에게 무슨 증명이 필요

[그림17] 〈만다라〉: 상반된 화면 구도를 이용한 인물의 성격 묘사

합니까? 머리 깎은 것 이상으로 더 확실한 증명이 있을까요?" 작업복이 카빈을 추슬렀다. 철그럭거리는 쇳소리가 기분 나쁘게 들렸다. "이 사람이, 지금이 어느 때라고 신분증도 안 가지고 다녀? 내리쇼." "저 …. 이 스님은 …." 내가 뭐라고 말하려는데 "잔말 말고 내려!" 작업복은 거칠게 말하고 등을 보였다. (김성동 저, 『만다라』, 청년사, 2005, 68~69쪽)

위에서 알 수 있듯이 소설은 불심검문이라는 상황에 대처하는 법운과 지산의 상반된 모습을 단선적인 문장을 통해 묘사하고 있습니다. 이에 반해 영화는 글이 아닌 미장센으로 매우 함축적으로 두 캐릭터를 효과적으로 관객에게 전달하는데요. 그중 우리가 눈여겨볼 미장센적 요소는 화면의 구도와 긴 호흡의 카메라 미학입니다.

먼저 카메라는 정통적인 수행을 우선시 하는 젊은 수도승 법운을 잡을 때면 아주 교묘히 프레임에 가두어 놓는 선택을 합니다. 예를 들어 불

심검문하는 군인의 어깨에 가려지거나 출입문에 서 있는 몸이 반쯤 가려지게 포착하죠. 또한 의도적으로 오른쪽 혹은 왼쪽 프레임의 끝에 위치시켜 관객으로 하여금 무언가 답답하게 느끼게끔 구석으로 법운을 내모는 듯한 인상을 받게 합니다. 이는 계율이라는 틀 속에 갇혀 열린 마음으로 중생을 보지 못하는 젊은 법운의 폐쇄성을 영상으로 표현한 것이라고 할 수 있습니다. 그에 반해 속세의 쾌락을 즐기며 자유로운 언변을 구사하는 나이 많은 파계승인 지산을 그릴 때면 상대적으로 탁 트인 구도로 넓게 잡아줍니다. 그가 평소 행동에서 보이는 열린 가치관을 표현하기 위함이지요. 이렇게 〈만다라〉는 상반된 화면 구도를 이용해 관객에게 보다 효과적으로 인물의 성격을 파악하게끔 촬영했습니다. 정말 펜으로 쓰는 글이 아닌 카메라로 쓰는 한 편의 시라는 생각이 들 정도로 깊은 정취를 느끼게 합니다.

이렇게 영화 내내 한 폭의 수묵화 같은 아름답고 장엄한 풍광을 그려낸 정일성 촬영감독의 영상미가 매우 돋보이는 〈만다라〉는 깨달음을 위해 고민하고 번민하는 두 인물을 보다 효과적으로 보여주기 위해 롱 숏과 롱 테이크가 주가 되는 카메라 미학을 보여줍니다. 특히 법운과 지산이 눈과 진흙이 뒤섞인 겨울 길을 걷는 장면은 영화의 주제인 삶과 죽음, 윤회와 해탈, 번뇌와 깨달음의 모호한 경계를 눈길도 진흙길도 아닌 모호한 길로 시각화하는 데 성공합니다. 영화를 아직 못 보신 독자 분들께 꼭 한번 보라고 강력하게 권하고 싶은 작품입니다. 영화가 끝날 무렵 "이것이 바로 영화적 글쓰기의 출발이구나."라는 느낌이 올 것입니다.

이상으로 우리는 다섯 가지 면에서 영화와 소설의 서술전달 방식과 특징을 비교해보았습니다. 이를 간략하게 정리하면 다음 도표와 같습니다.

[그림18] 〈만다라〉: 롱 숏과 롱 테이크의 결합

　이야기 전달방식에 따른 영화와 소설의 차이점은 화자와 중개자의 동일성 여부에 따라 서로 다른 특징을 보였습니다. 영화는 소설과 달리 화자와 중개자가 철저히 분리되어 있고 카메라라는 대표 중개자를 보유하고 있습니다. 그런 이유로 영화의 서술자인 화자는 이야기를 전달하기 위해서 카메라라는 중개자가 반드시 필요하다는 점을 확인했고 문자를 읽으면서 독자가 정보를 얻었듯이 카메라로 관객에게 구체적으로 보여주어야만 영화의 시공간과 캐릭터를 전달할 수 있다는 점을 여러 영화의 예시를 통해 알 수 있었습니다.

　독자와 관객의 수용방식에 따른 영화와 소설의 차이점은 능동성과 수동성이라는 특징으로 이해할 수 있었습니다. 적극적으로 글을 집중해서 읽어야 하는 독자에게는 매우 능동적인 자세가 필요한 반면 영화의 관객은 카메라가 보여주지 않으면 이야기의 맥락을 이해할 수 없기 때문에 상대적으로 수동적이라는 점을 알 수 있었습니다. 이런 수용방식의 차

	영화	소설
이야기의 전달방식	화자 ≠ 중개자(카메라+사운드)	화자 = 중개자
관객과 독자의 수용방식	관객: 수동적 자세 서술진행 조절 제한적	독자: 능동적 자세 서술진행 조절 가능
내면심리 묘사	영상: 도상적 기호 간접적인 관념적 묘사	문자: 상징적 기호 직접적인 관념적 묘사
현실세계의 표현	창작자와 수용자 간 상상력의 괴리 적은 편차	창작자와 수용자 간 상상력의 괴리 큰 편차
서술방식의 차이	함축적, 즉각적	단선적, 선형적

[표1] 영화와 소설의 서술전달 방식과 특징

이로 인해 독자는 자의로 얼마든지 서술진행을 중단할 수 있지만 영화는 서술진행을 스스로 조절할 수 있는 시공간적 자유가 거의 없다는 것을 이해했습니다.

내면심리를 묘사하는 방식 역시 영화와 소설은 서로 다른 전략을 취하고 있었습니다. 영상과 문자라는 서로 다른 서술전달 방식에서 발생하기 때문이었죠. 그래서 우리는 소설의 문자를 상징적 기호로, 영상은 일종의 이미지로 이루어진 도상적 기호라고 불렀습니다. 소설은 논리적이고 이성적인 매체라는 점 때문에 영화에 비해 상대적으로 관념적 묘사를 치밀하게 행할 수 있는 능력을 가지고 있음을 예시를 통해 알 수 있었습니다. 그러나 영화는 사운드의 요소를 활용할 수 있기 때문에 소설의 직접적인 묘사 대신 간접적으로 내면 묘사를 할 수 있다는 장점 또한 가지고 있음을 확인할 수 있었습니다.

현실세계를 표현할 수 있는 언어와 영상의 가능성의 정도로 인해 네 번째 차이점이 발생했습니다. 소설이 영화에 비해 상대적으로 관념적 묘사를 좀 더 치밀하게 행할 수 있는 능력을 가지고 있다면, 실제 현실의 모습을 전달하는 데는 영화가 소설보다 다소 유리하다는 점을 예시를 통해 확인할 수 있었죠. 그 주된 이유는 현실 묘사에 있어 작가와 독자의 상상력의 괴리가 영화의 그것에 비해 훨씬 컸기 때문입니다. 영화는 이런 창작자와 수용자의 괴리감이 소설에 비해 상대적으로 적다는 점을 예로 든 영화를 통해 알 수 있었습니다.

영화와 소설의 마지막 차이점은 서술방식의 차이에서 발생한다는 점을 직전 설명에서 들었습니다. 소설은 단선적이고 선형적인 구조로 인해 상황을 세밀하게 기술하면 할수록 많은 단어와 문장 그리고 문단이 필요할 수밖에 없었지만 영화의 서술은 소설에 비해 함축적이며 보다 즉각적이기 때문에 길게 서술된 상황을 시각적으로 단번에 장면화할 수 있다는 특징이 있다는 점을 확인했습니다.

마지막으로 한 번 더 강조하지만, 우리가 영화와 소설을 항목별로 비교한 이유는 우등과 열등을 논하기 위함이 아닌 매체 간 장점과 단점을 이해함으로써 보다 이상적인 영화적 글쓰기에 필요한 단서를 얻기 위함이었습니다.

2부

영화 내러티브의
창작과 분석

1. 실전에 응용 가능한 영화 서사학

영미권과 불어권에서 내러톨로지(Narratology; Narratologie)라고 부르는 서사학은 오랜 역사만큼이나 매우 어렵고 복잡한 학문입니다. 시나리오 창작 및 분석과 연관된 영화서사학(Narratology of Film)을 이해하기 위해서는 그 뿌리라고 할 수 있는 서사학에 대한 논의가 선행되어야 합니다. 그러나 짧은 지면에서 서사학 전체를 조망하기란 어려운 일입니다. 서사학의 기원인 고대 그리스의 철학자 아리스토텔레스(Aristotle)의 『시학(詩學)』만 살펴보는 것도 꽤 많은 시간이 필요하고 20세기 인문학의 여러 갈래를 섭렵해야 합니다. 소쉬르(Ferdinand de Saussure)의 언어학, 퍼스(C. S. Peirce)의 기호학, 프로이트(Sigmund Freud)의 정신분석학, 프로프(Vladimir Propp) 등의 러시아 형식주의, 레비-스트로스(Claude Levi-Strauss) 등의 프랑스 구조주의를 직간접적으로 포괄한 학문이 바로 서사학이기 때문입니다.

많은 이들이 서사학에 대해 관심을 갖고 관련 서적의 첫 장을 넘기지만 끝까지 읽지 못하고 도중에 중단하는 것을 많이 보아왔는데요. 그 이유는 학자들의 이론을 중심으로 공부하기 때문이라고 생각합니다. 사실 서사학을 이해하는 데는 학자의 이름이나 이론을 외우고 이해하는 것보다 핵심 논의를 우선 파악하는 것이 훨씬 중요합니다. 그런 다음 조금씩 이해의 폭을 넓혀가며 자신만의 서사학의 흐름을 만들어 나가면 됩니다. 여기에서는 복잡한 논의를 보다 쉽게 접근하기 위해 학술적 논의와 이론을 최대한 압축시켜 설명할 것입니다.

1) 아이디어 창고로서의 서사학

서사학은 아주 간단히 말해 다양한 예술 작품에 담긴 내러티브 구조의 '보편적 질서'와 그 속에 담긴 의미 등을 연구하는 학문이라고 할 수 있습니다. 소설이나 영화와 같이 이야기가 존재하는 서사물은 그 유형이 대부분 예측 가능합니다. 왜냐하면 이야기가 수용자에게 쉽게 이해되기 위해서는 대중적으로 공유되는 '일정한 규칙'에 따라서 배열되어야 하기 때문이죠. 서사학이 주목하는 부분이 바로 이것입니다. 그래서 서사학은 오늘날 대중매체들이 다양한 방식으로 생산하는 수많은 이야기들 속에 존재하는 보편적 질서와 일정한 규칙을 찾아내는 것을 주된 연구 목적으로 삼습니다.

그런데 우리는 서사학을 너무 학문적으로만 접근하려는 경향이 있습니다. 서사학은 분명 역사와 전통이 있는 학문이지만 동시에 재미있는 이야기를 만들기 위해 필요한 유용한 정보를 줄 수 있는 기법(skill)이기도 합니다. 왠지 서사학을 학문이 아닌 기법이라고 생각하니 훨씬 쉽게 느껴지지 않나요? 이런 의미에서 서사학은 학문이기 이전에 동서고금, 남녀노소 모두에게 흥미를 유발할 수 있는 이야기를 만들기 위해 필요한 일종의 아이디어 저장소라고 할 수 있습니다. 다시 말해 시대를 뛰어넘어 사랑받는 이야기들에는 일련의 '공통분모'가 존재하는데 바로 그것을 찾아내는 작업이라고 볼 수 있죠. 실제로 서사학이 이야기를 구축하는데 얼마만큼 도움을 줄 수 있는지 프로프의 예를 통해 알아보겠습니다.

러시아의 민속학자 블라디미르 프로프는 동유럽에서 북아시아까지 걸쳐 광활한 영토로 이루어진 러시아 전역을 대상으로 방대한 양의 민담을 수집합니다. 한반도의 76배 정도 되는 나라의 민담을 속속들이 수집한 것만 해도 대단한데 수집된 민담의 모든 구성요소를 유형화하고 체계적으로 정리해내기까지 합니다. 그 결과물이 바로 그 유명한 『민담형태론 Морфология сказки』(1928)이지요. 앞서 설명한 대로 서사학의 기본이라고 할 수 있는 '이야기들 속에 존재하는 보편적 질서와 일정한 규칙'을 찾아내는 작업을 수행한 겁니다. 처음에는 러시아에서만 공유되던 이 위대한 업적은 1958년에 영어로 번역되고 1965년 불어로 번역되면서 서구 사회 전체에 큰 영향을 미치게 됩니다. 프로프는 지리적으로 교류가 전혀 없는 단절된 문화권 사이에서도 이야기의 유사성이 있다는 것을 발견했고 그 공통분모를 31가지 요소로 정리하게 됩니다. 즉, 프로프는 러시아 민담의 서사를 31개의 이야기 요소가 연결된 관계로 보면서 모든 민담들은 대체로 공통적인 순서로 전개된다고 본 것이죠. 물론 이야기의 구성은 31가지 요소 모두를 활용할 수도 있고 그중 몇 가지만 사용하는 경우도 있습니다. 다음은 프로프가 정리한 31가지의 이야기 요소들입니다.

러시아 민담의 31가지 이야기 구성요소

1. 가족 중 한 명이 집에서 멀어진다. 2. 주인공에게 금기가 주어진다. 3. 금기는 위반된다. 4. 악당은 정보(정찰)를 수집(시도)한다. 5. 악당은 그의 희생자에 대한 정보를 입수한다. 6. 악당이 희생자를 속이려 한다. 7. 희생자는 속임을 당하여 적을 돕게 된다. 8. 악당이 가족 중 한 사람에게 해를 끼치거나 상처를 입히는 악행을 한다. 9. 악행은 폭로되고 주인공에게 요청이나 명령이 주어지게 된다. 10. 주인공은 악당에 대항하는 데 동의한다. 11. 주인공이 행동 개시를 위해 집에서 출발한다. 12. 주인공은 시험되고 공격받고 조수를 얻는 방법을 준비한다. 13. 주인공이 미래의 증여자의 행동에 반응한다. 14. 마법·마술적인 물건이 주인공에게 주어진다. 15. 주인공은 탐색의 대상이 있는 곳으로 가까이 간다. 16. 주인공과 악당이 직접 만나 싸움을 벌인다. 17. 주인공은 어떤 표식을 받는다. 18. 악당이 싸움에서 지고 퇴치된다. 19. 최초의 악행이 바로 잡히고 부족했던 것은 충족된다. 20. 주인공이 귀환한다. 21. 주인공이 추적당한다. 22. 주인공이 추적으로부터 구출된다. 23. 주인공이 아무도 모르게 집이나 다른 나라에 도착한다. 24. 가짜 주인공이 나타나 근거 없는 요구를 한다. 25. 주인공에게 어려운 임무가 부과된다. 26. 임무는 완수되고 사람들은 진짜 주인공을 알아본다. 27. 주인공이 인정받는다. 28. 가짜 주인공 혹은 악당의 정체가 폭로된다. 29. 주인공에게 새로운 모습이 주어진다. 30. 가짜 주인공 혹은 악당이 처벌된다. 31. 주인공은 결혼하여 왕좌에 오른다.

(블라디미르 프로프 저, 유영대 역, 『민담형태론』, 새문사, 2000, 31~67쪽)

어떤가요? 여러분이 경험했던 수많은 소설과 영화의 이야기 구조와

놀랍도록 유사하지 않나요? 예를 들어, 우리에게 잘 알려진 톨킨(J. R. R. Tolkien)의 3부작 판타지 소설『반지의 제왕 The Lord of The Rings』과 피터 잭슨(Peter Jackson) 감독의 〈반지의 제왕〉 시리즈를 프로프의 31가지 이야기 요소와 대조시키면 거의 모든 항목을 사용하여 이야기를 전개했다는 것을 알 수 있습니다. 이뿐만이 아닙니다. 조지 루카스(George Lucas) 감독은 〈스타워즈 Star Wars〉 시리즈의 시나리오를 집필하면서 프로프를 비롯한 조셉 캠벨(Joseph Campbell) 등 신화학자와 인류학자들의 저서들을 많이 참조한 것으로 유명한데요. 실제로 〈스타워즈〉 역시 31가지 이야기 요소는 물론이고 프로프가 연구한 7가지 캐릭터를 십분 활용해 장엄한 '스타워즈 유니버스'를 구성했다는 것을 알 수 있습니다. 프로프는 민담에 등장하는 인물들이 수행하는 기능에 따라 아래의 7가지 캐릭터로 분류했는데요.

---

* 러시아 민담의 7가지 캐릭터

① 악당 ② 증여(제공)자 ③ 조력자 ④ 공주(요청자)와 그의 아버지

⑤ 전령(파견자) ⑥ 주인공 혹은 희생자 ⑦ 가짜 주인공

(블라디미르 프로프, 앞의 책, 82~83쪽)

이처럼 기능에 따라 캐릭터의 유형을 세분화하는 프로프의 방식은 해당 인물이 전체 이야기 구조에서 어떤 역할을 수행하는지 보다 구체적으로 파악할 수 있도록 하는 데 큰 도움을 줍니다. 바꿔 말하면 이 유형을 이야기 창작에 활용한다면 체계적인 캐릭터라이징(characterizing; 캐릭터 성격부여)을 할 수 있는 강력한 모델을 제공해줄 수 있는 것이죠.

프로프의 7가지 인물유형	〈스타워즈〉의 등장인물
악당	다스 베이더
제공자	오비완 캐노비
조력자	한 솔로
공주	리아 공주
전령	R2 D2
주인공	루크 스카이워커
가짜 주인공	다스 베이더

[표2] 프로프의 7가지 인물유형과 〈스타워즈〉의 등장인물 비교

[표2] 처럼 〈스타워즈〉 오리지널 3부작에 등장하는 주요 인물유형을 프로프의 캐릭터 구분에 대입해 보면 정말 기가 막히게 들어맞는다는 것을 알 수 있습니다.

이렇게 구조적 관점으로 이야기의 요소를 분류한 프로프의 31가지 기능과 7가지 인물유형은 세상에 존재하는 서로 다른 수많은 이야기들이 사실은 일정한 공식과 패턴화된 인물들에 의해 벌어지는 사건들이라는 사실을 우리에게 확인시켜줍니다. 물론 서사학의 목적이 수학 공식 적용하듯 작품에 단순 대입해서 이야기의 일정한 규칙을 밝혀내는 것에만 국한되지는 않습니다. 그러나 서사학이 이야기의 보편적 질서와 일정한 규칙 그리고 공통분모를 통해 새로운 이야기를 창작하는 데 훌륭한 형식적 모델로서 기능할 수 있다는 점은 분명합니다.

서사학은 이렇게 민담, 설화, 소설 등 주로 구술(口述) 또는 기술(記述)된 서사물의 연구에 집중하면서 발전되어 왔고 오늘날에는 영화, 애니메이션, TV드라마, 컴퓨터 게임, 웹툰 등 일련의 다중매체 영상미디어의 핵심이라고 할 수 있는 스토리텔링 전략에 이르기까지 폭넓게 영향력을

미치고 있습니다. 우리는 그중에서도 영화서사학에 집중해서 논의를 이어나가도록 하겠습니다.

영화서사학이란 간단히 말해 '영상 메시지를 하나의 서사물로서 규정하는 학문'이라고 할 수 있습니다. 즉, 관객이 자신이 본 영화를 어떻게 하나의 이야기로 인지하는지, 또한 영화는 관객에게 의미를 전달하기 위해 어떻게 형상화하는지를 연구하는 것이 영화서사학의 주된 목적입니다. 그래서 영화서사학은 시청각적 요소와 편집 방식 등과 같은 영화의 시청각적 배열 법칙과 의미 구축 방식에 관심을 갖는 것이지요. 영화서사학을 하나의 학문으로 정착시키는 데 기여한 많은 학자들 가운데 우리는 『영화와 소설의 서사구조 Story and Discourse: Narrative Structure in Fiction and Film』(1978)을 쓴 시모어 채트먼(Seymour Chatman)의 논의를 중심으로 알아보도록 하겠습니다. 채트먼은 영화서사학의 선구자라고 할 수 있는데요. 그는 서사학의 개념을 소설과 같은 문학 텍스트뿐만 아니라 영상 텍스트까지 확장시키는 데 크게 기여한 학자입니다.

2) 영화 내러티브의 3요소

영화의 내러티브는 다른 서사물과 마찬가지로 크게 스토리(story)와 플롯(plot)으로 구성된 서술 구조(narrative structure)라고 할 수 있습니다. 1부에서도 언급했듯이 용어의 혼란을 줄이기 위해 스토리를 이야기로 번역하지 않고 원어 그대로 스토리로 지칭하도록 하겠습니다. 여기서 스토리는 내러티브의 내용이 되고 플롯은 내러티브의 형식이 됩니다. 이해를 돕기 위해 서술 구조를 음식으로 비유해볼까요. 내러티브를 아침식사라고 한다면 시리얼은 스토리고 플롯은 그 시리얼을 담고 있는 그릇이라고 할 수 있습니다. 내러티브를 저녁식사라고 한다면 스토리는 불고기 정식이 되고 플롯은 그 불고기 정식을 담고 있는 다양한 접시가 되겠죠. 즉, 하나의 내러티브는 이야기의 내용과 형식을 모두 갖추고 있으며 양자가 유기적으로 연관되어 다양한 의미를 발생시키게 됩니다. 이와 같이 영화의 서술 구조를 스토리와 플롯으로 이원화하여 이를 실제 시나리오 창작이나 작품 분석에 적용하게 되면 영화를 구성하고 있는 요소들의 의미를 분석해 볼 수 있을 뿐만 아니라 구성요소들의 연관관계를 통해 보다 짜임새 있는 탄탄한 이야기를 만들 수 있게 되는 것이죠.

그런데 영화는 소설과 같은 문학 텍스트에는 없는 또 하나의 내러티브 구성요소가 있습니다. 바로 담화(discourse)라는 녀석입니다.

영화 내러티브 = 스토리＋플롯＋담화(미장센)

영어 'discourse'는 한자어로 담론(談論) 또는 담화(談話)로 번역되는데요. 사실 일상적인 용어가 아니다 보니 무슨 의미인지 감이 잘 오지 않으며 어렵게 느껴지는 것이 사실입니다. 영화서사학에서 말하는 담화는 간단히 말해 이미지와 사운드를 통해 형성되는 추상적 서술적 요소라고 할 수 있습니다. 시청각매체인 영화는 소설과 달리 대사와 같은 구체적인 언어적 요소가 없더라도 이미지와 사운드 같이 비언어적 커뮤니케이션을 통해 의미를 형성할 수 있다는 것이죠. 그래서 다른 말로 담화는 영상적 표현양식 즉, 다양한 미장센 코드라고 할 수 있습니다. 그럼 지금부터 좀 더 구체적으로 영화 내러티브 구성의 3요소에 대해 알아보도록 하

겠습니다.

특히 우리 책에서는 스토리와 플롯을 구별하는 데 주안점을 두려고 하는데요. 처음 접한 독자들이 스토리와 플롯의 개념을 구분하는 것이 쉽지 않기 때문입니다. 두 개념을 구별하는 것이 뭐가 그리 중요한가? 라고 반문할 수도 있는데요. 실제로 많은 시나리오 작가들조차 이 두 개념을 혼동하거나 아예 같은 개념으로 사용하는 우를 범하기도 합니다. 다시 한 번 강조하지만 올바른 영화적 글쓰기를 위해서는 반드시 스토리와 플롯의 개념을 명확히 이해하고 구분해야 할 필요가 있습니다.

(1) 스토리: 가정과 추측을 통한 사건의 재구성

스토리는 플롯과 함께 내러티브 구조의 한 축을 담당하는 핵심 요소입니다. 스토리란 "시간의 연속대로 정돈해 놓은 사건의 진술" 또는 "플롯으로 구성된 총체적 메시지" 등 스토리를 정의하는 방식은 서사학자마다 다양합니다. 그러나 학자들의 정의는 서사학의 일반론적인 관점에 입각한 설명이기 때문에 명확하게 이해하기가 쉽지 않습니다. 그래서 우리는 실전에서 써먹을 수 있는 영화 매체에 최적화된 스토리의 정의를 내릴까 합니다.

영화의 스토리는 관객의 입장에서 스크린을 통해 직접적으로 경험한 사건·상황들과 스크린에 나타나지 않았지만 관객이 간접적으로 유추할 수 있는 사건·상황들의 총체라고 볼 수 있습니다. 즉, 영화의 스토리는 감독이 관객에게 이미지와 사운드로 직접 보여주고 들려주는 장면뿐 아니라 관객이 그 장면을 보고 머릿속으로 재구성한 상상 속의 장면 모두를 포함하는 영역이라고 할 수 있는 것이죠. 이것을 서사학에서는 자세히 이야기된 스토리(recounted story)란 뜻의 고대 그리스어 '다이어 제시스(diegesis)'라고 부릅니다. 결국 스토리란 영화를 본 관객들이 가정과 추측을 통해 재구성한 모든 사건·상황들의 조합이라고 볼 수 있습니다. 그래서 영화는 극장의 스크린을 통해 스토리를 펼쳐내지만 실제로 영화의 스토리가 완성되는 영역은 바로 관객 개개인의 머릿속이라고 할 수 있는 것이죠. 이런 스토리의 특징 때문에 같은 영화를 본 관객이라도 모두 제각각 다른 스토리를 경험할 수 있습니다. 따라서 영화를 함께 본 친구들끼리 스토리에 대해 서로 다른 주장을 하며 대화하는 것은 지극히 자연스런 현상이라고 할 수 있습니다. 모두가 자신만의 방식으로 영화의 스토리를 구성하기 때문이죠.

우리는 가끔 영화를 본 후 아직 보지 못한 주변 사람에게 그 영화에 대해 지나치게 세세한 정보까지 알려주는 T.M.I.(Too much information) 친구를 보곤 합니다. 이런 친구들의 공통점은 실제 영화에서 본 내용에다가 사신의 상상력으로 지어낸 내용까지 집어넣어서 남에게 전달하는 것인데요. 특히 이런 친구들이 위험한 경우는 '열린 결말(Open Ending)'로 끝나는 영화를 얘기할 때입니다. 대부분의 상업영화들은 엔딩이 정해진 결말을 제공하여 독자들의 상상력을 최소화하는 '닫힌 결말(closed ending)'을 선호하는 경향이 있습니다. 그러나 간혹 세상과 인생에 대해 깊은 성찰을 보여주려는 의도를 가진 영화들 중에 열린 결말로 끝맺는 사례가 종종 있습니다.

열린 결말은 관객에게 강렬한 인상과 짙은 여운을 남기게 함으로써 내러티브의 종결부에서 어떤 가능성을 열어 놓는 것을 의미하는데요. 그렇다고 닫힌 결말에 비해 열린 결말이 서사학적으로 우위에 있다고 믿어서는 절대 안 됩니다. 괜히 어설프게 결말을 열어 놓은 채로 끝맺음을

[그림19] 〈자전거 도둑〉: 열린 결말(01:23:28~01:28:11)

할 경우 관객에게 오히려 혼란을 가져올 수 있고 어떻게 보면 결론을 내지 않는 내러티브는 관객 입장에서 보면 무책임하게 보일 수도 있기 때문입니다. 다시 TMI 친구 얘기로 돌아와, 열린 결말로 끝나는 영화의 예를 통해 "스토리란 영화를 본 관객들이 가정과 추측을 통해 재구성한 모든 사건·상황들의 조합"이라는 개념을 설명해보도록 하지요.

영화사에 열린 결말로 끝나는 많은 명작 중 으뜸은 역시 비토리오 데 시카(Vittorio De Sica) 감독의 〈자전거 도둑 The Bicycle Thief〉(1948)입니다. 2차 대전 직후 로마에서 살고 있는 안토니오는 오랜 기간 일자리가 없어 실업자로 지내야 했습니다. 어느 날 정말 어렵게 전단지를 붙이는 일을 얻게 되지만 잠시 자리를 비운 사이 자전거를 그만 도둑맞고 맙니다. 자전거 없이는 일을 계속 할 수 없기에 안토니오는 아들과 함께 자전거를 찾기 위해 온 로마 시내를 뒤지기 시작하지요. 그러나 결국 아무리 노력해도 자전거를 찾지 못하게 되자 안토니오는 그만 해서는 안 될 일을 벌이고 맙니다. 골목길에 세워둔 남의 자전거를 훔치기로 결심한 것이지요. 그 모습을 차마 아들에게 보여주기 싫은 아버지는 아들에게 전차 값을 주며 떠나라고 했지만 자전거를 타고 도주하다 사람들에게 몰매를 맞는 장면을 고스란히 아들이 지켜보게 됩니다. 안토니오는 경찰서로 넘겨질 위기에 처하게 되지만 울면서 아빠에게 매달리는 아들의 모습을 본 자전거 주인은 안토니오를 용서합니다. 영화는 사람들의 야유를 뒤로 하고 군중 사이로 서서히 사라지는 아들과 아버지의 뒷모습을 보여주며 그대로 끝내버립니다.

데 시카 감독은 관객에게 전후 이탈리아에 만연한 빈곤과 실업에 대한 현실의 모습을 심사숙고 해보라는 의미로 열린 결말을 채택한 것이지요. 〈자전거 도둑〉을 본 관객은 대개 두 갈래로 자신만의 엔딩을 새롭게 재구성할 겁니다. 첫째, "안토니오는 어떻게든 자전거를 다시 구해 일을 계속 할 것이며 지금보다는 조금은 나은 환경에서 가족들과 힘을 내어 살아갈 것이다"라는 희망적인 엔딩으로 영화의 스토리를 재구성하는 낙관론자. 둘째, "아무리 노력해도 안 되는 일이 있듯이 결국 안토니오는 자전거를 되찾지 못해 힘들게 구한 일자리를 놓치게 되고 다시 실업자로 살아가게 되면서 지금보다 더 어려운 삶을 살아갈 것이다"라는 절망적인 엔딩으로 영화의 스토리를 재구성하는 비관론자가 그것이지요. TMI 친구는 후자였고 영화를 보지도 못한 나는 안 그래도 우울한 스토리를 나의 의지와는 상관없이 더 안타깝게 들어야 하겠죠. 여기서 중요한 점은 영화는 엔딩 장면에 비관론적으로 생각할 만한 구체적인 영상을 단

[그림20] 〈델마와 루이스〉: 열린 결말(02:01:21~02:05:42)

한 컷도 보여주지 않았다는 것입니다. 그럼에도 불구하고 관객은 자신이 앞서 본 영화의 분위기에 편승해 나름의 가정과 추측을 통해 재구성한 스토리로 그 영화를 기억하게 되는 것이죠. 이게 바로 영화 내러티브에서 차지하는 스토리의 요소입니다.

한 편 더 예를 들어볼까요. 이번에는 리들리 스콧(Ridley Scott) 감독의 〈델마와 루이스 Thelma and Louise〉(1991)입니다. 정지화면을 사용해 스토리의 완결을 거부하며 열린 결말을 택한 영화의 대표작입니다. 반복되는 일상을 벗어나 함께 휴가를 떠난 델마(지나 데이비스 扮)와 루이스(수잔 서랜든 扮)는 한 남자를 우발적으로 살해하고 맙니다. 그들은 경찰의 추적을 따돌리기 위해 멕시코로 향하게 되고 도주 생활이 계속되면서 오히려 두 친구는 정신적으로 성장해갑니다. 강력범으로 수배가 된 그들은 아무리 도망치려 해도 좁혀오는 수사망에서 벗어나지 못하고 그랜드캐니언 벼랑 끝으로 내몰리게 되죠. 델마는 루이스에게 "경찰에 체포되지 말고 그냥 계속 가자"고 제안합니다. 루이스는 더 이상 길이 없는 것을 알면서도 고개를 끄덕이며 델마의 손을 꼭 맞잡고 가속기 페달을 힘차게 밟지요. 이들이 탄 차는 멋진 그랜드캐니언을 배경으로 하늘로 날아오르고 정지화면이 되면서 영화는 끝이 납니다.

스콧 감독은 미국 사회에서 변화하는 여성의 사회적 지위와 주체성에 대해 관객에게 보다 깊은 여운을 주기 위해 정지화면이라는 엔딩을 택한 것이지요. 영화가 개봉된 후 당시 미국사회에는 엔딩신에 관한 다양한 해석이 나왔는데 크게 두 가지 견해로 양분되었습니다. 첫째, 델마와 루이스가 공권력에 굴복하지 않고 끝까지 앞으로 나아간 장면을 남성 중심 질서에 종속을 거부하고 자유를 선택한 상징적인 장면으로 받아들이는 견해입니다. 이들의 생각에는 델마와 루이스는 결코 자살을 택한 것이 아니라 지금도 세계 어디선가 차를 몰며 즐거운 영혼의 여행을 계속하고 있다고 생각하는 것이지요. 둘째, 주인공들이 절벽으로 떨어지는 엔딩을 보여줌으로써 결국 여성은 남성 중심의 기존 질서에 굴복할 수밖에 없다는 패배주의에 봉착한다고 비판하는 부류입니다. 이들은 델마와 루이스는 끝도 보이지 않는 그랜드캐니언 낭떠러지로 떨어져 명백히 죽은 것으로 생각합니다. 따라서 영화는 새드 엔딩이 되어버리는 것이죠. 감독은 분명 델마와 루이스가 산 것도 죽은 것도 아닌 하늘을 날고 있는 정지화면으로 마무리했는데도 불구하고 이렇게 관객들은 그 장면을 보고 머릿속으로 재구성한 후 자신들만의 가정과 추측을 통해 영화의 결말에 대한 의견을 제시하는 것입니다. 이 영화에 대한 우리의 TMI 친구의 견해는 전자였고 영화를 보지 못한 나에게 분명 주인공은 끝까지 살아남아서 그들의 종착지인 멕시코에 무사히 도착했다고 말해주었습니다. 뒤늦게 영화를 본 나는 같은 엔딩을 보고 적잖이 당황스러울 수도 있습니다. 내가 보기에 주인공은 분명 죽었다는 생각이 들었으니까요.

이렇게 같은 영화를 보더라도 관객에 따라 서로 다른 스토리가 만들어질 수 있는 묘미. 이것이 영화 내러티브가 가지고 있는 매력 중 하나입니다. 그렇다면 영화창작자는 관객에게 이런 묘미와 매력 있는 내러티브를 보여주려면 어떻게 해야 할까요? 그 비밀은 플롯이 무엇인가를 알면 자연스럽게 풀리게 되어 있습니다.

(2) 플롯: 시청각적 요소들로 구성한 인과관계

관객 입장에서 스토리가 중요했다면 창작자 입장에서는 플롯이 가장 중요한 내러티브 구성요소라고 할 수 있습니다. 플롯이란 "이야기의 사건들이 일정하게 배열되는 방식" 또는 "예술적 효과를 얻기 위해 액션을 배열하고 형상화하는 액션의 구조" 등 정의하는 방식도 스토리만큼이나 다양합니다. 스토리의 정의에서도 그랬듯이 우리는 실전에서 바로 응용할 수 있는 영화 매체에 최적화된 플롯의 정의를 내릴까 합니다.

영화의 플롯은 영화 내에 존재하는 "시청각적인 요소들로 이루어진 인과관계(cause-and-effect relationship)"라고 할 수 있습니다. 즉, 영화의 플롯에는 관객이 스토리를 이해하는 데 영향을 미치는 이미지와 사운드가 모두 포함되며 이러한 시청각적인 요소들이 스토리에 인과관계(因果關係)를 만들어주는 것이죠. 어떤가요? 스토리에 비해서 플롯을 이해하기가 조금 더 복잡하게 느껴지지요. 보다 쉽게 이해하기 위해 지금부터 영화의 플롯을 구성하고 있는 두 축인 '시청각적인 요소들'과 '인과관계'를 하나씩 분리해서 설명하도록 하겠습니다.

먼저 '시청각적인 요소들'이 의미하는 것은 실제 스크린에 상영되어 관객들이 보는 일련의 신과 시퀀스들로 이루어진 화면이 영화의 플롯이라는 점입니다. 즉, 플롯이란 영화 속에서 시각적, 청각적 요소들을 통해 나타나는 화면의 모든 것을 말합니다. 관객들은 극장의 화면에서 보이는 플롯을 바탕으로 각기 나름대로의 스토리를 만들어가게 되는 것이죠. 이런 의미에서 실제로 영화에서 관객들이 보는 것은 플롯이지 스토리가 아니라고 할 수 있습니다. 그래서 앞서 스토리를 설명할 때 플롯을 본 관객들이 가정과 추측을 통해 재구성한 모든 사건들의 조합이라고 한 것입니다. 앞서 예로 들었던 〈자전거 도둑〉엔딩 장면에서 실제로 관객이 본 플롯은 군중 속으로 사라져가는 아버지와 아들의 쓸쓸한 뒷모습이고 〈델마와 루이스〉의 엔딩 장면에서 관객이 본 플롯은 비상(飛上)하는 하늘색 캐딜락인 것이지요. 결국 세상에서 가장 의기소침하게 보이는 부자의 뒷모습과 자유를 상징하는 푸른색 자동차 덕분에 관객의 풍부한 상상력이 자극되어 새로운 스토리가 창출되었다고 할 수 있습니다.

　여기서 잠시 앞서 설명한 스토리를 다시 플롯과 연동시켜 요약하자면 스토리는 아래와 같이 정리됩니다.

스토리 = 플롯＋관객에 의해 추측된 사실들

　이런 점을 감안할 때 영화창작자는 플롯을 매우 중요하게 여겨야 합니다. 관객에게 실제로 보여주는 플롯이 탄탄해야지 그것을 본 관객이 상상의 나래를 펼칠 수 있기 때문입니다. 비유하자면 플롯은 이야기의 뼈대라고 할 수 있고 스토리는 뼈대에다가 살을 붙이는 과정이라고 할 수 있습니다. 시나리오 작가는 플롯을 쓰고 감독은 관객들이 스토리를 재구성하는데 필요한 시청각적 정보를 스크린에 연출합니다. 결국 영화 화면에 제시된 플롯을 바탕으로 스토리를 재구성하는 것은 관객들의 몫

이라고 할 수 있는 것이죠.

이런 이유로 1부에서 영화적 글쓰기의 첫 번째 팁을 "영화는 구체적으로 관객에게 보여주어야 한다."고 조언을 드린 겁니다. 영화창작자가 "굳이 세세하게 보여주지 않고 대략 뭉뚱그려 보여줘도 관객이 알아서 이해하겠지?"라는 안일한 생각으로 영화에 접근하면 자신의 정확한 의도를 전달하기 어려워지기 때문이죠. 그렇다면 여기서 말하는 관객의 상상력을 자극할 수 있고 창작자의 의도를 제대로 전달할 수 있는 탄탄한 플롯이 되기 위해서는 무엇이 필요할까요? 그것이 바로 플롯의 또 다른 한축인 인과관계입니다.

인과관계는 플롯 구성에서 가장 중요한 기준으로서 두 가지의 각기 다른 사건에서 하나는 원인이 되고 또 다른 사건이 결과가 되는 관계를 말합니다. 하나의 사건이 일어나기 위해서는 그 사건의 원인이 되는 또 다른 사건이 있어야 된다는 것이지요. 따라서 플롯의 인과관계란 말 그대로 하나의 사건 안에 원인과 결과를 배열하는 것입니다. 그래야만 촘촘한 내러티브 구조가 완성될 수 있습니다.

플롯의 인과관계가 무엇인가를 좀 더 쉽게 이해하기 위해 예를 한번 들어보겠습니다. 아래 그림을 참조하십시오.

"한 남자가 술을 마신다." "그가 병원에 간다." "창문이 깨진다." "그가 헬스장으로 간다." 이런 일련의 사건들이 있다고 가정해보죠. 이 조합은 개별 사건들을 단순히 시간적 순서에 따라 순차적으로 배열한 것이고 네 개의 개별 사건들은 상호 독립적으로 존재합니다. 때문에 네 개의 사건을 하나로 모았을 때 발생되는 내러티브를 이해하기란 거의 불가능합니다. 따라서 네 개의 사건이 하나의 내러티브로 독해되기 위해서는 개별적인 사건들을 논리적으로 이어주는 끈끈한 연결고리가 필요한데 그것

A. 한 남자가 술을 마신다.　B. 그가 병원에 간다.　C. 창문이 깨진다.　D. 그가 헬스장으로 간다.

[그림21] 플롯의 인과관계가 있는 내러티브의 예

이 바로 인과관계입니다.

가령 "한 남자가 사랑하는 연인에게 청혼하지만 거절당하고 괴로움을 잊고자 술을 마신다. 그 남자는 매일 술에 의존하는 생활을 하다가 결국 알코올 중독자가 되고 주변 가족들이 그를 치료하고자 강제로 병원에 입원시킨다. 그 남자는 치료를 열심히 받지만 여전히 마음 한편에는 연인에 대한 미련이 남아 있고 그녀의 진심을 마지막으로 묻기 위해 병원 창문을 깨고 탈출한다. 그는 헬스트레이너로 일하고 있는 그녀를 보기 위해 합정역 5번 출구에 위치한 헬스장으로 찾아간다."라는 식으로 앞의 개별적인 네 개의 사건들을 인과관계에 따라 논리적으로 재배열해 봅시다. 이런 식으로 사건들을 재구성하게 되면 명확하게 사건 사이의 연결고리가 생기는 인과관계가 형성이 되는 것이죠. 즉, 왜 술을 마셨고 병원에 갔으며 창문을 깨고 헬스장으로 갔는지에 대한 의문이 비로소 풀리게 되는 것입니다. 사실 이해를 돕기 위해 너무나도 유치한 예를 들었지만 위의 예시는 우리에게 매우 중요한 사실 하나를 알려주고 있습니다. 즉, 관객이 영화의 플롯을 바탕으로 스토리를 구성하는 데 있어 인과관계가 가장 중요한 영향을 미친다는 것입니다. 만일 인과관계가 제대로 구성되지 않은 플롯을 관객이 만난다면 그들은 스토리에 대한 흥미를 바로 잃어버리게 됩니다.

결국 스토리와 플롯 모두 사건의 서술이라는 면에서 동일하지만 스토리가 사건을 순서대로 시간성에 의존하여 얻어지는 것이라면 플롯은 인과관계의 배열에 중점을 두는 것이라고 말할 수 있는 것이죠. 좀 더 영화적으로 생각한다면 플롯은 일반적인 내러티브의 구성요소일 뿐만 아니라 관객에게 주는 일종의 '숨은 메시지'의 전달인 셈입니다. 따라서 실제 관객들은 영화를 볼 때 정교하게 짜인 플롯의 선을 따라가며 감상한 후 자신의 머릿속에 임시 저장하고 그것을 다시 끄집어내어 하나의 완성된 스토리로 기억하는 것입니다. 어떻게 보면 바로 이 과정이 영화를 관람하는 관객의 본능이라고 할 수 있습니다. 즉, 관객은 플롯에서 누락되어 있는 스토리상의 사건들을 추측하고 그 사건들을 다시 시간적인 순서에 의해 배열하고 재구성하는 것이죠.

조금 더 압축시켜 정리하자면 관객이 스크린에 영사되는 이미지와 사운드를 통해 정작 기억하는 것은 바로 '감정의 플롯'이라고 할 수 있습니다. 앞서 예를 든 사건에서 관객이 최종적으로 기억하는 것은 실연에 대한 '슬픔'이고 술에 의존할 수밖에 없었던 '절망감'과 그에 따른 '연민'이며 연인의 진심을 확인하려는 그의 '집착'이라는 감정을 기억하는 것이라고 할 수 있습니다.

이렇듯 영화창작자는 관객들이 구성된 플롯을 보고 어떤 스토리를 재구성하게 될지를 항상 미리 예상해야 합니다. 이를 위해 가장 중요한 기준이 바로 원인과 결과에 의존하여 플롯을 구성하는 사건의 인과관계인 것이죠. 그러나 인과관계만 있다고 짜임새 있는 좋은 플롯이 되는 것은 아닙니다. 플롯의 인과관계를 구성할 때 반드시 지켜야 할 기준을 꼭 기억해야 합니다. 그것은 바로 "결과로 보이는 사건을 위해 원인이 되는 사건을 미리 보여주어야 한다."는 것입니다. 다시 말해, 원인 없이 결과만 보여서도 안 되고 결과 없는 원인만 보여서도 안 되는 것이죠. 왜냐하면 관객들은 플롯상의 사건들 간의 연관성을 찾기 위해 끊임없이 노력하기 때문입니다. 물론 원인이 되는 사건이 먼저 보일 수도 있고 결과가 되는 사건이 먼저 보일 수도 있지만 어떤 경우든 원인과 결과가 모두 보여야 관객의 혼란을 줄일 수 있는 플롯의 인과관계가 형성될 수 있습니다. 이해를 돕기 위해 예를 한번 들어보지요.

허진호 감독의 〈천문: 하늘에 묻는다〉(2019)는 세종대왕, 장영실, 황희 등 전체적으로 진지한 캐릭터들에 의해 내러티브가 전개됩니다. 그런데 유독 튀는 캐릭터 3인방이 등장합니다. 바로 궁궐의 시설물을 수리하는 관청인 선공감에 근무하는 조순생(김원해 扮), 임효돈(임원희 扮), 최효남(윤제문 扮)이 그들이지요. 이들은 함께 일하는 장영실(최민식 扮)에 대해 한편으로는 존경하면서도 다른 한편으로는 그의 뒷담화를 하며 시기심도 드러냅니다. 다른 주요 캐릭터들이 역사의 주인공처럼 묘사되는 것에 비해 이들이 맡은 역할은 매우 미미합니다. 가끔 자기들끼리 옥신각신하는 우스꽝스런 행동을 통해 소소한 웃음을 유발하지요. 이들은 세종(한석규 扮)이 탄 가마 안여가 전복되면서 그 책임을 물어 모진 국문을 당합니다. 태형을 당하는 와중에서도 기절하는 척 하는 등 깨알 같은 슬랩스틱 코미디를 시전합니다. 이들의 코믹한 행동은 옥에 갇혀 간수에게 곤장에 대한 노하우를 들을 때 절정을 이룹니다. 간수는 태

[그림22] 〈천문: 하늘에 묻는다〉: 인과관계

형을 맞기 전 주의사항에 대해 아주 친절하게 설명합니다. "곤장 100도
는 황천길 직행, 보통 60도에 앉은뱅이, 80도부터는 매 맞다 정신줄 놓
으면 못 돌아와"라는 간수의 설명에 이들은 온갖 과장된 슬픈 표정을 짓
고 카메라는 화면 가득 클로즈업으로 이들을 잡아줌으로써 관객의 웃음
을 유발합니다. 이들은 곤장을 맞을 때 도움이 된다는 간수의 호흡법 노
하우를 열심히 연습하지요.

어떻게 보면 전체적인 영화의 연기톤과 너무나도 상반되는 희극 연기
때문에 사실 좀 무리한 배치처럼 보이기도 합니다. 그러나 이들 3인방의
캐릭터와 연기는 영화의 결말 부분에 이르러 매우 중요한 역할을 하게
됨을 관객은 곧 깨닫게 됩니다. 세종은 장영실을 살리기 위해 한글 창제
라는 필생의 사업을 포기하려고 합니다. 그러나 장영실은 세종을 위해
자신의 목숨을 내 놓기로 결심하죠. 장영실은 자신을 훈방하려는 세종
의 큰 뜻을 알지만 그보다 더 큰 대의를 위해 스스로 자신을 역도라 칭하
고 곤장을 맞는 선택을 합니다. 영화는 자신의 가장 소중한 것을 내놓으
며 서로를 위하는 세종과 장영실의 진정한 우정의 결말을 자막으로 설명

하며 이야기를 매조지합니다. "1442년 장영실은 곤장 80도의 형벌을 받는다. 그 후 그의 생사에 대한 기록은 없다. 2년 뒤 조선 최초의 천문 역서 칠정산이 편찬되었고 1446년 훈민정음이 반포되었다." 즉, 세종은 장영실의 희생으로 인해 애민(愛民)정신의 결정체인 훈민정음을 완성시켰다는 결말을 보여주는 것이죠. 이제 관객의 머릿속에는 장영실의 운명에 대한 스토리가 만들어지기 시작합니다. 과연 곤장 100도를 맞고 죽었을까? 아니면 80도를 맞고 살아남아 세종의 성공을 바라보며 노년을 보냈을까? 그런데 관객이 스토리에 대한 이런 다양한 상상력을 발휘할 수 있는 이유는 바로 감독이 배치한 선공감 3인방 캐릭터의 뛰어난 연기 때문이라고 할 수 있습니다. 다시 말해 장영실이 곤장 80도의 형벌을 받은 것이 인과관계에 따른 결과라고 한다면 원인이 되는 사건은 선공감 3인방의 곤장 에피소드라고 할 수 있는 것이죠. 이들이 태형을 맞고 감옥에 갇혀 장영실과 주고받는 가슴 따뜻한 이야기 한 소절이 이 모든 결과를 위해 감독이 계획한 씨뿌리기라고 할 수 있는 것입니다. 만약 이런 인과관계 없이 장영실의 역사 속 결말만을 그대로 제시했다면 아마도 관객의 스토리의 상상력을 자극하기에는 많이 부족했을 것입니다.

〈천문〉의 예에서 보았듯이 이렇게 시나리오 작가와 감독 등 영화창작자는 관객의 스토리에 대한 추측을 유도하기 위한 영화적 장치를 곳곳에 배치시켜 놓습니다. 한편으로는 직접 보여주고 들려줌으로써, 또 다른 한편으로는 일부러 보여주지 않고 들려주지 않음으로써 스토리를 플롯화하는 것이죠.

먼저 스토리를 예측하려고 하는 관객의 본능적인 심리를 이용해 익숙한 플롯을 제공하는 방법입니다. 많은 영화와 소설 등을 통해 수없이 다양한 내러티브를 접해 온 관객들은 영화를 보면서 끊임없이 스토리를 예측하려고 합니다. 스토리가 진행됨에 따라 등장인물이 어떤 성격을 가졌는지, 누구와 접촉해 어떤 사건에 휘말리는지, 결국에는 어떤 결말로 끝날지 등에 대해 많은 추측과 기대를 하면서 자신도 모르게 스토리를 구축해나가는 것이지요. 이를 위해 관객들은 스토리의 다음 전개과정을 예측하는 데 단서가 될 정보들을 찾아내려고 부단히 노력합니다. 영화 창작자는 바로 이러한 관객들의 심리를 이용해서 예측에 필요한 알짜 정보를 제공하기도 하고 때로는 감추기도 하며 심지어 잘못된 단서를 고의로 흘리기도 하죠. 이에 따라 관객들은 자신들의 예측이 맞았는지 틀렸는지 확인하게 되고 그것을 바탕으로 또 다시 스토리의 다음 전개과정을 예측하려 노력합니다. 이러한 익숙한 플롯을 제공해 스토리를 예측하게 하는 내러티브의 문법을 가장 잘 활용하는 것이 바로 할리우드의 장르영화 공식(formula)입니다.

할리우드를 비롯한 대부분의 장르영화에서 활용하고 있는 공식은 익숙하고 예측 가능한 결말에 이르는 전체적인 내러티브 구조나 일련의 반복되는 행위라고 할 수 있습니다. 많은 장르영화는 공식화된 플롯으로 구성되기 때문에 특정 장르영화에서 일어나는 사건들을 미리 예측하기가 매우 수월하죠. 이렇게 장르영화의 내러티브 공식은 이미 예정된 주제까지 함축할 정도로 중요한 역할을 맡습니다. 영화창작자는 이 점을 잘 활용해 관객과의 보이지 않는 '밀고 당기기'를 시전하게 됩니다.

우선 관객들은 알고 있는 장르의 기본 공식에 익숙한 내러티브가 제공되면 자신의 예측이 맞았다는 '즐거움'을 느낍니다. 일종의 뿌듯함이라고 할 수 있죠. 영화가 공유하고 있는 기본적인 이야기의 틀을 자신이 잘 알고 있다는 일종의 만족감이라고 할까요. 그러나 관객들의 예측이 항상 맞아떨어지는 익숙한 내러티브 공식만 계속 제공하게 되면 관객들은 이 스토리가 식상하다고 느끼게 됩니다. 그래서 가끔은 관객이 기대하고 있는 익숙한 공식과 그 예측에서 벗어난 변이형들을 적절히 배치해야 관객에게 즐거운 '긴장감'을 줄 수 있습니다. 관객들은 이쯤에서 "이런 사건과 상황들이 펼쳐지겠지"라고 기대했는데 예측하지 못한 장면이 전개되면 "뭐지? 이 낯선 설정은?"이라는 긴장감이 형성되는 것이죠. 그렇다고 공식에서 벗어난 변이형들을 너무 많이 노출시키면 오히려 역효과만 불러올 가능성이 높습니다. 관객은 자신의 예측이 계속 틀리기만 하면 그 스토리가 너무 어렵다고 생각할 테니까요. 따라서 영화창작자는 적당한 시점에 다시 익숙한 공식들과 적절한 스토리의 정보를 제공해주어야 합니다. 그래야만 관객이 낯선 긴장감과 익숙한 즐거움 사이에서 신나게 롤러코스터를 탈 수 있으니까요. 이러한 관객과의 밀당에 적용되는 장르영화에서 활용되는 몇 가지 내러티브 공식을 공포영화의 예를 통해 알아보겠습니다.

공포영화에는 오랜 세월에 길쳐 누적된 장르의 플롯 공식이 있습니다. 가장 대표적인 것이 공포영화에서 먼저 죽는 우선순위의 공식이죠. 공포영화를 즐겨보는 관객이라면 누가 영화 초반부에 죽을지, 누가 끝까지 살아남을지를 감지할 수 있는 규칙에 대해 어느 정도 인지하고 있습니다. 그중에서 가장 많이 사용되는 공식 몇 가지만 추려보도록 하죠.

첫째, 혼전 성관계, 음주, 마약, 약물복용은 일종의 죽음의 신호입니다. 사회적 금기를 어기는 죄악이기 때문이죠. 실제로 대부분의 공포영화에서 섹스, 음주, 마약 등을 하는 청소년이나 성인이 등장한다면 십중팔구 그 인물은 살인마 캐릭터에 의해 살해당합니다. 이 공식은 고전 슬래서(slasher) 공포영화의 명작인 〈할로윈 Halloween〉(1978)과 〈13일의 금요일 Friday the 13th〉(1980)에서부터 시작된 규칙이라고 할 수 있

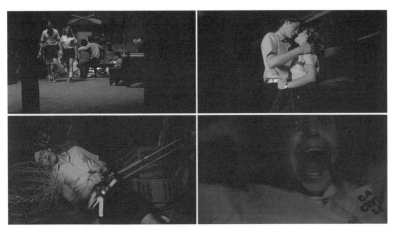

[그림23] 〈13일의 금요일〉: 공포영화 공식 1(00:02:08~00:05:20)

[그림24] 〈13일의 금요일〉: 공포영화 공식 2(01:29:42~01:33:09)

습니다. 예를 들어 캠핑을 즐기고 있는 단체에서 남녀 둘이 밀회를 즐기기 위해 무리에서 벗어나면 어김없이 살해를 당하죠. 여기에 술이나 약물까지 복용한다면 이건 빠져나갈 방법이 없습니다. 관객들도 워낙 이규칙을 잘 알고 있기에 비슷한 장면이 나오기만 해도 금방 해당 인물이 살해당할 것이라는 예측을 하게 됩니다.

둘째, 살인마는 반드시 부활한다는 점을 명심해야 합니다. 이 규칙 역시 〈할로윈〉의 마이어스와 〈13일의 금요일〉의 제이슨에서부터 시작된 오래된 공식이라고 할 수 있는데요. 대부분의 연쇄살인마가 등장하는 영화를 보면 처음에 죽은 살인마가 영화의 말미 버젓이 살아남아 다시 한 번 주인공을 공격하는 상황이 발생합니다. 죽은 줄 알았던 범인이나 살인마가 되살아나는 공식이 워낙 반복되어 사용되다 보니 웬만한 관객들은 분명 화면에서 살인마가 죽는 모습을 보았음에도 불구하고 곧이곧대로 믿지 않습니다. 어차피 부활할 거라는 것을 알기 때문이죠.

셋째, 외딴곳에는 절대 가지 말아야 살아남을 확률이 높습니다. 이 공식 역시 〈이블 데드 The Evil Dead〉(1981) 이후 많은 하우스 호러(House Horror) 물에서 반복되어 사용되는 규칙입니다. 하우스 호러란 가장 안전해야 할 공간인 집에서 가장 위험하고 무서운 사건이 벌어지는 공포영화 유형으로서 〈캐빈 인 더 우즈 Cabin in the Woods〉(2011), 〈컨저링 The Conjuring〉(2013), 〈겟 아웃 Get Out〉(2017), 〈그것 It〉(2017) 등의 영화를 예로 들 수 있습니다. 실제로 많은 영화에서 지하실이나 다락방은 결코 들어가서는 안 되는 금기의 공간으로 설정되는데요. 그럼에도 불구하고 희생자들은 기어코 그 죽음의 공간으로 들어가서 살해당하고 말죠. 설령 지하실에 내려가거나 다락방에 올라가더라도 거기에 있는 건 무엇이든 만져선 안 됩니다. 아무리 호기심을 자극하는 물건이더라도. 관객 역시 이런 금기를 어기는 장면이 나오면 다음 사건을 미리 예측하기가 매우 수월해집니다.

넷째, 지나친 호기심과 영웅심에 단독 행동을 하는 캐릭터 역시 다음 장면에 시체로 발견될 확률이 매우 높습니다. 우리는 종종 영화에서 "여

[그림25] 〈이블 데드〉: 공포영화 공식 3(00:11:06~00:16:20)

[그림26] 〈캐빈 인 더 우즈〉: 공포영화 공식 4(00:58:20~01:00:30)

기서 무슨 일이 일어나는지 반드시 알아야겠어!"라며 일행에서 떨어져 나와 홀로 용기 있게 탐험을 즐기는 인물들을 만나곤 하는데요. 공포영화에서 이 대사는 "나는 이제 죽으러 갑니다."와 동의어라고 할 수 있습니다. 특히 이런 유형의 인물들은 일행 중에 가장 자기주장이 강하고 말도 제일 많이 하는 성격을 가지고 있는데요. 고전 〈살아있는 시체들의 밤 Night of the Living Dead〉(1968)부터 〈캐빈 인 더 우즈〉에 이르기까지 뭔가 해보겠다고 혼자 바깥에 나가는 인물들의 용기는 가상하나 거의 대부분 빠른 시간 내에 주검으로 발견됩니다. 창작자 역시 이런 캐릭터를 끝까지 살아남는 주인공들 사이에 배치해서 극의 긴장감을 살리는 데 이용하고는 하지요.

다섯째, 쫓아오는 살인마로부터 살아남기 위해 반드시 따라야 할 법칙이 있습니다. 다시 말해 이 법칙을 어기게 되면 역시 살해당할 가능성이 높아집니다. 먼저 가까스로 죽음의 고비를 넘은 주인공 앞에는 늘 차한 대가 보입니다. 그러나 이 차를 타는 순간 죽게 됩니다. 십중팔구 시동이 걸리지 않는 고장 난 차이기 때문이죠. 역시 〈할로윈〉에서 시작되어 〈사일런트 힐 Silent Hill〉(2006)에 이르기까지 많은 영화에서 반복 사용되는 규칙입니다. 또한 아무리 궁금하더라도 절대 뒤를 돌아봐서는 안 됩니다. 그냥 앞만 보고 뛰어도 살까말까 한데 꼭 희생자들은 어디까지 살인마가 쫓아오는지 확인하기 위해 뒤를 돌아보다 희생되고 말죠. 이밖에도 공포영화에는 많은 공식들이 반복되어 사용됩니다.

그렇다고 모든 공포영화의 창작자들이 이러한 공식들을 그대로 지키지는 않습니다. 앞서 얘기했지만 관객들의 예측이 맞아 떨어지는 익숙한 공식만 계속 사용하면 식상한 이야기가 되고 마니까요. 그래서 때에 따라서는 관객에게 익숙한 공식과 그 예측에서 벗어난 변이형들을 적절히 배치해서 관객에게 새로운 긴장감을 주는 전략을 택하기도 합니다. 이런 점에서 웨스 크레이븐 감독의 〈스크림 Scream〉(1996)은 매우 흥미로운 작품입니다. 바로 공포영화에서 사용되는 많은 규칙들을 영화에 삽입시켜 때로는 충실히 따르기도 하고 또 한편으로는 스스로 그 규칙들을 위반하면서 내러티브를 진행시키기 때문입니다.

[그림27] 〈사일런트 힐〉: 공포영화 공식 5(00:26:17~00:28:31)

[그림28] 〈스크림〉: 공포영화 공식의 변이형(01:12:21~01:14:13)

실제로 영화 속 공포영화 마니아 랜디는 친구들에게 걸작 공포영화의 규칙들에 대해 일장연설을 늘어놓습니다. "처녀만이 살인마를 물리칠 수 있다. 술과 마약을 하면 죽는다. 절대로 하면 안 되는 말은 곧 돌아올 게(I will be right back)이다." 그리고 이 규칙을 어기면 어김없이 죽는다고 경고하죠. 그런데 이제부터 재미있는 상황이 벌어집니다. 친구 중 한 명이 화장실을 가며 "곧 돌아올게" 하고 말한 것입니다. 과연 이 친구는 살았을까요? 죽었을까요? 그리고 공포영화의 규칙을 속속들이 꿰뚫고 있는 랜디는 끝까지 살아남을 수 있을까요? 이런 식으로 웨스 크레이 브 감독은 공포영화의 대가답게 끊임없이 관객들과 기존 공포영화의 규칙을 영화에 적용시켜 자신만의 스토리를 예측하게끔 씨뿌리기를 시도합니다. 관객은 감독의 의도대로 자신이 알고 있는 모든 공포영화의 규칙을 총동원해 스토리의 다음 전개과정을 예측하려 노력합니다. 이런 점에서 〈스크림〉은 아는 만큼 즐길 수 있는 공포영화라고 할 수 있습니다. 그러나 의도적으로 감독은 1980년대식 공포영화의 규칙을 고의로 전복해 버림으로써 관객에게 낯선 긴장감을 선사합니다. 예를 들어, 순결한 처녀만이 살인마와 대적할 수 있다는 규칙은 혼전성교를 한 주인공 시드니(니브 캠벨 扮)에 의해 여지없이 깨어지지요. 이렇게 감독은 미국 10대들이 갖고 있는 금기에 대한 두려움을 드러낸 1980년대 공포영화의 규칙들을 의도적으로 조롱함으로써 1990년대 후반 10대 관객들의 열광적인 지지를 끌어내는 데 성공하게 됩니다.

레니 할린 감독의 〈딥 블루 씨 Deep Blue Sea〉(1999) 역시 공포영화의 공식들을 의도적으로 위반함으로써 팽팽한 긴장감을 끝까지 유지시키는 데 성공한 작품입니다. 해양실험실에서 근무하는 연구진은 알츠하이머병을 치료하기 위해 상어의 뇌 조직을 추출하는 데 성공하지만 폭풍우에 실험실이 고장 나면서 이들은 식인상어의 위협에 노출됩니다. 이런 상황에서 영화는 몇 가지 익숙한 공포영화의 규칙들을 위반합니다.

첫째, "이름값 있는 주연배우는 조연배우에 비해 나중에 죽는다"라는 규칙은 너무나도 당연한 상식입니다. 주연배우를 먼저 죽인다면 제작자 입장에서는 당연히 손해이기 때문이죠. 그러나 레니 할린 감독은 지극히 당연한 상식을 뒤집어 놓습니다. 상어의 공격이 거세지자 러셀 박사(사무엘 L. 잭슨 扮)는 연구원들을 모아 놓고 "내부 구성원들끼리 반목하

[그림29] 〈딥 블루 씨〉: 공포영화 공식 위반 1(00:59:03~01:01:00)

[그림30] 〈딥 블루 씨〉: 공포영화 공식 위반 2(01:19:24~01:20:07, 01:37:37~01:38:20)

지 말고 서로 힘을 합쳐 상어의 위험에서 벗어나자"며 일장연설을 합니다. 카메라도 줌인으로 결연한 어조로 연설하는 러셀을 클로즈업으로 잡아주지요. 그런데 그 순간 놀라운 일이 벌어집니다. 식인상어가 실험실 바다 밑 공간으로부터 불쑥 튀어나와 러셀을 물고 깊은 바다로 사라져 버린 것이죠. 그의 연설을 듣고 있던 연구원들이 놀란 것은 말할 것도 없고 장면을 본 관객들도 놀라기는 마찬가지였을 겁니다. 사무엘 L. 잭슨은 출연 배우들 중 가장 잘 알려진 스타 배우였으니까요. 동료 연구원들은 그야말로 패닉 상태에 빠집니다. 그러나 관객은 사무엘 L. 잭슨이 죽지 않았을 거라고 추측했을 가능성이 높습니다. 늘 그렇듯 주인공은 죽은 것 같지만 다시 살아나서 관객 앞에 재등장해왔기 때문이죠. 그러나 감독은 관객의 이런 기대를 산산이 부셔버립니다. 이어지는 장면에서 러셀의 몸통이 식인상어에 의해 찢겨 두 동강나는 모습을 화면 가득 보여주니까요. 그제야 관객은 망치로 뒤통수를 맞는 듯한 충격에 빠지게 됩니다. 그야말로 긴장감을 고조시키기 위한 극약처방을 관객에게 내린 것이죠.

둘째, 할리우드 공포영화에는 잘 드러내지는 않지만 엄연히 존재하는 인종과 관련된 규칙이 있습니다. 바로 백인에 비해 흑인과 같은 유색인종이 먼저 죽는다는 것이죠. 실제로 위에서 보았듯이 당연히 끝까지 살아남을 것 같던 사무엘 L. 잭슨을 죽인 것만 봐도 어느 정도 맞는 셈이죠. 그러나 영화는 이런 규칙마저도 위반합니다. 영화에서 주방장 프리쳐(엘엘 쿨제이 扮)는 흑인입니다. 어느 정도 공포영화의 규칙에 익숙한 관객들은 분명 주방장이 다른 인물들에 비해 먼저 죽을 거라고 예상했을 겁니다. 그리고 조용히 그 순서를 기다리지요. 주방장은 상어에 의해 여러 번 잡혀 먹힐 위기를 맞습니다. 그럴 때마다 관객은 "그래 이제는 죽겠지"라고 예상을 합니다. 그러나 감독은 계속 죽을 고비를 넘는 모습을 반복적으로 보여주며 살려 둡니다. 또 한 번의 위기를 맞은 주방장은 이번에도 살아남습니다. 하지만 그 순간 여주인공 수잔을 구하러 다시 사지(死地)로 돌아가야 됨을 깨닫습니다. 그러자 주방장은 "난 이제 죽었다. (영화를 보면) 흑인은 꼭 이럴 때 죽더라"며 푸념을 하지요. 관객들은 이 대사를 듣고 "아! 그래. 이번에야 말로 흑인 주방장을 죽이려는 복선이겠구나"라며 그의 죽음을 예측합니다. 그러나 이번에도 감독의 선택은 주방장이 아닌 여주인공을 저 세상으로 보내버립니다. 창작자와 관객 간의 내러티브 예측을 둘러싼 밀당은 계속 이어집니다. 자신이 알고 있던 익숙한 공식들에서 벗어나는 변이형을 계속 경험한 관객은 영화가 끝날 때까지 그 공식이 적용되기를 끝까지 기대하는 것이죠. "결국 죽은 식인상어가 다시 살아나 흑인을 먹어 치울거야"라고요. 실제로 영화의 엔딩 장면에서 흑인 주방장은 남자 주인공 카터와 함께 바다 위에 떠 있는 널빤지에 아슬아슬하게 누워 있습니다. 과연 어떻게 되었을까요? 감독은 익숙한 공포영화의 공식을 작동시켰을까요? 아니면 끝까지 위반했을까요? 그 결과를 끝까지 지켜보라며 영화는 부감으로 완전히 파괴된 해양실험실의 전경을 천천히 엔딩 크레디트와 함께 보여줍니다. 이렇듯 할리우드 장르영화의 공식은 관객들이 낯선 긴장감과 익숙한 즐거움 사이에서 스토리를 예측할 수 있게 유연한 내러티브 전략을 구사합니다.

(3) 담화-미장센: 다양한 미장센 코드의 창의적 결합

이제 영화 내러티브의 구성요소 중 마지막인 담화입니다. 앞서 설명한 대로 영화는 문학에는 없는 담화라는 또 하나의 구성요소를 가지고 있고 다른 말로 담화는 영상적 표현양식, 즉 다양한 미장센 코드라고 설명했습니다. 담화는 플롯 못지않게 영화 내러티브 구축에 중요한 역할을 수행하고 어떻게 보면 영화적 글쓰기의 가장 핵심이자 기본이라고 할 수 있습니다. 이런 의미에서 영화적 글쓰기의 두 번째 팁을 제시합니다.

> "영화창작자는 미장센 구성요소를 활용할 수 있는 안목이 필요하다."

첫 번째 팁과 마찬가지로 너무나도 당연한 말을 왜 하냐고 반문할 수 있습니다. 그러나 생각 외로 많은 시나리오 작가 지망생들이 이 점을 간과하는 것을 목격합니다. 그들은 자신이 문학적 글쓰기 능력만 갖추면 좋은 시나리오를 쓸 수 있다고 착각합니다. 그러나 앞서 1부에서 설명했듯이 문학적 글쓰기와 영화적 글쓰기는 엄연히 다릅니다. 창작자가 미장센 요소를 잘 활용할 수 있는 능력을 갖춘다면 영화 플롯의 인과성을 증폭시킬 수 있는 또 하나의 강력한 아이템을 얻는 것이지만, 그렇지 못하면 소설과 영화의 내러티브의 전달 방식과 특징을 전혀 이해하지 못하는 '글'로 남을 확률이 높습니다. 바꿔 얘기하면 관객의 상상력을 자극할 수 있고 영화의 의도를 제대로 전달할 수 있는 좋은 플롯을 갖춘 시나리오가 되기 위해서는 장면에 걸맞은 시의적절한 미장센 요소의 활용이 반드시 필요하다는 것이죠.

미장센에 대한 많은 논의는 이미 『미장센-영화 창작 논리의 해부』에서 자세하게 언급했기에 따로 설명하시는 않겠습니다. 보다 자세한 정보를 얻고자 하는 분들은 위의 책을 참조하시기 바랍니다. 다만 이해를 돕고자 간단하게 미장센이 왜 중요한 영화 내러티브의 구성요소인지 그리고 어떤 미장센 코드들을 통해 영화창작자들이 플롯을 만들어 내는지에 대해서만 몇 가지 예를 들어 소개할까 합니다.

영화 플롯의 인과성을 증폭시킬 수 있는 다양한 미장센 요소 중 가장 많이 활용되는 것은 설정 숏(establishing shot)과 인서트 숏(insert shot)입니다. 설정 숏은 주로 시퀀스 도입부에 앞으로 전개될 사건에 대한 극적 분위기를 미리 알려주는 기능을 합니다. 말 그대로 앞으로 전개될 사건이나 상황을 대략적으로 설정해주는 역할을 하는 것이죠.

김용화 감독의 〈국가대표〉(2009)의 한 장면을 예로 들어 보겠습니다.

동계올림픽을 국내에 유치하기 위해 스키점프 국가대표팀이 급조됩니다. 국가대표 코치도 스키점프에 대해 전혀 모르는 어린이 스키교실 강사가 임명되고 대부분의 선수들도 스키점프는 고사하고 스키 한번 제대로 타지 못한 나이트클럽 웨이터, 고깃집 아들 등 오합지졸로 구성되지요. 본격적인 훈련을 시작하기도 전에 팀 구성원들끼리 단합하기는커녕 서로 으르렁거리며 싸우며 팀 탈퇴를 선언하는 멤버도 속출합니다. 바로그때 이들 앞에 새로운 인물이 나타납니다. 서울부터 무주까지 모범택시를 타고 옥장판을 파는 코치의 사고뭉치 딸이 등장한 것이죠. 신기하게도 딸이 등장한 이후로 스키점프 국가대표 팀은 조금씩 팀의 모습이 갖추기 시작합니다. 뿔뿔이 흩어져 보였던 캐릭터들이 드디어 하나의 팀으로 본격적인 훈련을 시작하게 된 것이죠.

영화는 이 순간 스토리에 대한 관객의 추측을 유도하기 위해 설정 숏을 활용합니다. 노란색 중앙선을 이용해 프레임을 절묘하게 반으로 나눈 뒤, 좌측에는 코치를 선두로 처음으로 모든 멤버들이 함께 훈련하는 국가대표 선수들의 모습을 배치합니다. 또한 우측에는 자전거를 타고 이들의 곁을 유유히 따라오는 철부지 딸의 모습을 한 프레임 안에 잡아주지요. 이 설정 숏을 본 관객들은 머릿속에 앞으로 펼쳐질 이야기가 자연스레 상상이 됩니다. 코치의 딸이 어떤 형태로든 이 국가대표팀의 일원이 될 것 같은 예감이 들게 하는 것이죠. 실제로 이어지는 숏에서는 이런 확신을 관객에게 더욱 강하게 암시시켜 줍니다. 우측에 있던 딸이 버스를 피해 자연스레 중앙선을 넘어 좌측 선수단으로 이동하는 모습을 카메라는 롱 숏으로 포착합니다. 그런 다음 카메라는 좀 더 가까이 주장에게 말을 거는 딸의 모습을 잡고 이런 모습에 질투를 느끼는 또 다른 선수의 모습을 번갈아 관객에게 전달하지요. 결과적으로 딸은 국가대표팀에

[그림31] 〈국가대표〉: 설정 숏(0:33:20~00:34:15)

은근한 긴장감을 불어넣는 캐릭터로 설정되고 실제로 국가대표팀의 매니저가 되어 나름 크게 기여하게 됩니다. 아! 물론 도중에 전지훈련비가 든 통장을 갖고 사라져버리는 사고를 치지만요. 이런 설정 숏의 대부분은 극의 내용에는 포함되지 않지만 관객의 머릿속에 스토리를 구성할 수 있는 사건이나 상황을 암시하는 중요한 역할을 담당하게 됩니다.

이번에는 영화가 인서트 숏을 통해 어떻게 관객의 상상력을 자극하는지 기타노 다케시 감독의 〈소나티네 Sonatine, ソナチネ〉(1993)를 살펴보도록 하겠습니다. 인서트 숏은 장면의 특정 동작이나 상황을 강조하기 위해 말 그대로 장면과 장면 사이에 삽입한 화면을 말합니다. 인서트 숏이 숏 중간에서 연결고리 역할을 하게 되면 동작과 상황이 명확해지면서 스토리가 강조되는 효과를 얻게 됩니다. 또한 상징적인 의미를 부각시키기 위해서도 사용하지요. 예를 들어 총을 들고 서로 대치하고 있는 두 군인의 모습을 좀 더 긴장감 있게 묘사하기 위해 병사의 모습을 보여주는 숏 중간에 클로즈업으로 이마에 흐르는 땀과 침을 꿀꺽 넘기는 목젖을 인서트 숏으로 삽입하면 금방이라도 무슨 일이 일어날 것만 같은

[그림32] 〈소나티네〉 : 인서트 숏(00:00:23~00:01:00)

팽팽한 리듬감이 만들어지게 되는 것이죠.

잔혹한 폭력으로 얼룩진 야쿠자의 세계를 다루고 있는 〈소나티네〉는 시작하자마자 푸른색의 기이한 스틸사진을 보여준 후 천천히 줌 아웃 합니다. 카메라가 점점 뒤로 빠지면서 관객은 황혼을 배경으로 작살에 꿰인 푸른 물고기 한 마리를 보게 됩니다. 그 후 물고기는 마치 유리가 깨지듯이 산산조각 나면서 소나티네라는 영문 타이틀로 연결되지요. 그런 다음 알파벳이 하나둘씩 사라지며 마침내 검은 암전으로 오프닝 장면이 종료됩니다. 사실 30여 초에 불과한 오프닝 장면 사이에 있는 물고기 인서트 숏은 극의 내용과는 직접적인 상관이 없습니다. 그러나 워낙 강렬한 오프닝이었기에 쉽사리 관객의 뇌리 속에서 지워지지 않고 그 잔영이 남게 되죠. 결국 관객은 오프닝에서 보았던 인서트 숏의 상징적 의미를 영화의 마지막 장면을 보는 순간 비로소 이해하게 됩니다. 무표정하게 사람을 크레인을 매달아 익사시켜 죽이고 상대 조직원들과 유혈이 낭자한 총격전을 벌이며 죽고 죽이는 일상을 보내왔던 주인공은 영화의 말미 결국 자신의 관자놀이에 스스로 방아쇠를 당깁니다. 그 모습을 지켜본 관객의 머릿속에는 자연스럽게 오프닝 장면이 중첩되지요. 붉은 노을이 지는 배경은 결국 야쿠자로서 황혼을 보낸 무라카와(가타노 다케시 扮)의 인생을 의미하고 작살에 꿰인 푸른 물고기는 자신의 운명에서 벗어날 수 없어 결국 자살을 선택한 주인공의 모습이었던 것이죠. 〈소나티네〉는 이렇게 극의 내용과 직접적인 상관관계가 없는 인서트 숏을 통해 영화를 관통하는 주제인 인간의 폭력과 죽음을 관객에게 상징적으로 암시시켜주는 영화적 장치를 사용합니다.

위의 두 예시를 통해서 알아보았듯이 이러한 미장센 요소는 화면에서 직접적으로 보이지는 않지만 이후 전개될 상황들을 암시하고 관객으로 하여금 추측하도록 함으로써 스토리를 강화시켜 주는 중요한 역할을 합니다. 이런 점에서 창작자가 주제를 구현하고 강화시키며 이야기적 가치를 증대시키기 위해 사용하는 다양한 영화적 장치가 플롯에 녹아 있는 것이라고 할 수 있습니다. 이처럼 스토리 영역의 외부에 있으면서 영화의 플롯을 구성하는 것을 서사학에서는 '이야기적이지 않다'라는 의미에서 논 다이제틱(non-diegetic)이라고 부릅니다. 즉, 플롯은 관객이 스토리를 이해하는 데 영향을 끼치는 논 다이제틱한 영상과 사운드를 제시함으로써 스토리를 강화시켜주는 것이죠. 비교하자면 이야기가 진행되는 배경을 만들어주는 영역은 다이제틱 영상이 되는 것이고 인물들과 연결되어 있는 눈에 보이지 않는 내면이나 상상 등의 영역을 만들어주는 것을 논 다이제틱 영상이라고 할 수 있습니다.

여기서 매우 흥미로운 영화적 글쓰기의 세 번째 팁을 제시합니다.

> "영화는 때로는 스토리 중 일부를 관객에게 보여주지 않아야 한다."

영화적 글쓰기의 가장 기본인 "영화는 구체적으로 관객에게 보여주어야 한다."라는 '드러냄의 미학'을 역설적으로 부정하는 것이지요. 즉, 영화적 글쓰기의 세 번째 팁은 고의로 관객에게 보여주지 않는 '감춤의 미학'을 말합니다. 이런 감춤의 미학을 구사할 때 반드시 명심해야 할 것은 드러냄의 미학보다 훨씬 더 치밀하게 플롯의 인과관계를 구성해야 한다는 점입니다. 플롯 상에서 사건의 원인은 제시하지만 스토리 상의 결과를 감춘다는 전략은 때로는 관객에게 큰 혼란을 가져오는 역효과를 낳을 수 있기 때문입니다. 수확을 위해 씨를 열심히 뿌렸지만 정작 거둬들이지 않는다면 그 동안의 노력이 모두 물거품이 될 수도 있는 것이죠. 이렇듯 역설의 전략은 위험한 시도이기는 하지만 때에 따라서는 아주 강력한 효과를 발휘할 수 있습니다. 수확을 하지 못한 농작물이 썩어서 흉작이 되는 경우가 일반적이지만 의외로 농작물이 스스로 거름이 되어 오히려 풍작이 되는 경우도 생길 수 있는 것이지요. 예를 들어, 우리가 흔히 "야하다."라고 느끼는 감정은 포르노그래피와 에로티시즘의 경계를 나누는 큰 기준이 됩니다. 무조건 신체를 노출해서 노골적으로 보여주는 것보다 때로는 결정적인 노출과 행위를 가려줌으로써 더 강한 성적 판타지를 느끼게 하는 것. 이것이 바로 에로티시즘의 핵심인 감춤의 미학이라고 할 수 있습니다.

감춤의 미학이 얼마나 큰 감정적 울림을 줄 수 있는지를 허진호 감독의 〈8월의 크리스마스〉(1998)를 통해 살펴보겠습니다.

조그마한 사진관을 운영하는 주인공 정원(한석규 扮)은 시한부 인생을 살고 있습니다. 그러나 그 사실을 연로한 아버지(신구 扮)는 모르고 있지요. 언제나처럼 아버지는 혼자 비디오를 시청하다 리모컨 때문에 애를 먹습니다. 그래서 아들을 불러 조작법에 대해 물어봅니다. 정원은

[그림33] 〈8월의 크리스마스〉: 감춤의 미학
(00:55:30~00:58:37; 01:07:40~01:09:19; 01:32:11 01:35:06)

나름 상냥하게 아버지의 눈높이에 맞춰 열심히 설명하지만 간단한 사용
법도 아버지에게는 꽤 벅차 보입니다. 아들에게 가장 큰 걱정은 자신이
죽은 후 연로한 아버지가 혼자서 남은 생을 살아가실 수 있을지에 대한
염려였는데, 리모컨도 혼자 조작하지 못하는 아버지의 모습을 보고 자신
도 모르게 화를 내며 방을 나가 버립니다. 정원은 곰곰이 생각한 끝에 리
모컨 작동법과 사진관 현상기의 조작 순서를 메모지에 일일이 적고 폴라
로이드로 찍어 남깁니다. 자신이 떠나도 아버지가 혼자 사진관을 꾸려
나가며 생계를 유지했으면 하는 바람인 것이죠. 카메라는 모든 작업을
끝낸 후 만족한 얼굴로 알 수 없는 미소를 짓는 정원을 클로즈업으로 잡
아냅니다. 밤이 되어 자신의 불행한 운명이 서러웠는지 정원은 이불을
뒤집어쓰고 오열합니다. 아버지는 그런 정원의 울음소리를 멀리서 듣기
만 하죠. 이어서 영화의 엔딩 장면입니다. 정원이 죽고 이제 관객의 관
심은 과연 아버지가 그토록 아들이 바랐던 것처럼 사진관 현상기를 혼자

서 무사히 작동하고 리모컨도 별 문제없이 사용하고 있을까에 쏠리게 됩니다. 그러나 영화는 홀로 남겨진 아버지가 리모컨과 현상기를 실제로 사용했는지에 대한 결과는 보여주지 않습니다. 대신 사진관 문을 잠그고 가방 하나를 든 채 정원의 스쿠터를 타고 어디론가 출발하는 아버지의 모습만을 보여줄 뿐이죠.

비록 영화는 구체적인 장면을 보여주지 않았지만 관객은 아버지에 대한 아들의 애틋한 감정을 충분히 느낄 수 있습니다. 관객은 아버지가 정원이 남긴 메모지와 사진을 보고 열심히 연습해서 이제는 혼자서도 사진관을 운영하게 되었고 지금은 출장 촬영을 가는 거라고 추측하는 것이지요. 그리고는 분명 다른 친구에게 영화의 줄거리를 얘기할 때 그렇게 얘기했을 겁니다. 마치 자기가 스크린을 통해 실제로 본 것처럼 말이죠. 관객이 이렇게 보여주지 않은 장면을 스스로 상상하고 감정이입해서 자신만의 스토리를 만들어 나갈 수 있는 것은 섬세한 시나리오와 그것을 영상으로 표현한 감독의 연출력 때문입니다. 그런데 만일 이렇게 감춤의 미학이 아닌 드러냄의 미학을 사용해서 엔딩 장면을 처리했다면 어땠을까요? 아버지가 리모컨을 붙잡고 끙끙대는 모습을 보여주고 여전히 현상기 버튼을 잘못 눌러 고생하는 모습을 자세히 보여주면서 말이죠. 이렇게 아버지가 아들이 남긴 매뉴얼을 보고 사진관을 운영하는 모습을 곧이곧대로 보여주었다면 오히려 그 애틋함의 여운이 반감되지 않았을까요? 이것이 바로 감춤의 미학이 가진 역설적인 힘입니다.

만일 누군가가 "좋은 시나리오란 무엇이고 뛰어난 영화 연출이란 무엇인가?"라고 묻는다면 저는 더도 덜도 말고 "〈8월의 크리스마스〉만큼만 해라"라고 말할 것 같습니다. 〈8월의 크리스마스〉에는 '스토리와 플롯의 팽팽한 긴장감'이 있으며 '플롯의 감춤과 드러냄의 줄다리기'를 시의 적절하게 사용하고 있기 때문이죠. 다시 말해 좋은 시나리오와 뛰어난 영화 연출이 되기 위해서는 플롯적인 요소를 얼마만큼 잘 활용하느냐에 달려있다고 해도 과언이 아닙니다. 플롯을 예쁘고 멋있고 아름답게 보여주는 게 중요한 게 아니라 드러냄과 감춤의 미학을 통해 관객의 제3의 반응을 유도할 수 있는 전략. 이것이 성공적인 영화적 글쓰기의 핵심 중 하나라고 할 수 있습니다.

미장센 코드	구성요소
촬영 코드	카메라 시점/움직임
	앵글 선택
	렌즈 선택
	구도
	화면 종횡비
	심도
색채 코드	색채 선택
조명 코드	조명 선택
질감 코드	화면의 톤
프로덕션 디자인 코드	세트, 소품, 의상, 분장, 장식, 장소, 그래픽
셔레이드 코드	소도구/ 배우의 표정, 동작, 행위
캐릭터 코드	캐스팅
	의상/분장
	배우 연기/동선
	대사/음성
사운드 코드	음향 / 음악
시·공간 코드	커트 길이, 시·공간 확장 및 축소

[표3] 미장센의 구성요소

위의 예에서 살펴보았듯이 영화에서 사용되는 미장센은 매우 광범위합니다. 영화를 제작하는 창작자에게 미장센은 가장 중요하고 기본이 되는 요소이기 때문입니다. 미장센은 문자매체로 이루어진 시나리오를 읽고 감독의 상상 속에만 존재하던 의미를 실제로 볼 수 있도록 스크린 위에 형상화하는 표현 도구라고 할 수 있습니다. 사실 관객에게 영화의 주제와 등장인물의 심리상태를 알게 해주는 가장 직접적인 수단은 배우가 말하는 대사입니다. 그러나 지나치게 대사에만 의존해 이야기가 전개되면 관객은 곧 식상해집니다. 이때 미장센 요소들이 창의적으로 결합하게 된다면 대사에 내재하고 있던 본래의 의미들이 시청각적으로 변환되어 영화의 주제나 등장인물에 대한 정보 그리고 감정 상태를 묘사하는 데 효과적으로 사용될 수 있습니다.

미장센을 구성하는 요소는 촬영부터 시작해서 배우의 연기에 이르기까지 매우 다양합니다. 때로는 독립적인 요소로서 기능할 수도 있고 경우에 따라서는 세 가지 이상의 요소가 하나로 합쳐져 시너지 효과를 내는 경우도 있습니다. 물론 절대적인 기준이 있는 것은 아니지만 대개 미장센의 구성요소는 9가지 코드로 분류할 수 있습니다. [표3]에서 분류하고 있는 미장센의 구성요소 중 촬영, 색채/조명/질감, 프로덕션 디자인, 서레이드 코드에 대해서는 『미장센-영화 창작 논리의 해부』에서 다루었으니 이 책에서는 시·공간과 사운드 코드를 중심으로 다양한 영화의 예를 통해 알아보겠습니다.

2. 영화 내러티브 시공간의 마술

영화의 내러티브를 구성하는 데 있어 시간과 공간은 서술 구조의 필수불가결한 원천이라고 할 수 있습니다. 마치 씨줄과 날줄이 만나 옷감을 만들 듯 영화의 시간과 공간은 긴밀히 연결되어 하나의 서술 구조를 완성해나갑니다. 또한 관객의 상상력을 자극할 수 있고 창작자의 의도를 제대로 전달할 수 있는 탄탄한 플롯을 이루기 위해서는 잘 짜인 인과관계 못지않게 시간과 공간의 측면도 플롯 구성의 중요한 기준이 됩니다.

영화 내러티브의 시간과 공간 개념을 살펴보기 전에 먼저 시청각매체인 영화에서 시간과 공간이 갖는 의미에 대해 살펴보겠습니다.

1) 시간과 공간의 예술, 영화

우리는 흔히 영화를 시간과 공간에 구속되어 있는 매체라고 말합니다.

우선 영화의 시간은 소설과는 달리 상영시간에 제약을 받습니다. 대부분의 영화가 1시간 30분에서 2시간 사이로 상영시간을 정하는 이유는 관객의 집중도가 가장 높기 때문이기도 하지만 상영시간이 너무 길면 상영관에 그만큼 손해가 나기 때문입니다. 또한 영화는 타 매체와는 달리 법으로 시간에 따라 영화를 구분합니다. 실제로 한국의 '영화 및 비디오물의 진흥에 관한 법률' 2조 7항에는 "단편영화라 함은 상영시간이 40분을 넘지 아니하는 영화를 말한다."고 아예 적시되어 있습니다. 즉, 단편영화로 산업 및 미학적으로 인정받기 위해서는 반드시 시간의 제약을 따라야 하는 것이죠. 따라서 영화에서 시간을 다루는 방식은 현실을 재현하고자 하는 창작자의 의도뿐 아니라 사회제도 등에 의해 영향을 받게 됩니다.

또한 문학이나 음악과 달리 영화는 반드시 공간을 직접적으로 표현할 수밖에 없는 예술 매체입니다. 당연한 말이지만 구체적 공간이 없는 영화란 존재할 수 없으니까요. 따라서 창작자는 영화적 장치, 즉 카메라와 배우의 움직임, 편집, 촬영, 조명 기법 등에 따라 다양하게 자신의 의도를 공간으로 표현할 수 있습니다. 공간을 현실과 똑같이 있는 그대로 보여줄 수도 있고 때로는 왜곡하고 과장해서 실제로는 있을 법하지 않는 가상의 공간을 창조할 수도 있는 것이죠.

이렇게 영화는 같은 이야기를 전달하더라도 시간과 공간을 어떻게 활용하고 접근하느냐에 따라 주제가 바뀌거나 강조하는 정서가 달라질 수 있습니다. 이런 의미에서 영화는 곧 시간과 공간의 예술이라고 할 수 있습니다. 그렇다면 이러한 영화 시·공간의 세계는 우리가 매일 살아가는 현실세계의 시·공간과 비교해서 어떤 특징을 가지고 있을까요?

우리가 매일 살아가는 현실 속 모든 움직임 역시 공간 차원과 시간 차원을 갖습니다. 그런데 한 가지 흥미로운 점은 종종 우리는 이 두 차원이 따로따로 분리된 것처럼 인지한다는 것입니다. 다시 말해 일상생활에서 공간 차원의 비중이 비교적 적으면 그것을 시간의 문제라고 생각하고 반대로 시간 차원의 비중이 적으면 공간의 문제라고 생각하는 것이죠.

예를 들어 식물이 자라는 과정을 생각해봅시다. 분명 식물의 성장 과정에는 시간적·공간적 움직임 모두가 존재합니다. 봄에 씨를 뿌리고 가을에 수확하는 것은 곧 시간의 차원이고, 땅 속에 있던 씨가 지상으로 나와 공중으로 올라가는 것은 공간의 차원이니까요. 그런데 문제는 그 성장 과정이 너무 느리기 때문에 우리의 육안으로 직접 식물이 자라는 과정은 보이지가 않습니다. 최소한 48시간은 눈을 떼지 않고 그 과정을 전부 지켜봐야 하는데 이를 실천하기란 거의 불가능에 가깝죠. 그러다 보니 우리는 무의식적으로 식물의 성장 움직임을 공간의 차원이 빠진 시간만의 문제로 생각하게 됩니다. 실제로 우리는 식물의 성장은 시간이 지나면 자연스럽게 하늘을 향해 자란다고 인식함으로써 공간의 문제를 등한시하는 것이죠. 그러나 여름철 잡초를 베고 난 다음날 오후 다시 하늘 높이 자라난 모습을 보고 놀란 경험이 있는 독자라면 식물의 성장에 공간적 움직임이 얼마나 깊이 관여되어 있는지 알 것입니다.

이번에는 반대로 현실세계에서 사격을 하는 행위를 생각해봅시다. 분명 총구를 떠난 총알이 목표물을 향해 날아가는 과정에는 시간적·공간적 움직임 모두가 존재합니다. 100미터 떨어진 곳에서 총알을 발사하고 과녁에 명중해서 목표물이 쓰러졌다면 이는 분명 총알이 100미터를 날아간 것이니까 공간의 차원에 해당합니다. 또한 '땅' 하는 소리와 동시에 총알이 목표물에 도달했으니까 이는 시간의 차원과도 연관됩니다. 그런데 우리는 흔히 총알의 움직임을 공간의 이동으로만 생각하고 총알이 이동하기까지 소요되는 시간적 차원은 중요하게 생각하지 않는 경향이 있습니다. 왜냐하면 총알의 이동 속도가 너무 빠르기 때문이죠. 다시 말해 총알이 날아가는 움직임을 우리가 육안으로 식별할 수 없으니까 시간적 차원을 도외시하고 공간의 이동만을 생각하게 됩니다.

이렇게 공간 차원과 시간 차원을 분리해서 인지하는 현실세계의 시공간에 비해 영화의 시공간은 어떤 특징을 가지고 있을까요?

위의 예에서 보듯이 현실세계의 움직임은 연속적입니다. 1초라도 심장이 멎으면 생명이 살 수 없듯이 현실세계의 움직임은 특별한 초능력이 없는 한 우리 임의대로 조정할 수 없습니다. 반면에 영화가 영사되는 스크린의 움직임은 단속(斷續)적입니다. 단속적인 움직임이란 끊어졌다 이어졌다가 반복적으로 나타난다는 것이죠. 이런 점에서 아무리 영화가 현실세계를 생생하게 재현한다고 하더라도 스크린의 움직임은 인공적이며 인위적이라고 볼 수 있습니다. 따라서 영화의 시간과 공간은 현실세계에서는 불가능한 여러 가지 방법으로 조정 및 조절될 수 있다는 특징을 가집니다. 다시 말해 영화는 인위적으로 편집과 카메라 움직임을 느리게 하거나 빠르게 함으로써 인공적인 세계를 창조할 수 있는 것이죠.

앞서 살펴본 식물의 성장 과정은 현실세계에서는 직접 볼 수 없지만 영화세계에서는 공간 차원의 비중을 증가시켜 시간적으로뿐만 아니라 공간적으로도 움직인다는 것을 보여줄 수 있습니다. 바로 저속촬영(low speed cinematography)을 활용하는 것입니다. 저속촬영으로 꽃의 개화 모습을 찍으면 경이로운 자연의 아름다움이 눈앞에 펼쳐집니다. 현실세계에서는 너무 느려 지각할 수 없는 성장 과정을 빠르게 보여줌으로써 육안으로 하늘을 향해 수직으로 쑥쑥 자라나며 종국에는 아름다운 꽃봉오리를 활짝 펼쳐내는 식물의 역동적인 움직임을 볼 수 있으니까요. 즉, 현실세계의 너무 느린 움직임을 저속촬영으로 포착하면 영화세계에서

[그림34] 저속촬영과 꽃의 개화

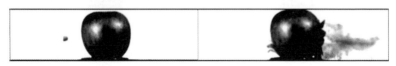

[그림35] 고속촬영과 총알의 이동

는 빠른 움직임(fast motion)으로 우리 눈앞에 나타나게 되는 것이지요.

이번에는 앞서 살펴본 총알의 움직임을 영화의 시공간 세계로 옮겨볼까요? 총알의 평균 이동 속도는 약 600~1000m/s라고 합니다. 즉 1초에 600~1,000미터를 움직이는 것이죠. 따라서 현실세계에서 우리는 육안으로 총알이 날아가는 장면을 볼 수 없습니다. 하지만 영화 속에서는 시간 차원의 비중을 증가시켜 공간적으로뿐만 아니라 시간적으로도 총알이 움직인다는 것을 보여줄 수 있습니다. 이번에는 고속촬영(high speed cinematography)을 활용하는 것이죠. 정상 속도보다 1만 배 빠른 초당 24,000프레임으로 총알이 목표물을 관통하는 모습을 찍은 영상은 극한까지 시간의 차원을 확장하여 현실세계에서는 경험하지 못하는 새로운 세계를 눈앞에 펼쳐 보입니다. 총알의 움직임을 아주 느리게 보여줌으로써 육안으로 과일이나 음료수 캔을 관통하는 총알의 움직임을 생생하게 확인할 수 있기 때문이죠. 즉, 현실세계에서 인간이 인지할 수 없는 너무 빠른 움직임을 고속촬영으로 포착함으로써 영화세계에서는 아주 느리게(slow motion) 눈앞에 볼 수 있게 되는 것이죠.

☞ 저속촬영과 고속촬영

– 저속촬영: 정상적인 촬영 속도인 초당 24프레임보다 느리게 촬영하는 기법입니다. 저속으로 촬영된 영상을 표준 속도로 재생하면 피사체의 움직임이 빨라지기 때문에 운동감을 증진시키거나 희극적인 효과를 얻을 수 있습니다. 스탠리 큐브릭 감독은 〈시계태엽 오렌지 A Clockwork Orange〉(1971)에서 패륜 범죄를 일삼는 알렉스가 레코드 가게에서 여성들을 유혹해 집에서 혼음을 하는 장면을 저속촬영으로 그려냅니다. '윌리엄 텔 서곡'에 맞춰 빠르게 돌아가는 화면은 희극적인 정서를 유발함과 동시에 알렉스의 사이코패스적인 광기어린 성격을 부각시키는 효과적인 장치로 활용됩니다. 또한 저속촬영은 〈루시 Lucy〉(2014)에서처럼 관객에게 시간의 경과를 빠르게 인식시키고자 할 때 사용해도 효과적입니다.

– 고속촬영: 정상적인 촬영 속도인 초당 24프레임보다 빠르게 촬영하는 기법입니다. 고속촬영은 시각적으로 관찰하기 어려운 순간 동작의 촬영에 많이 쓰이며 현실과는 다른 초현실적 효과를 얻기 위해 폭넓게 사용합니다. 특히 고속촬영은 현실의 시간을 확장하여 짧은 시간에 일어나는 액션을 극적으로 강조하는 영화에서 많이 사용하는데요. 고전영화 중 고속촬영을 극적으로 사용한 대표적인 예는 아서 펜 감독의 〈우리에게 내일은 없다 Bonnie and Clyde〉(1967)의 마지막 장면에서 보니와 클라이드가 기관총에 난사 당해 죽는 장면과 샘 페킨파 감독의 〈와일드 번치 The Wild Bunch〉(1969)에서 멕시코의 부패한 군대와 싸우는 주인공들의 총격전 장면이 유명합니다. 이러한 고속촬영으로 얻어진 슬로모션은 폭력적인 영상 미학을 강조하는 데 매우 효과적이죠. 고속촬영은 인체의 격한 움직임을 강조하는 스포츠영화에서도 많이 사용되는데요. 그 대표적인 예가 마틴 스코세이지 감독의 〈분노의 주먹 Raging Bull〉(1980) 오프닝에 나옵니다. 로버트 드니로가 연기한 권투 선수 제이크를 고속촬영으로 찍은 영상은 느리게 터지는 플래시 불빛을 배경으로 천천히 움직이는 주인공의 워밍업 동작을 강조함으로써 사각의 링에 고립된 주인공의 고독감을 상징적으로 전달합니다.

[그림36] 〈극한직업〉: 고속촬영의 예(00:05:35~00:06:07, 01:30:08~01:30:28)

고속촬영은 희극적인 효과를 얻기 위해서도 종종 사용됩니다. 〈극한직업〉(2018)에서 사용된 두 번의 고속촬영은 영화의 코믹한 분위기를 한층 더해주는 역할을 담당합니다. 영화 초반부에 마약반 전체가 용의자를 뒤쫓기 위해 헐레벌떡 뛰어가는 장면에서 마형사(진선규 扮)만 혼자 스쿠터를 타고 유유자적 추적하는 장면을 고속촬영으로 보여줍니다. 숨을 헐떡이며 뛰어가는 장형사(이하늬 扮)의 모습과 만면에 미소를 머금고 스쿠터를 타고 지나가는 마형사를 대비시킴으로써 관객의 웃음을 유발하고 있습니다. 사실 이 장면이 더 기억에 남는 이유는 영화 후반부에 비슷한 장면이 이어지기 때문입니다. 이번에는 입장이 바뀝니다. 악당들에 납치되어 혼자 고초를 겪은 마형사 앞을 이번에는 봉고차를 타고 얼굴 가득 사랑스런 미소를 띤 채 마형사를 바라보는 장형사의 모습을 교차시켜 보여줍니다. 이렇게 영화의 초반부와 후반부에 수미쌍관 형식으로 배치한 감독의 센스 넘치는 고속촬영 장면 덕분에 영화의 희극적인 정서가 한층 증폭될 수 있었습니다.

※ 저속촬영과 고속촬영을 혼동하는 분들이 많은데요. 아마도 단어가 의미하는 대로 저속은 슬로모션으로 고속은 패스트모션으로 인식하기 때문으로 생각됩니다. 그러나 사실 촬영으로 얻는 결과는 정반대입니다. 저속촬영으로 얻는 영상은 패스트모션이고요. 고속촬영으로 얻는 영상이 바로 슬로모션이지요. 아직도 두 기법이 혼동된다면 촬영과 결과는 정반대라고 기억하시기 바랍니다.

영화는 이렇게 시간 차원의 비중을 증가시켜 공간을 시간으로 대체하거나 또 어떤 경우에는 공간 차원의 비중을 증가시켜 시간을 공간으로 대체하는 인공적인 영화적 세계를 자유자재로 창조함으로써 시간과 공간이 서로 분리된 것이 아닌 연속적이라는 것을 새삼 깨닫게 해줍니다. 또한 영화는 촬영기법을 통해 빠른 동작과 느린 동작을 만들어냄으로써 시간과 공간을 서로 대체시킨 것처럼 편집에 의해서도 시간과 공간을 훨씬 복잡하게 융합시켜 예술적인 시공간을 창조할 수도 있습니다. 장면의 예를 통해 영화가 물리적인 현실의 시간과 공간을 어떻게 자유롭게 변화시켜 나가는지 조금 더 구체적으로 알아보도록 하겠습니다.

크리스토퍼 놀란 감독의 〈인셉션 Inception〉(2010)은 현실과 꿈의 경계를 오가며 현실세계의 공간과 꿈속이라는 무의식적 공간을 끊임없이 교차시키는 작품입니다. 특히 주인공 코브(레오나르도 디카프리오 扮)가 새롭게 합류한 아리아드네(엘런 페이지 扮)에게 처음으로 꿈의 세계를 경험하게 해주는 장면은 그야말로 영화만이 보여줄 수 있는 시공간의 융합의 정점을 보여줍니다. 현실과는 달리 꿈속에서는 자신들이 생각하는 대로 공간이 설계되고 시공간은 뒤틀립니다. 아리아드네가 꿈속임을 인지함과 동시에 주변 사물들과 건물들은 팝콘처럼 터져버리고 땅은 솟아오르고 폭발하는 모습이 시간이 멈춘 듯 슬로모션으로 생생하게 눈앞에서 펼쳐집니다. 고속촬영과 컴퓨터그래픽 편집기술이 어우러져 연출된 파리 카페 장면은 관객들의 상상력을 자극하여 무의식의 시공간을 마치 현실처럼 재현해냅니다.

뤽 베송 감독의 〈루시 Lucy〉(2014)는 최근 영화 중 가장 긴 시공간의 비약을 보여준 작품입니다. 평범한 삶을 살던 루시(스칼렛 요한슨 扮)는 악당에게 납치되어 몸속에 강력한 합성약물이 체내로 퍼지게 됩니다.

[그림37] 〈인셉션〉: 시공간의 왜곡(00:27:20~00:28:18)

[그림38] 〈루시〉: 시공간의 도약(01:15:30~01:20:55)

이후 루시는 10%에 불과한 인간의 평균 뇌 사용량을 넘어 90%에 가깝게 다다르게 됩니다. 영화는 저속촬영과 현란한 CG를 통해 현재 시점에서 지구가 태양계의 일원으로서 탄생한 45억 년 전으로 거슬러 올라갑니다. 루시는 먼저 현재 시점의 에펠탑으로 이동한 후 대서양을 건너 뉴욕 한복판에 다다른 후 시간을 정지시켜 버립니다. 영화는 정지장면(freeze shot)을 사용해 시간마저 제어할 수 있는 루시의 가공할 만한 초능력을 부각시킵니다. 한 번의 몸짓으로 공간은 고정된 채 시간은 다시 과거로 거슬러 올라가기 시작합니다. 1700년대 후반부에서 공룡이 존재

☞ 정지장면

정지장면 또는 정지화면(freeze frame)은 말 그대로 영화의 진행 시간을 정지시켜 얻는 화면을 말합니다. 정지장면은 스톱모션(stop motion)이라고도 하는데요. 마치 한 장의 스틸 컷을 보는 느낌을 줍니다. 환상적인 느낌을 강조하거나 여운의 감정을 남기고자 할 때 효과적으로 기능합니다.

[그림39] 〈델마와 루이스〉와 〈왕의 남자〉의 정지 장면 엔딩

〈델마와 루이스〉(1991)와 〈왕의 남자〉(2005)는 정지장면을 엔딩 숏으로 사용했다는 공통점이 있는데요. 이렇게 영화의 마지막에 정지화면을 사용하면 관객들로 하여금 뒷이야기를 상상하게 만드는 열린 구성이 될 수 있습니다. 〈델마와 루이스〉의 엔딩 숏에 대한 해석에 대해서는 앞서 설명했고요. 〈왕의 남자〉의 엔딩 역시 관객들에게 여운을 남기면서 다양한 해석이 나왔습니다. 한편에서는 눈이 먼 장생(감우성 扮)이 몸의 중심을 잡아주는 생명줄과 같은 부채를 집어던지고 공길(이준기 扮)과 함께 비상한 것은 둘의 자살을 의미하는 것으로 해석합니다. 다른 한편에서는 오히려 부채를 던지며 하늘로 날아올랐다는 것은 광대로서의 삶을 종결하고 평범한 민초로서의 삶을 시작한 것이라고 해석하기도 합니다. 이렇듯 정지화면은 다채로운 해석과 상상력을 끌어 낼 수 있는 장점이 있습니다.

정지화면을 엔딩 장면에만 사용하는 것은 아닙니다. 1970년대 한국영화의 걸작 중 하나인 하길종 감독의 〈바보들의 행진〉(1975)은 극의 중간에 프리즈 프레임을 네 번이나 사용합니다. 하길종 감독은 정지화면을 통해 암울했던 70년대를 살아가는 청춘들의 꿈과 이상이 빗나가는 순간을 절묘하게 포착합니다.

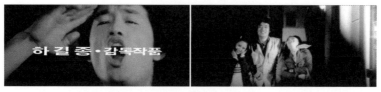

[그림40] 〈바보들의 행진〉: 정지화면 (00:03:09~00:03:17;
00:29:53~00:29:56;00:33:57~00:34:00; 01:41:08~01:41:33)

첫 번째 정지화면은 오프닝 장면에서 사용됩니다. 군대를 가기 위한 신체검사에서 영철(하재영 扮)은 불합격하지만 병태(윤문섭 扮)는 합격합니다. "합격, 합격"을 복창하는 병태의 모습이 클로즈업으로 정지화면이 되면서 하길종 감독 작품이라는 자막이 나옵니다. 두 번째 정지화면은 술에 잔뜩 취한 영철이 전봇대에 기댄 채 손으로 카메라 모양을 만들어 친구들을 포착하는 장면에서 나옵니다. 영철은 "내 가슴에는 언제나 예쁜 고래 한 마리가 있어요. 돈을 벌어 동해바다로 가 고래를 잡을 거예요"라는 말을 입버릇처럼 되뇝니다. 그러나 아무도 그 말을 믿거나 관심 가져 주지 않죠. 영철이 손으로 만든 카메라로 친구들의 모습을 담는 장면은 자살을 택하는 영철이 마음에 새기는 친구들과의 마지막 추억이자 일종의 복선입니다. 세 번째 정지화면은 국문과와의 축구 장면에서 사용됩니다. 붉은 내복을 입은 병태는 골을 넣기 위해 고군분투합니다. 하지만 골문 바로 앞에서 찬스를 잡은 병태가 힘껏 슛을 날려 보지만 운동화만 하늘 높이 날아가 버립니다. 카메라는 하늘로 비상하는 운동화 한 짝을 정지화면으로 잡아냅니다. 병태가 속한 철학과는 취업이 잘 되지 않는다는 낙인이 찍힌 상태이지만 축구 경기에서도 좌절을 맛봅니다. 마지막 정지화면은 병태가 입대하기 위해 군용열차에 타는 엔딩 장면에서 나옵니다. 머리를 짧게 자른 병태가 창밖을 내다보고 있는데 여자 친구 영자(이영옥 扮)가 찾아옵니다. 영자가 군대는 왜 가냐고 묻자 병태는 "그냥"이라고 대답합니다. 영자는 3년 간 병태를 보지 못한다는 말에 슬퍼하며 달리는 열차를 따라가며 친구를 배웅하죠. 영자와의 마지막 입맞춤을 뒤로 한 채 군용열차는 앞으로 나아갑니다. 플랫폼 끝에 다다를 때 영화는 정지화면으로 멈춰선 채 관객들에게 진한 여운을 남겨줍니다.

했던 BC 6500만 년까지 시간은 이동합니다. 최초의 유인원이 출현한 600만 년 전에 도달한 루시는 마침내 인류의 조상과 조우하게 되지요. 이제 루시는 지구를 넘어서 우주로 나아갑니다. 우주의 초기 원자 상태에까지 도달한 루시는 100% 뇌 사용량에 다다르게 되며 그대로 사라집니다. 약 6분에 걸쳐 진행된 루시의 시공간 도약 시퀀스는 "인간이 만약 100% 뇌를 사용한다면 어떤 삶을 누리는가?"에 대한 영화적 답변을 보여준 장면입니다. 철학이 인간 존재론에 대해 이성적으로 접근한다면 영화는 시공간의 상상력을 통해 존재와 시간에 대한 고민을 관객에게 제시하고 있는 것이죠. 이렇게 영화는 시간과 공간의 예술로서 과거, 현재, 미래를 자유롭게 오갈 수 있으며 분리된 사건을 함께 볼 수도 있고 동시에 일어나는 일을 분리해서 볼 수도 있습니다.

〈레지던트 이블 5: 최후의 심판 Resident Evil: Retribution〉(2012)은 영화의 편집이 얼마만큼 다채롭게 시간과 공간을 융합시켜 영화적 시공간의 세계를 창조할 수 있는지 잘 보여줍니다. 〈레지던트 이블 5〉의 오프닝은 매우 파격적으로 시작합니다. 바다에 빠져 정신을 잃은 시리즈의 주인공 앨리스(밀라 요보비치 扮)의 몸이 갑자기 빠른 속도로 수면 위로 올라오기 시작합니다. 그런 후 앨리스의 몸은 불길에 휩싸인 거대한 유조선으로 빨려 올라가지요. 그런데 가만히 화면을 보고 있자니 영상의 진행 방향이 좀 이상합니다. 영상은 앞으로 재생되는 것이 아니라 마치 리와인더 버튼을 누른 것처럼 뒤로 재생이 되는 것이지요. 레지던트 이블 시리즈를 즐겨본 관객이라면 지금 이 장면이 사실 전작이었던 〈레지던트 이블 4: 끝나지 않은 전쟁 Resident Evil: Afterlife〉(2010)의 엔딩 장면이라는 것을 금방 눈치 채게 됩니다. 동전 파편을 가득 넣어 발사된 산탄총알이 다시 총 속으로 들어오는 장면 등 이렇게 리와인드 되는 영

[그림41] 〈레지던트 이블 5〉: 리와인드 편집(00:01:07~00:04:27)

상은 이전에 경험해보지 못한 파격적인 장면을 관객에게 제공합니다. 이런 리와인드 영상은 2분 45초 동안 계속되다가 다시 정상적인 방향으로 한 번 더 플레이 됩니다. 그야말로 파격적인 오프닝 시퀀스라고 할 수 있죠. 새롭고 독창적인 방법을 사용해 예전에 보지 못한 장면으로 관객들의 몰입감을 끌어올린 독특한 시도라고 할 수 있습니다. 특히 2년 전 관객의 기억 속에서 희미할 수밖에 없던 전작의 엔딩 장면과 신작의 오프닝 장면을 연결시킴으로써 2년간의 시리즈 이야기의 공백을 훌륭히 메울 수 있었던 시도라고 평가할 수 있습니다.

이처럼 영화의 두 가지 기본 요소인 시간과 공간은 서로 분리된 차원이 아니라서 혼합되고 교환되고 영향을 주고받을 수 있습니다. 한편으로는 시간이 공간화하고 또 한편으로는 공간이 시간화하는 것이죠. 그래서 영화가 관객에게 보여주는 공간은 필연적으로 시간을 표현하기 마련이고 공간은 시간적으로 배열될 수밖에 없는 것입니다. 따라서 시나리오 작가는 영화적 글쓰기를 기획할 때 "영화의 시간과 공간은 독립된 영역이 아닌 상호 연관성 속에서 파악해야" 한다는 점을 명심해야 합니다.

이상에서 간략히 살펴본 영화의 시공간에 관한 논의는 곧바로 실제 내러티브의 창작과 분석의 이해에도 바탕이 됩니다. 그러면 이제부터 본격적으로 영화 내러티브의 시간과 공간에 대해 알아보겠습니다.

2) 영화에서의 시간과 공간

앞서 살펴본 바와 같이 영화에서 시간과 공간은 내러티브를 이끌어가는 중심 역할을 합니다. 내러티브는 시간과 공간에서 발생하는 인과관계로 구성된 사건을 연결시킨 것이기 때문입니다. 영화 내러티브 구성에서 차지하는 시간과 공간 개념 중 먼저 시간 개념부터 알아보죠.

(1) 시간: 세 가지 지속 시간과 시제

하나의 내러티브를 가진 영화는 기본적으로 세 가지 차원의 지속기간을 가지고 있습니다. 첫째, 내러티브 내부 사건들의 연대기적 재배열을 통해 얻어지는 스토리 시간(story duration). 둘째, 개별 사건들을 텍스트 내에서 다루고 있는 플롯 시간(plot duration). 셋째, 정확하게 측정 가능한 관객의 수용 시간인 스크린 시간(screen duration).

우선 스크린 시간은 특별한 부연 설명이 필요 없을 정도로 간단한 시간 개념입니다. 바로 실제로 스크린에 상영된 시간, 즉 영화의 러닝 타임(running time)을 말합니다. 문제는 스토리 시간과 플롯 시간의 구별인데, 이는 앞서 설명한 스토리와 플롯의 차이점을 떠올리면 의외로 쉽게 구별이 가능합니다.

> 스토리 시간 = 플롯 시간 + 관객에 의해 추측된 시간

　스토리란 플롯을 본 관객들이 가정과 추측을 통해 재구성한 모든 사건들의 조합이라고 설명했습니다. 마찬가지로 스토리 시간 역시 플롯 시간을 본 관객들이 나름의 추측과 상상을 통해 재구성한 시간이라고 할 수 있습니다. 즉, 플롯 시간은 관객이 실제 화면에서 목격하고 체험한 플롯으로 구성된 시간이라고 할 수 있고, 스토리 시간은 영화에서 제시된 시간대를 관객 나름의 추측과 상상을 통해 다시 연대기적 순서와 인과관계에 따라 재배열하고 재구성한 시간이라고 할 수 있습니다. 그래서 스토리 시간을 실제 사건이 일어난 연대기적 시간이라고 하는 것이죠.

　내러티브를 구성하는 창작자 입장에서는 스토리 시간보다 플롯 시간을 어떻게 영화에서 사용할 것인지가 매우 중요합니다. 영화 플롯상의 시간과 실제 현실세계에서의 시간은 다르기 때문입니다. 실제 현실에서는 1초도 안 되는 시간이 영화의 플롯에서는 몇 분으로 확장되어 표현될 수도 있고 반대로 수 십 년의 실제 시간이 플롯에서는 단지 몇 초 동안으로 축소되어 표현될 수도 있습니다. 영화창작자는 이렇게 어떤 장면을 얼마나 길게 혹은 짧게 표현할 것인지를 사전에 치밀하게 계획해야 관객의 상상력을 자극할 수 있는 스토리 시간을 창조할 수 있습니다.

　대부분의 경우 영화 내러티브의 세 가지 차원의 시간대는 아래와 같은 등식관계로 구성되어 있습니다.

> 스크린 시간 〈 플롯 시간 〈 스토리 시간

[그림42] 스크린 시간 〈 플롯 시간 〈 스토리 시간

예를 들어 보겠습니다. 90살의 일기로 타계한 어떤 사람이 사망하기 두 달 전 자신의 일생을 되돌아보는 90분의 러닝 타임을 가진 전기(傳記) 영화라고 가정해보죠. 이 영화의 세 가지 차원의 시간대 등식관계는 다음과 같습니다. 스크린 시간(90분) 〈 플롯 시간(2개월) 〈 스토리 시간(90년). 먼저 관객이 영화를 관람하는 스크린 시간은 90분으로 가장 짧습니다. 그리고 실제로 관객에게 화면을 통해 보여주는 플롯 시간은 두 달이 됩니다. 그러나 관객의 머릿속에서 재구성된 스토리 시간은 그 인물이 평생 살아온 90년이라는 시간으로 설정됩니다. 비록 영화에서는 직접적으로 그 인물의 유년 → 청소년 → 청년 → 중년 → 노년에 대한 구체적인 에피소드를 보여주지 않았더라도 노인의 대사 한마디 그리고 소품 하나만으로도 관객은 노인의 평생을 스토리가 이어지는 시간대로 인식할 수 있는 것이죠.

조선 15대 왕으로 16년간의 짧은 재위 기간에도 불구하고 그 어떤 왕보다 드라마틱한 삶을 살았던 광해를 다룬 〈광해, 왕이 된 남자〉(2012)

의 시간 차원 역시 비슷하게 성립됩니다. 스크린 시간(131분) 〈 플롯 시간(15일) 〈 스토리 시간(16년 이상). 우선 러닝 타임은 2시간 11분으로 가장 짧고요. 실제 영화가 관객에게 보여주는 구체적인 플롯 시간은 조선왕조실록 중 역사 속에 사라진 15일간의 기록, 즉 천민 하선(이병헌 扮)이 진정한 왕이 되어가는 과정을 그린 보름 동안의 기간입니다. 그러나 관객의 머릿속에서 연대기적 순서와 인과관계에 따라 재배열되고 재구성된 스토리 시간은 광해군 전체 재위 기간인 16년 이상이 됩니다. 영화에서는 직접적으로 보여주지 않더라도 관객의 상상력으로 인해 충분히 15일 전후의 시간대까지 내러티브의 인과관계에 포함되기 때문입니다. 비단 이러한 등식관계는 전기영화나 역사영화에만 국한되는 것은 아닙니다. 전쟁을 배경으로 하는 전쟁영화 역시 유사한 시간 구조를 사용함을 알 수 있습니다. 2차 세계대전을 배경으로 하는 〈라이언 일병 구하기 Saving Private Ryan〉(1998)와 〈퓨리 Fury〉(2014) 모두 플롯시간은 실제 전투가 벌어지는 1수일 남짓이지만 스토리 시간은 2차 세계대전 기간 전체 또는 그 이상이 될 수 있는 것이죠.

그렇다고 영화 내러티브 시간에서 항상 이러한 등식관계가 성립하는 것은 아닙니다. 때에 따라서는 플롯 시간과 스토리 시간이 같은 영화도 존재합니다. 대표적인 예가 프레드 진네만 감독의 고전 서부극 〈하이 눈 High Noon〉(1952)입니다. 케인(게리 쿠퍼 扮)은 이제 보안관직을 은퇴하여 결혼식을 올리고 마을을 떠나려고 합니다. 그러나 하필 그 행복해야 될 순간 5년 전 그에게 체포되어 투옥된 악당이 정오인 12시에 도착하는 기차를 타고 복수를 하러 온다는 소식을 듣게 됩니다. 이미 보안관직을 사임한 케인이기에 자신의 행복을 찾아 떠나도 무방하지만 자신의 부재 시 그 피해는 고스란히 마을 사람들에게 전가될 것을 알고 고뇌에

[그림43] 〈하이 눈〉: 스크린 시간 ≒ 플롯 시간 ≒ 스토리 시간

빠집니다. 자신의 개인적 행복을 찾아 회피할 것인지 아니면 목숨을 걸고 마을을 지켜낼 것인지 양자 간의 선택을 해야 되는 것이죠. 영화는 그 전 과정을 매우 밀도 있는 내러티브 시간을 이용해 관객에게 전달합니다. 〈하이 눈〉은 영화 스토리 시간과 플롯 시간, 더 나아가 스크린 시간까지 거의 일치하는 것으로 유명한데요. 실제로 러닝 타임은 87분이고요. 플롯 시간은 오전 10시 30분쯤 시작해 12시 정오가 조금 지나서 끝납니다. 그러나 〈하이 눈〉의 플롯은 오로지 90분 안에 벌어지는 이야기만을 다루고 있기 때문에 관객이 그 외의 시간으로 확장시킬 만한 여지가 거의 없습니다. 그래서 스토리 시간 역시 거의 90분이라고 볼 수 있습니다. 물론 5년 전 보안관과 악당의 대결을 상상한 관객의 경우 스토리 시간은 5년이 될 수도 있겠죠.

알프레드 히치콕 감독의 〈로프 Rope〉(1948)는 롱 테이크를 통해 스크린 시간과 플롯 시간을 일치시킨 영화로 유명합니다. 브랜든(존 댈扮)과 필립(파레이 그랜저 扮)은 자신들이 타인들보다 우월한 인간임을 실험하기 위해 친한 친구를 목을 졸라 살해하고 그 시체를 집 안 궤짝에 숨겨둡니다. 그러고는 희생자의 지인들과 은사(恩師)인 루퍼트(제임스 스튜어트 扮)를 초청하여 뻔뻔하게도 파티를 엽니다. 과연 이들이 자신들의 살인 범죄를 추리해서 밝혀내는지 보기 위함이죠. 히치콕 감독은 이 전체 과정을 오로지 아파트 내부 공간에서 편집 없이 하나의 시퀀스로

Hitchcock uses roving camera, sliding walls and long
takes to film stage thriller in one set

[그림44] 〈로프〉: 플롯 시간 = 스크린 시간

담아내는 실험적인 영상을 선보입니다. 스크린 시간과 플롯 시간을 일치시켜 마치 생중계를 보듯이 이들의 살인 장면과 은사의 추리 장면을 서스펜스 넘치는 화면으로 전달하기 위함이죠. 실제로 정말 주의 깊게 보지 않으면 상영시간 77분을 단 한 번의 촬영으로 담은 원 테이크(one take) 숏 영화라는 생각이 들 정도입니다. 그러나 엄밀하게 얘기해서 〈로프〉는 원 컨티뉴어스(One Continuous) 숏 영화입니다. 원 컨티뉴어스 숏은 한 번에 촬영하는 원 테이크와 달리 장면을 나눠 찍은 후 이를 다시 이어 붙여 마치 하나로 연결된 것처럼 보이게 하는 일종의 페이크 기법입니다. 이러한 기법으로 촬영된 영화들로는 〈버드맨 Birdman〉(2014), 〈킹스맨: 시크릿 에이전트 Kingsman: The Secret Service〉(2015), 〈라라랜드 La La Land〉(2016) 등이 있습니다. 〈버드맨〉은 2시간에 가까운 스크린 시간을 11개의 롱 테이크 숏으로 촬영한 후 하나로 연결했고요. 〈킹스맨〉의 교회신과 〈라라랜드〉의 오프닝 시퀀스는 많은 사람들이 원 테이크 숏으로 촬영한 장면으로 알고 있지만 사실은 여러 숏을 이어 붙여 원 테이크처럼 보이게 트릭을 구사한 작품입니다. 〈로프〉는 이렇게 원 컨티뉴어스 숏을 사용한 영화들의 선구자격인 작품입니다.

[그림45] 〈버드맨〉과 〈킹스맨〉의 원 컨티뉴어스 숏
※ 〈라라랜드〉의 오프닝에 사용된 트릭에 대해서는 『미장센-영화 창작 논리의 해부』 37~39쪽 참조)

샘 멘데스 감독의 〈1917〉(2019) 역시 원 컨티뉴어스 숏을 이용해 촬영된 대표적인 영화로 전쟁의 공포와 참혹함을 일깨워주는 생생한 영상을 관객에게 선사하여 제92회 아카데미 시상식에서 촬영상을 수상했습니다. 전쟁영화의 새로운 패러다임을 제시했다고 평가받는 〈1917〉은 1차 대전이 한창인 1917년을 배경으로 합니다. 독일군에 의해 모든 통신망이 파괴된 상황 속에서 영국군은 적군의 함정에 빠지게 됩니다. 사령부는 두 병사에게 이 사실을 전방 부대에 알리라는 임무를 부여하죠. 영화는 관객의 몰입감을 위해 두 병사가 임무를 하달받는 장면부터 마침내 임무를 완수하는 마지막 장면이 담긴 24시간 동안의 행적을 하나의 장면으로 끊지 않고 연결하는 원 컨티뉴어스 숏으로 연출합니다.

기존의 핸드헬드 기법을 활용한 1인칭 시점 숏 영화들이 지나치게 게임 같은 화면 구성을 관객에게 제공함으로써 극중 감정에 동화되지 못하

[그림46] 〈1917〉: 원 컨티뉴어스 숏 촬영

게 하는 이질감을 주었다면 〈1917〉은 첨단 장비를 활용한 스테디캠을 사용함으로써 전쟁이 벌어지는 현장에 와 있는 것 같은 놀라운 현장감을 선사합니다. 특히 무너진 다리를 건너는 장면에서 적 스나이퍼에게 주인공이 피격을 당하는 장면은 그야말로 압권입니다. 스코필드(조지 맥케이 扮)는 무너진 다리를 뛰어넘어 건너던 중 시야 밖에서 적의 기습을 받게 됩니다. 카메라는 이 절체절명의 상황을 와이어로 연결된 크레인 스테디캠을 이용해 움직임을 끊지 않고 스코필드의 당황하는 얼굴을 포착함으로써 관객들로 하여금 주인공 못지않은 긴장감을 느끼게 하는 데 성공합니다. 이렇게 〈1917〉은 실제로는 여러 번 나누어 촬영된 영상을 CG 등 첨단 장비를 이용해 마치 하나로 연결된 것처럼 보이게 했습니다. 그렇다면 이런 디지털 환경도 아닌 1940년대에 히치콕 감독은 어떻게 관객의 눈을 속여 하나의 시퀀스로 보이게 할 수 있었을까요?

　실제로 〈로프〉는 1개의 야외 숏과 10개의 실내 숏, 이렇게 총 11개의

숏으로 구성되어 있습니다. 지금이야 디지털 시대이기 때문에 마음만 먹으면 얼마든지 긴 시간을 끊지 않고 촬영할 수 있지만 당시 기술로는 80분 동안 끊지 않고 연속촬영을 하는 것은 불가능했습니다. 필름 카메라가 촬영할 수 있는 최대 시간이 10분이었으니까요. 따라서 히치콕 감독은 하나로 이어지는 영상을 만들기 위해 관객의 눈을 어떻게든 속이는 트릭을 구상해야 했습니다. 11개의 숏을 이어주는 장면전환을 관객이 눈치 채지 못하게 한 트릭은 크게 두 가지입니다. 하나는 카메라가 등장인물의 등을 극단적으로 클로즈업하여 화면을 어둡게(black out) 만든 후 다시 뒤로 빼는(track out) 장면으로 새로운 숏을 시작하는 트릭입니다. 어두워진 찰나의 시간 동안 화면이 바뀌는 블링크(blink)를 활용한 편집이 이루어진 거죠. 또 하나는 사운드와 패닝을 결합시켜 관객의 주위를 분산시키는 방법을 사용했습니다. 아래의 표는 11개의 숏의 길이와 주요 정보를 분석한 내용입니다.

[표4]에서 보다시피, 실제로는 11개의 숏 중 가장 길게 쓴 롱 테이크가 9분 13초이고 제일 짧게 쓴 숏이 2분 23초라는 것을 알 수 있습니다. 사운드를 이용해 컷을 전환시키는 장면은 1번 숏에서 살인을 알리는 비명소리 후 숏 2로 넘어가거나, 3번 숏에서 "자넷"이라고 등장인물을 크게 부르는 대사로 관객의 주의를 분산시킨 후 패닝하여 숏 4로 컷이 전

숏	길이	숏 주요정보	장면전환
1	02:23	야외장면: 설정	사운드 이용 #1: 비명 소리
2	09:13	살인	배우 동선 이용 #1: 등
3	07:07	손님 정보	사운드 이용 #2: 대사
4	07:00	손님 정보	배우 동선 이용 #2: 등
5	06:05	루퍼트	사운드 이용 #3: 대사
6	09:07	루퍼트	배우 동선 이용 #3: 등
7	07:01	추리 전조	사운드 이용 #4: 대사
8	07:06	손님 퇴장	배우 동선 이용 #4: 등 사운드 이용 #5: 대사
9	09:03	추리 과정	사운드 이용 #6: 대사
10	04:02	추리 과정	배우 동선 이용 #5: 책상 사운드 이용 #7: 대사
11	05:02	결말	

[표4] 〈로프〉의 11개 숏 분석

흰되는 식으로 진행됩니다. 이렇게 스크린 시간과 플롯 시간을 일치시켜 원 컨티뉴어스 숏으로 연결된 〈로프〉는 살인사건을 실시간으로 전개시킴으로써 현장감을 높이고 배우들의 감정 연결을 선명하게 드러내어 범인들의 불안감과 범죄물의 극적 긴장감을 배가시킬 수 있었습니다.

지금까지 예로 들었던 영화에서 보았듯이 영화 내러티브를 구성하는 세 가지 층위의 시간은 다양한 조합이 가능합니다. 영화창작자는 스토리와 플롯의 지속 시간에 관계없이 스크린 시간을 조절할 수 있으며 실제 사건이 일어난 시간과 똑같이 러닝 타임을 정할 수도 있습니다. 또한 저속촬영과 고속촬영 등을 이용해 아주 순식간에 일어난 일을 천천히 보여줄 수도 있고, 수십 년에 걸쳐 서서히 진행된 사건을 순식간에 보여줄 수도 있습니다. 따라서 영화창작자는 자신이 기획한 내러티브에 따라 스크린, 플롯, 스토리 시간을 자유자재로 창조해 나갈 수 있는 영화 시간에 대한 이해가 반드시 필요합니다. 이를 위해서는 한 번 더 강조하지만 미장센 코드의 이해가 선결되어야 합니다. 그래야만 〈로프〉와 〈1917〉 같이 새로운 내러티브 형식을 가진 시대를 이끌어갈 수 있는 영화를 만들 수 있습니다.

영화 내러티브의 시간에서 또 하나의 중요한 요소는 과거-현재-미래를 배치하는 시제(時制)의 문제입니다. 영화의 시간성은 제한된 상영시간 안에 어떻게 우리가 살아 나가는 현실을 재현할 것인가라는 문제와 직결됩니다. 영화의 시간을 있는 그대로 연대기적으로 보여줄 것인가 아니면 조작과 왜곡을 통해 과거·현재·미래가 복합적으로 얽혀 있는 비연대기적 방식으로 보여줄 것인가. 결국 동일한 이야기를 전달하더라도 시간성을 (재)배열하고 (재)구성하는 창작자의 스타일에 의해 전혀 상반된 내러티브가 만들어 질 수 있는 것이죠.

대부분의 상업영화의 플롯은 시간의 흐름에 따른 연대기 순으로 구성되어 있습니다. 그 이유는 실제 우리가 살아가는 현실세계의 삶과 자연의 이치가 시간의 흐름에 따라 형성되기 때문에 이런 플롯 구성은 매우 자연스럽게 보이기 때문이죠. 그러나 반드시 모든 영화의 플롯 시제가 시간의 흐름을 따를 필요는 없습니다. 오히려 일상생활과 차이가 없는 단조로운 시제로 구성된 내러티브가 계속 반복될 경우 관객들은 진부하고 식상하다고 생각할 가능성이 높습니다. 그래서 현대의 영화들은 시간의 흐름에 따른 단조로운 플롯보다 오히려 시간의 흐름을 뒤바꾸는 형식을 사용하여 관객의 호기심을 자극하려는 시도를 합니다. 예를 들어 현재-과거-현재-미래-과거 등으로 시간의 법칙을 무시한 시제를 배열함으로써 때에 따라서는 매우 효과적으로 해당 내러티브를 관객에게 전달할 수 있는 것이죠. 이처럼 현실세계에서 시간의 흐름을 거스르는 것은 불가능하지만 영화의 플롯에서는 얼마든지 가능합니다.

시제를 이용해 플롯을 구성하는 방식 중 가장 대표적인 기법은 플래시백(Flash-back)과 플래시포워드(Flash-forward)를 들 수 있습니다. 플래시백은 현재시제로 진행되는 영화에서 과거 시간대로 넘어가는 장면전환 기법으로서 주로 추억이나 회상 등 과거에 일어난 일을 묘사할 때 사용합니다. 반면 플래시포워드는 현재시제로 진행하는 영화에서 미래 시간대로 넘어가는 장면전환 기법을 말합니다. 플래시백 방식과는 반대로 미래에 일어날 수 있는 장면을 현재에 삽입하는 것이죠. 실제 영화에서 플래시포워드를 가장 많이 활용할 때는 오프닝 장면에서 나중에 일어날 사건을 먼저 보여주는 경우입니다.

테리 길리엄 감독의 영화 〈12 몽키즈 Twelve Monkeys〉(1995)의 오프닝 장면은 한 소년의 눈을 클로즈업하면서 시작됩니다. 이어 날카로운 비명소리와 함께 공항 로비에서 한 남성이 총에 맞아 쓰러지는 장면이 이어지죠. 이 장면을 한 소년이 놀란 눈으로 지켜봅니다. 또 한 명의 의문의 여성은 바닥에 쓰러진 피 묻은 남성의 손을 붙잡고 절규합니다. 다시 카메라는 이 비극의 현장을 생생하게 목격하는 소년의 얼굴을 클로즈업으로 잡아줍니다. 그런데 줌인으로 소년의 얼굴이 화면 앞으로 당겨지면서 공항에서 들려오는 안내 방송이 "샌프란시스코행 78편기는 탑승을 시작했…"에서 "재소자 87645번 콜 제임스"로 변하기 시작합니다. 그런 후 화면은 하이앵글 클로즈업으로 한 남성이 침대에 누워 있는 모습을 보여줍니다. 관객은 이러한 장면전환으로 자연스럽게 스토리를 유추할 수 있습니다. "지금 화면에 보이는 남성이 악몽을 꾼 것이구나."라고요. 그러나 사실 이 장면은 단순한 꿈이 아니라 앞으로 닥칠 영화의 엔

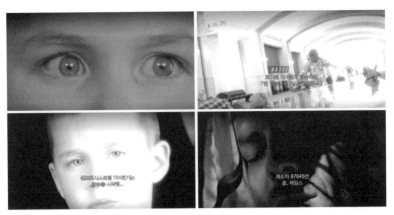

[그림48] 〈12 몽키즈〉: 플래시포워드(00:02:00~00:02:37)

딩 장면을 미리 관객에게 보여준 플래시포워드 장면입니다. 인류는 2035년 바이러스 테러로 인해 멸망 위기에 처하게 되고 소수의 인원만이 살아남아 지하에 숨어 살게 됩니다. 주인공 제임스 콜(브루스 윌리스 扮)은 과거로 가서 바이러스 테러와 관련된 정보를 수집한 후 테러를 막으라는 임무를 하달 받지요. 결국 관객이 본 오프닝 장면은 영화의 하이라이트 장면이자 엔딩 장면으로 다시 한 번 등장합니다. 공항에서 총에 맞아 쓰러지는 남성은 바로 1995년 과거로 돌아간 제임스 콜이고 이 광경을 지켜보는 소년 역시 다름 아닌 어린 시절의 제임스 콜인 것이죠. 즉, 미래 시점의 제임스 콜 자신이 어렸을 때부터 자주 꾸어온 꿈은 실제 자신의 미래의 모습이었던 것입니다. 영화는 이렇게 미래와 과거 시간대를 하나의 사건과 공간에 배치함으로써 시간과 기억이라는 주제를 관객에게 매우 세밀하게 전달하고 있습니다.

이런 플래시포워드 기법은 〈미션 임파서블 3 Mission Impossible III〉(2006)의 오프닝 장면에서도 유사하게 사용됩니다. 영화는 시작하

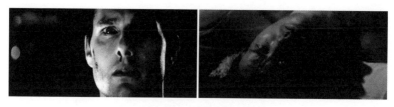

[그림49] 〈미션 임파서블 3〉과 〈지옥의 묵시록〉의 플래시포워드

자마자 주인공 이단 헌트(톰 크루즈 扮)가 감금되어 고문받는 장면과 그의 부인 역시 악당에게 총으로 위협받는 장면을 보여 줍니다. 이 장면 역시 영화 후반부에서 주인공이 겪을 상황을 미리 보여주는 플래시포워드입니다. 그렇다고 플래시포워드가 항상 하이라이트 장면을 오프닝에서 미리 보여주며 일종의 복선 역할을 할 때만 사용되는 것은 아닙니다. 때로는 아주 교묘하게 최대한 그 정체를 숨기며 사용되는 경우도 있습니다. 프랜시스 포드 코폴라 감독의 〈지옥의 묵시록 Apocalypse Now〉(1979)이 그 예인데요. 영화의 오프닝은 그룹 도어즈(The Doors)의 노래 "The End"가 흘러나오는 가운데 네이팜탄이 정글을 불태우는 장면으로 시작합니다. 주인공 윌라드 대위(마틴 쉰 扮)가 호텔 방에 누워 있는 모습과 불타오르는 정글의 모습을 오버랩으로 중첩해서 보여주죠. 영화는 장면 사이사이에 제3의 공간으로 추정되는 거대한 석조물과 진흙을 뒤집어 쓴 채 정글 어딘가를 노려보는 윌라드의 모습을 보여줍니다. 결국 이 장면 역시 영화의 말미 커츠 대령(말로 브란도 扮)을 암살하러 가는 윌라드 대위의 모습을 미리 보여준 것이지만 최대한 절제하여 노출함으로써 관객의 궁금증을 증폭시키는 역할을 하고 있습니다.

이렇게 플래시포워드는 장면전환 기법의 하나로 종종 사용되지만 사실 영화에서는 플래시포워드보다는 플래시백이 월등히 많이 사용됩니다. 플래시백은 어떻게 보면 모든 창작자가 고민하는 이야기의 단조로움을 극복하기 위한 일종의 '완소' 아이템이라고 할 수 있기 때문이죠. 실제로 시간 순서와는 달리 순간적으로 과거로 뒤바뀌는 비연대기적 서술은 문학적 서술방식의 오랜 전통 작법 중 하나입니다. 가장 일반적으로 사용되는 플래시백의 예를 허진호 감독의 〈천문: 하늘에 묻는다〉(2019)와 우민호 감독의 〈남산의 부장들〉(2019)을 통해 알아보겠습니다.

〈천문〉은 대부분의 역사를 소재로 한 영화가 연대기 순으로 내러티브가 구성되는 것에 반해 시간의 흐름을 뒤바꾸는 플래시백 회상구조로 한반도 역사상 가장 위대한 임금인 세종과 관노로 태어나 종 3품 대호군이 된 조선 최고의 천재 과학자 장영실의 20여 년에 걸친 우정 이야기를 보여주고 있습니다. 감독은 왜 이런 내러티브 구조를 사용했을까요? 아마도 이는 세종대왕과 장영실을 모르는 대한민국 관객은 거의 없다고 판단했기 때문일 겁니다. 만일 시간의 흐름에 따라 세종과 장영실의 만남 그리고 이들이 함께 이루어낸 업적들의 에피소드를 나열했다면 매우 지루하고 심심한 이야기가 되었을 가능성이 높습니다. 수많은 TV 드라마와 역사 서적에서 수없이 반복된 이야기일 테니까요. 그래서 허진호 감독은 시간의 흐름을 뒤바꾸는 낯선 내러티브 구조에 '안여(安輿) 사고'라는 영화적 상상력을 더해 관객의 호기심을 자극합니다. 다시 말해 〈천문〉은 현재시제의 안여 사건을 내러티브의 중심에 두고 과거시제인 4일간의 행적을 곁들이는 형태로 이야기를 구성하고 있기에 플래시백 구조가 매우 중요한 영화적 장치로 사용됩니다.

영화는 임금이 타는 가마인 안여가 행차하는 장면을 부감으로 보여주는 오프닝으로 시작한 후 "대호군 장영실이 안여 만드는 것을 감독하였는데 튼튼하지 못하여 부러지고 허물어졌으므로 의금부에 내려 국문하

[그림50] 〈천문: 하늘에 묻는다〉의 플래시백 구조

게 하였다. [세종실록 1442년 3월 16일]"이라는 자막을 보여줍니다. 이어 카메라는 세찬 비를 맞으며 진흙땅에 떨어져 허우적거리는 세종의 모습을 클로즈업으로 잡아내죠. 다음 숏에서 세종은 곧 일어나지만 신하들은 그야말로 패닉 상태에 빠져 무릎을 꿇고 "죽여주시옵서서"라는 말만 반복하는 다소 충격적인 장면이 이어집니다. 그런 후 천둥소리와 거의 동시에 암전이 되고 '안여 사고 4일 전'이라는 자막을 다시 노출시켜 관객에게 지금부터 진행될 이야기는 현재가 아닌 과거 이야기라는 점을 각인시킵니다. 즉, 안여 사고가 일어난 세종 24년(1442년) 3월 16일을 기준으로 4일 전인 3월 12일의 이야기가 펼쳐지는 것입니다.

세종은 신하들과 함께 명나라 사신이 들고 온 명황제의 칙서를 듣기 위해 굴욕적인 절을 합니다. 명황제는 대명력을 거부하고 독자적인 달력을 만든 조선의 임금에게 경고하며 천문 연구의 주동자 장영실을 압송하라는 명령을 내리죠. 신하들은 이 문제로 갑론을박을 벌이고 세종 역시 어떤 결정을 내릴지 고민합니다. 결국 세종은 명나라 사신들이 요구한 대로 장영실이 개발한 천문 관련 장비를 없애기로 합니다. 이를 전해들은 장영실은 오열하며 결정을 바꿀 것을 세종에게 부탁하지만 왕은 단호히 돌아섭니다. 이후 영화는 다시 현재 시간대에서 더 멀어집니다. 이번에는 20년 전 세종 4년(1422년)으로 거슬러 올라가 서운관에서의 세종과 장영실의 첫 만남에 대해 보여줍니다.

세종은 장영실의 과학자로서의 자질을 높이 사 사대부들의 반대를 무릅쓰고 대호군에 임명하죠. 영화는 이들이 20여 년간 쌓아온 다양한 과학적 업적들과 인간적인 교류를 보여주는데 치중합니다. 비로소 우리들이 익숙하게 알고 있던 역사적 내용들이 이어지는 것이죠. 그러다 다시 '안여 사고 3일전'으로 영화는 현재에 가까운 시간대로 돌아옵니다. 명나라의 압력에 굴복한 세종은 자신과 장영실의 분신이라고 할 만한 천측장비 간의대를 불태우고 설상가상 사대주의에 찌든 친명 신하들은 장영실을 체포해 명나라로 압송하려 합니다. 이에 불만을 품은 세종은 온천으로 요양을 떠납니다. 이때부터 영화는 익숙한 역사적 플롯 대신 역모라는 수수께끼 같은 퍼즐을 영화에 삽입시킵니다. 세종이 타고 갈 안여를 누군가가 지켜보는 듯한 느낌의 시점숏을 사용한 후 천천히 줌인해 안여 바퀴를 클로즈업으로 보여주죠. 이런 미장센 요소는 영화의 극적 긴장감을 높이고 뭔가 정치적 음모가 도사리고 있음을 관객에게 넌지시 암시합니다. 다시 시간대는 '안여 사고 1일전'이라는 자막과 함께 현재시제에 하루 차이로 따라붙습니다.

요양길을 떠난 세종의 안여가 진흙탕에 빠져 탈선되고 세종이 바닥으로 떨어지는 사건이 발생합니다. 세종은 이를 역모로 규정하고 방패군을 동원해 장영실을 비롯한 사건에 가담한 것으로 의심되는 모든 신하들을 잡아들이라는 명을 내립니다. 그리고 다음날 세종과 신하가 방패군에 포위된 궁에 모이는 영화의 현재 시점이 이어집니다. 즉, 〈천문〉의 상영시간 132분 중 91분이 되어서야 비로소 현재시제가 나타난 것입니다. 이렇게 영화의 70%는 과거시제로 구성되어 있습니다. 현재 시점에서 전개되는 내러티브는 앞선 회상구조에서의 서술 리듬과는 사뭇 다르게 매우 긴장감 있게 펼쳐집니다. 결국 안여 사건의 진짜 주동자가 누구인지, 왜 그런 사건을 계획했는지가 모두 밝혀지며 영화는 클라이맥스로 나아가죠. 〈천문〉은 이렇게 시간의 흐름을 뒤바꾸는 플래시백 방식을 사용하여 관객들의 역사적 상상력을 자극하고 영화적 상상력을 통해 임금과 천민의 신분을 초월한 우정을 그려내는 데 성공합니다.

〈남산의 부장들〉 역시 〈천문〉과 마찬가지로 역사를 소재로 한 영화입니다. 〈남산의 부장들〉은 1979년 10월 26일, 중앙정보부장 김재규가 박정희 대통령을 암살한 사건을 모티프로 한 동명의 논픽션 소설을 원작으로 삼은 작품입니다. 극중 인물들의 이름만 바뀌었을 뿐 실제 한국의 근현대사 중 가장 민감한 소재 중 하나인 박정희 암살 사건을 그대로 재현하고 있죠. 따라서 〈천문〉의 경우와 마찬가지로 연대기 순으로 내러티브를 구성하는 일반적인 역사영화의 공식을 따르기가 어려웠을 겁니다. 왜냐하면 이미 10 · 26 사건은 임상수 감독의 〈그때 그 사람들〉(2005)이나 〈제5공화국〉(2005) 같은 TV 드라마에서 여러 번 재현된 소재이기 때문이죠. 특히 각본과 연출을 담당한 우민호 감독은 영화로 제작된 〈그때 그 사람들〉을 의식할 수밖에 없었을 겁니다. 관객이 두 작품을 직접적으로 비교할 확률이 높으니까요. 그래서 우민호 감독은 자신의 이야기를 차별화하기 위해 두 가지 내러티브 전략을 사용합니다.

첫 번째 전략은 플래시백을 사용해서 사건 당일 40일전으로 거슬러 올라가는 것입니다. 〈그때 그 사람들〉이 암살 사건이 벌어진 당일 저녁 상황의 세부 묘사에 영화의 에너지를 집중시켰다면 〈남산의 부장들〉은

[그림51] 〈남산의 부장들〉: 플래시백

왜 암살 사건이 벌어질 수밖에 없었는지를 묘사하는 것에 초점을 맞춘 것이죠. 실제로 이 전략은 나름 성공했다고 볼 수 있습니다. 한국 성인 관객이라면 10·26은 다 아는 사건으로 생각하지만 정작 전·현직 중앙 정보부장과 경호실장 그리고 대통령이 어떤 인물들이었는지, 그들 사이에 어떤 일이 있었기에 이런 사건이 일어났는지에 대해 정확하게 아는 관객은 의외로 적기 때문입니다. 이런 내러티브 전략을 실현하기 위해 영화는 10월 26일 사건 당일 저녁 시간대를 현재의 시제로 배치합니다. "이 영화는 1979년 대통령 암살 사건을 바탕으로 사건이 일어나기 전 40일을 재구성한 이야기입니다."라는 자막이 흐른 후 오프닝 장면에서 대통령을 비롯한 일행을 태운 3대의 승용차가 궁정동 안가로 들어가는 장면을 크레인 샷으로 잡아줍니다. 이어지는 장면에서 중앙정보부 김 부장(이병헌 扮)은 부하 두 명에게 오늘밤 거사를 치를 거라는 명령을 하달합니다. 부하가 "각하도 포함됩니까?"라고 묻자 김 부장은 고개를 끄덕이며 "오늘 해치운다."라고 대답하죠. 카메라는 결연에 찬 이들 세 사람을 보여준 후 각자 맡은 임무를 위해 흩어지는 모습을 인상적인 부감으로 보여줍니다. 이 모임 장면은 거의 유사한 편집으로 영화의 하이라이트 부분에서 다시 한 번 재현됩니다. 이후 카메라는 김 부장을 따라 연회가 벌어지는 안가 내부로 진입하고 권총을 숨긴 바지 주머니에 손을 넣은 뒷모습을 보여준 후 미닫이문이 닫힙니다. 희미하게 들리는 노래 소리와 함께 총성이 울린 후 화면은 급박하게 5·16 군사혁명 당시 자료 사진으로 넘어갑니다. 이 사건의 처음 출발점이 1961년이라는 사실을 관객에게 자연스럽게 상기시키는 것이죠. 자막으로 군사쿠데타 세력이 집권에 성공한 후 제3공화국이 출범되었으며 한국 최초의 정보기관인 중앙정보부가 박대통령의 18년 장기집권에 핵심적인 역할을 했다고 설명합니다. 이어서 '남산의 부장들'이라는 타이틀이 노출된 후 영화의 시공간은 40일전 미국 워싱턴에서 열린 전(前) 중앙정보부장 박용각(곽도원 扮)의 의회 청문회 장면으로 연결됩니다. 영화의 말미 현재시제인 10월 26일 사건 당일 저녁 시간대가 다시 한 번 등장하기 전까지 영화는 본격적인 플래시백 구조로 이야기가 전개되는 것이죠.

영화를 유사 작품들과 차별화하고자 감독이 선택한 두 번째 전략은 플래시백 속의 플래시백(flashback in flashback)을 사용한 것입니다. 플래시백 속의 플래시백이란 쉽게 말해 과거 속에 또 다른 과거 시간대가 있다는 뜻입니다. 예를 들어, 중년의 주인공이 분식집에서 만두를 먹고 있을 때 예전 학창시절 어머니가 만들어 주신 맛과 비슷한 생각이 들어 과거를 회상합니다. 고등학교 시절로 돌아간 주인공은 사실 어머니가 만든 만두가 할머니 때부터 내려오던 비법임을 알게 되고 초등학교 시절 처음으로 만두를 먹었던 추억을 다시금 떠올립니다. 이때 중년의 현재 시점으로 보면 고등학교 시절은 플래시백이고 초등학교 시절은 플래시백 속의 플래시백이 되는 것이지요. 〈남산의 부장들〉에서 사용된 플래시백 속의 플래시백은 박 부장의 시선으로 전개됩니다. 왜 박 부장이 박통 정권의 비리를 전 세계에 폭로하기 위해 앞장서려 했는지에 대한 원

[그림52] 〈남산의 부장들〉: 플래시백 속 플래시백(00:15:03~00:15:47, 00:34:07~00:36:19)

인을 집중적으로 보여주는 것이죠. 우민호 감독은 관객이 현재와 과거 그리고 과거 속의 과거를 혼동할 수 있는 위험성을 사전에 차단하고자 아주 친절한 영화적 장치를 배치합니다. 바로 흑백 화면의 사용이죠. 박 부장의 이야기가 암살 사건이 벌어진 현재 시점을 기준으로 40일전이라는 시간대에 속할 때는 기존의 컬러 화면을 사용하지만 그 외 시간대가 등장하여 박통과의 개인적 에피소드를 보여줄 때는 흑백 화면을 사용합니다. 영화에서 흑백 화면으로 구현된 플래시백 속의 플래시백 장면은 모두 두 번 등장합니다.

처음 장면은 5·16 군사쿠데타를 성공시킨 후 열렸던 기념식을 묘사하기 위해 사용됩니다. 박통이 군사정변을 성공시킨 공신들과 악수하는 장면을 보여주며 그 기념식에 모인 인물들 중 진짜 2인자가 있을 거라는 점을 김 부장에게 설명하기 위해 사용됩니다. 두 번째 장면은 박통은 절대 2인자를 살려두지 않는다는 자신의 경험담을 로비스트 데보라 심(김소진 扮)에게 설명할 때 사용합니다. 박통은 자신의 삼선개헌을 반대하는 정치인을 처리하기 위해 어떻게 하면 좋겠는지를 박 부장에게 상의합니다. 그러나 박통은 박 부장의 의견을 구하기 위해서가 아닌 자신이 직접 하지 못하는 불법적인 일을 우회적으로 지시하기 위해 형식적으로 물어보는 것이죠. 여기서 바로 〈남산의 부장들〉을 상징하는 그 유명한 대사가 나옵니다. "임자 옆에는 내가 있잖아. 임자 하고 싶은 대로 해." 박통의 이 대사는 영화에서 모두 세 번 등장하는데요. 세 번 모두 자신에게 도전할 위험성이 있는 2인자를 제거하기 전에 박통이 즐겨 쓰는 레퍼토리인 것이죠. 박통은 항상 2인자를 제거하기 전 불법적인 일을 지시하고 그 일을 처리한 2인자를 매정하게 제거하는 행태를 반복합니다. 이 대사는 영화에서 매우 중요한 복선이 되는데요. 후에 김 부장이 박통을 암살하려는 결심을 할 때 결정적인 요인으로 작용합니다. 영화는 이렇게 컬러와 흑백의 대조를 통해 플래시백과 플래시백 속의 플래시백을 관객에게 보여줌으로써 시간대에 따른 내러티브의 혼란을 최소화하는 동시에 박 부장이 느끼는 고국을 향한 그리움과 1인자를 향한 원망까지 그의 복합적인 감정을 탁월하게 전달하고 있습니다.

이렇게 영화에서 사용되는 플래시백은 플롯을 구성하는 데 있어 두 가지 기능을 수행합니다. 첫째, 정보의 보충 기능으로서 관객이 영화를 쉽게 이해하도록 도움을 주는 것입니다. 대부분의 상업영화에서 사용되는 전형적인 플래시백 기능으로서 설명과 묘사의 역할을 담당합니다. 일종의 수수께끼를 푸는 단서로서 보충적인 이야기를 전달하고 때로는 등장인물의 태도, 성격, 역할 설명을 보완해줌으로써 관객에게 복잡한 퍼즐을 풀어주는 단서로서 기능하는 것이죠. 구로사와 아키라 감독의 〈라쇼몽 Rashomon 羅生門〉(1950)을 통해 플래시백의 첫 번째 기능이 구체적으로 어떻게 사용되는지 알아보겠습니다.

〈라쇼몽〉의 서술 구조를 분석하고 나면 사실 웬만한 영화의 내러티브는 굉장히 수월하게 분석할 수 있을 것입니다. 마치 어려운 수학 공식을 적용해 문제를 풀면 나머지 쉬운 공식들은 자연스럽게 이해가 되는 것처럼 말이죠. 〈라쇼몽〉은 스토리/플롯/캐릭터와 플래시백 구조를 창작 및 분석하는 데 있어 교과서적인 작품입니다. 실제로 〈라쇼몽〉은 전 세계 인터렉티브 디자인(Interactive Design) 실습 교재로 가장 많이 사용되는 텍스트 중 하나입니다. 전혀 관계없어 보이는 디자인 교재로 왜 이 영화가 사용될까요? 그 이유는 잠시 뒤 설명하겠습니다.

구로사와 아키라 감독은 류노스케(芥川龍之介)의 단편소설『라쇼몽 羅生門』(1917)에서 현재 시점을,『덤불 속 藪の中』(1922)에서 과거 시점을 가져와 교차시킵니다. 또한 영화의 제목과 공간의 상징적 분위기는『라쇼몽』에서, 미스터리한 사건은『덤불 속』에서 가져오는 독특한 각색을 합니다. 〈라쇼몽〉은 숲속에서 사무라이의 아내가 도적에게 강간을 당하고 그 사무라이는 시체로 발견되었다는 하나의 사건을 두고 총 여섯 명의 증인들이 각기 다른 플래시백으로 이야기를 풀어내는 다중(多衆)/다층(多層)적 서술 구조를 가진 영화입니다. 서술 구조가 다중적이라 함은 서술자가 한 사람이 아닌 복수의 화자로 설정되었다는 것이고 다층적이라 함은 하나의 시공간이 아닌 다변화된 시공간으로 구성되었다는 뜻입니다.

〈라쇼몽〉의 시간 구조는 현재, 과거, 대과거라는 세 가지 층위로 구성됩니다. 현재시제는 나생문이라는 공간에서 나무꾼·승려·행인이 벌이는 대화로 구성되며 과거시제는 재판장에서 총 6명의 인물(나무꾼, 승려, 나졸, 도적, 사무라이 아내, 사무라이)이 증언을 하는 층위입니다. 끝으로 대과거시제는 현재시제보다 3일전 숲속에서 벌어진 강간과 죽음에 관련된 이야기로 구성되지요. 이러한 다중/다층적 서술 구조는 플래시백과 플래시백 속의 플래시백, 두 가지 층위로 재구성됩니다.

〈라쇼몽〉에는 총 9개의 플래시백이 등장합니다. 먼저 나생문 처마 밑

[그림53] 〈라쇼몽〉의 플래시백 구조

에서 나무꾼과 승려의 시점으로 세 명의 사건 당사자가 재판정에서 진술하는 내용은 플래시백 속의 플래시백으로, 그리고 이들의 진술은 모두 거짓이라 부정하며 자신이 직접 목격했다고 진술하는 나무꾼의 이야기는 플래시백으로 묘사됩니다. 영화는 플래시백을 이용한 다중시점 기법을 통해 자연스럽게 내러티브를 분산시키고 있으며 이에 따라 관객을 다양한 관점으로 이끌고 있습니다.

관객은 영화를 보면서 3일전 숲속에서 도대체 무슨 일이 벌어진 것일까? 사무라이는 타살된 것인가? 아니면 자살한 것인가? 누가 진실이고 누가 거짓을 말하는가? 과연 진실이 존재하기는 하는가? 하고 끊임없는 질문을 던지게 됩니다. 관객이 이 질문에 대한 답을 얻기 위해서는 동일한 사건을 두고 서로 다른 증인들에 의해 묘사되는 플래시백 구조를 주의 깊게 살펴야 합니다. 이런 과정을 거쳐 사건을 재구성하고 누구의 말이 진실인지를 판단해야 하기 때문이죠. 그런데 문제는 영화의 시간은 이런 관객들을 기다려주지 않습니다. 왜냐하면 관객의 수용 시간인 스크린 시간이 진행되는 동안 스토리 시간과 플롯 시간 역시 동시에 진행되기 때문이죠. 따라서 관객에게는 혼란스러운 다중/다층적인 정보들을 심사숙고할 수 있는 시간이 반드시 필요합니다. 만약 창작자가 이런 시간적인 휴지(休止)를 제공하지 않는다면 관객이 내러티브의 논리성을 이해하고 감정과 의미의 선을 따라가기가 어려워짐으로써 그들의 능동적인 참여는 힘들어집니다.

그래서 아키라 감독은 관객의 능동적 참여를 유도하기 위해 일종의 피드백(feed-back) 순환 고리를 관객에게 제공합니다. 이런 피드백 순환 고리는 과거 시점에서 현재 시점으로 회귀하는 순간과 관련이 있습니다. 각각의 법정 장면과 관련된 플래시백이 끝난 후 영화의 시간은 거의 자동적으로 현재 시점으로 회귀합니다. 바로 플래시백에서 현재로 회귀하는 순간에 이런 피드백 순환 고리가 개입하는 것이죠.

영화는 우선 나생문의 공간 아래 현재 시점에서 시작하는 나무꾼의 첫 번째 플래시백을 보여줍니다. 이 플래시백 안에는 다시 4개의 보충 플래시백(flash-back in flash-back)이 들어 있습니다. 순서대로 승려, 나졸, 도적, 그리고 첫 번째 법정 플래시백이 그것이죠. 그런 다음 플래시백의 과거 시간은 다시 나생문 아래에서의 현재로 돌아갑니다. 현재의 시간은 다시 승려의 플래시백에 의해 과거 시점으로 안내됩니다. 이러한 과거에서 현재로 다시 과거로의 구조는 계속해서 반복되고 새로 시작됩니다. 이러한 구조를 도표로 나타내면 다음과 같습니다.

도표의 왼쪽은 과거 시점에서 현재 시점으로 변화되는 피드백의 움직임을 나타내고 오른쪽은 플래시백을 통해 여섯 명의 증인들에 의해 서술되는 피드백의 움직임을 나타냅니다. 플래시백 속의 여섯 명의 화자는 덤불숲에서 일어났던 동일한 사건을 각각의 시점에서 증언하며 그때마다 사건과 관련된 새로운 단서들이 생성됩니다. 이러한 정보들은 관객의 뇌리 속에 축적되면서 서로 연결되고 가속되며 증폭되지요. 관객에게 있어 각각의 화자에 의해 생성된 단서의 증폭은 새로운 미지의 영역을 제공하고 영화는 이전과는 전혀 다른 양상으로 나아갑니다. 영화가

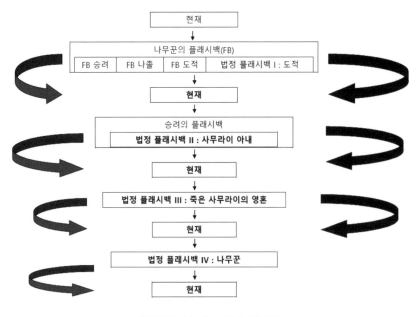

[도표1] 〈라쇼몽〉의 플래시백 구조

혼란스러워지려는 순간 관객은 자신의 추리를 유지하기 위해 뇌리 속에 남아 있던 전 단계로 회귀하려는 경향을 가지며 관객 자신의 기억의 파편들을 재배열합니다.

결국 〈라쇼몽〉에서 현재 시간은 관객이 수수께끼의 퍼즐을 맞추는 데 필요한 시간적 여유를 제공해주고 새로운 정보에 의한 혼란을 억제하는 기능을 담당하고 있다고 볼 수 있습니다. 즉, 현재로의 회귀는 영화의 진실을 재구성하는 관객에게 필요한 일종의 휴지 구실을 하는 셈입니다.

〈라쇼몽〉을 본 독자라면 영화의 플래시백 시간 구조에 대해서는 이제 어느 정도 이해가 됐을 것이라고 생각됩니다. 그런데 문제는 위의 도표만 가지고는 영화의 복잡한 스토리/플롯/캐릭터 구조를 이해하기에 역

부족입니다. 그 이유는 〈라쇼몽〉이 다중/다층적 내러티브 구조를 가진 영화이기 때문입니다. 문자로 아무리 다중/다층적 서술 구조를 세심하게 분석하려고 해도 잘되지를 않습니다. 그 주된 이유는 문자가 가진 정리의 한계점 때문인데요. 이 문제점을 해결하기 위해 영화적 글쓰기의 네 번째 팁을 제시합니다.

> "이야기를 마인드맵(mind-map)을 이용해 정리하는 습관을 길러라."

앞서 제안한 영화적 글쓰기를 위한 세 가지 팁에 비해 다소 뜬금없이 보일 수도 있습니다. 그러나 네 번째 팁인 '마인드맵 그리기'는 어떻게 보면 가장 효과적인 영화 내러티브 창작과 분석과정이라고 할 수 있습니다. 간략하게 왜 마인드맵이 필요한지를 설명하겠습니다.

마인드맵은 쉽게 말해 읽고 생각하고 분석하고 기억하는 모든 것을 마음속에 지도를 그리듯 사고하는 것을 말합니다. 이는 문자로만 생각을 정리하는 단점을 극복할 수 있는 일종의 대안인데요. 문자로만 현상을 기록하고 정리하면 당장은 효율적일 수 있지만 계속해서 문자에만 의존하게 되면 오히려 사고의 시야가 좁아질 수 있고 나아가 두뇌의 종합적 사고를 가로막을 수 있습니다. 그럴 때 자신의 생각을 문자가 아닌 그림을 이용한 일종의 지도로 정리하면 보다 창의적인 발상을 할 수 있는 것이죠. 그래서 마인드맵 기법을 다른 말로 클러스터(clustering) 기법이라고도 부릅니다. 동일한 한 가지 일에 대한 마음속에 흩어진 여러 생각과 정보들을 하나로 연결된 지도로 그리면서 그 해결책을 찾아가는 기법이죠. 실제로 이러한 자유발상 기법은 브레인스토밍이나 프로젝트 경영

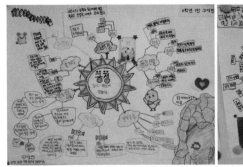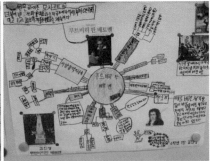

[그림54] 초등학생의 다양한 독서 마인드맵 (출처: http://bitly.kr/QVginVRF)

기법에서 사용되어 널리 알려지게 되었고 요즘에는 초등학교 독서 교육에도 적극 사용되고 있습니다.

　어린 시절 우리는 책을 읽고 독후감이나 독서노트를 쓰면서 책의 내용을 정리하는 습관을 가졌는데요. 독서노트는 대개 자신이 읽은 책에서 감명 깊은 문장만 골라 꼼꼼하게 적는 과정을 거치며 정리됩니다. 책 전체 내용을 다 필사할 수는 없으니까요. 세월이 흘러 자신이 기록한 독서노트를 보면 필사한 문장만큼은 정확하게 기억할 수 있지만 정작 그 문장이 담겨 있던 책 전체 내용과 주제 등은 기억해내기가 어렵다는 단점이 있습니다. 문자가 가진 한계 때문이죠. 그래서 요즘 초등학생들은 문자를 이용한 독후감보다는 독서 마인드맵을 통해 자신을 표현하는 것에 익숙합니다. 독서 마인드맵의 기본은 책의 핵심 내용을 뽑아 간략하게 요약하는 것입니다. 구체적인 문장을 그대로 옮겨 적으며 자신이 느낀 점을 피력하는 것이 아니라 책 전체를 구성하는 핵심 내용을 요약하고 그 내용들이 다양한 그림이나 지도로 서로 연결되어 전체적으로 어떤 관계를 갖는지 알 수 있게 하는 것이죠.

비유하자면 독서노트인 독후감은 숲속에서 나무 한그루를 관찰하며 기록한 수첩이라고 할 수 있다면 독서 마인드맵은 숲 전체를 내려다보며 그린 지도라고 할 수 있습니다. 숲이 어떤 나무들로 구성되어 있는지, 그 나무들 사이로 길이 어떻게 나 있는지 그래서 숲의 전체 모습은 어떻게 조망될 수 있는지를 한눈에 파악하게 해주는 것이지요. 그래서 독서 마인드맵은 아이디어 발상과 생각 정리에 유용할 뿐 아니라 정보를 요약 정리하는 데도 탁월한 효과를 발휘할 수 있습니다. 여기에 금상첨화로 자신의 생각까지 노트에 추가한다면 더욱 훌륭한 자신만의 독서 기록을 만들 수 있는 것이죠.

이렇게 독서 마인드맵을 통해 자신이 읽은 책을 정리하듯이 마인드맵을 이용해서 영화의 내러티브를 분석하고 더 나아가 자신만의 이야기를 구성하는 습관을 꾸준히 기른다면 정말 엄청난 도움이 되는 것을 확인하게 될 것입니다. 특히 앞서 우리가 보았던 〈라쇼몽〉처럼 다중/다층적인 내러티브를 가진 영화를 분석하고 창작할 때 그 효과는 배가되지요. 바로 이런 이유로 앞서 설명했듯이 창작자와 소비자의 상호작용을 중시하는 인터렉티브 디자인을 하는 수업에서 다중/다층적인 구조를 가진 영화를 실습 교재로 채택하는 것입니다. 자신이 기획할 디자인을 숲이라고 생각하고 미리 그 숲속을 구성하는 다양한 요소들을 체험해 보기 위해 마인드맵 기법을 활용하는 거죠. 다음의 여러 그림들은 실제 인터렉티브 디자인 수업에서 다양한 측면에서 〈라쇼몽〉을 분석한 결과입니다.

때로는 숲속 살인사건에 대한 엇갈린 증언을 캐릭터 중심으로 표현할 수 있고 전혀 상반된 진술을 시점과 시간에 따라 분석하는 것도 가능하며 이야기를 구성하는 공간 중심으로 전체 내용을 정리하는 것도 가능합니다. 이렇게 밋밋한 도표로는 도저히 설명하기 힘들었던 〈라쇼몽〉의

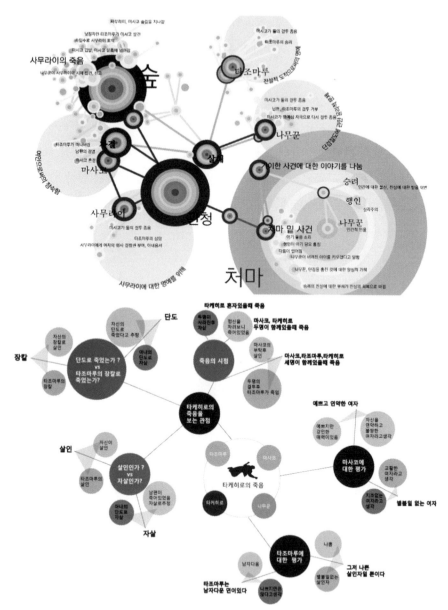

[그림55] 〈라쇼몽〉의 인터렉티브 디자인(출처: https://iv09.wordpress.com/)

다중/다층적 구조가 마인드맵을 통해 흩어진 정보들이 하나로 연결된 지도로써 일목요연하게 분석할 수 있게 되는 것이죠. 결국 마인드맵 기법을 활용해서 이야기를 창작 및 분석하게 되면 소요되는 시간도 절약할 수 있을 뿐만 아니라 우리 두뇌의 연상 작용을 자극시켜 자신이 평소 생각하지 못했던 잠재의식까지 끄집어내어 다양한 아이디어까지 얻을 수 있는 일석이조의 장점이 있습니다.

네 번째 팁의 효용성을 체험하기 위해서는 실제로 영화 내러티브를 분석해보는 방법밖에 없는데요. 마인드맵 분석에 적합한 영화 두 편을 소개하고 실제 분석 결과를 보여드리겠습니다. 첫 번째 실습 영화는 김태용 감독의 〈가족의 탄생〉(2006)입니다. 등장인물 8명이 모두 주인공으로 기능하며 다양한 관계를 통해 이야기가 전개되는 다중/다층적 구조의 영화입니다. 특히 영화의 주제인 대안(代案)가족, 즉 새로운 개념의 가족의 탄생을 캐릭터들을 통해 어떻게 묘사했는지 분석해보시기 바랍니다. 또 다른 추천 작품은 웨스 앤더슨 감독의 〈그랜드 부다페스트 호텔 The Grand Budapest Hotel〉(2014)입니다. 역시 다중/다층적 구조를 지닌 영화로서 살인 사건을 추리하는 과정이 캐릭터를 통해 어떻게 기상천외하게 전개되는지 분석해보시기 바랍니다. 분석이 끝나면 아마도 다음 마인드맵과 비슷한 결과물을 얻을 수 있을 겁니다.

영화 플롯을 구성하는 데 있어서 플래시백이 담당하는 두 번째 기능은 정보의 정지(停止) 기능입니다. 정보를 지연시키고 영화의 시간성을 모호하게 함으로써 관객의 해석을 혼란스럽게 하는 것이죠. 복잡한 퍼즐을 풀어주는 것이 아닌 오히려 영화 내러티브 구조를 좀 더 복잡하게 만들어버리는 기능을 하죠. 시간의 연대기적 질서와 배열을 단절시키고 혼란시킴으로써 이야기의 연속적 흐름을 파괴해 버립니다. 한마디로 관

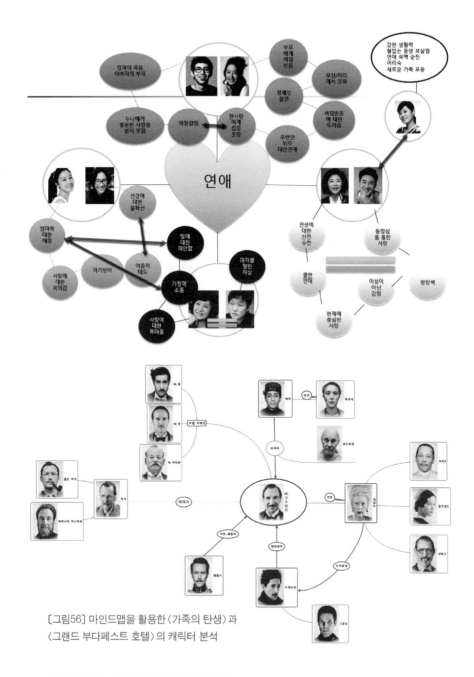

[그림56] 마인드맵을 활용한 〈가족의 탄생〉과
〈그랜드 부다페스트 호텔〉의 캐릭터 분석

객이 쉽게 시간대를 이해하지 못하게 배배 꼬아버리는 것이죠. 첫 번째 플래시백의 기능과는 달리 사실 이 기능은 아주 일반적으로 사용되지는 않습니다. 그렇다면 왜 관객을 굳이 혼란스럽게 만들면서까지 이런 복잡한 플래시백 구조를 사용하는 것일까요? 알랭 레네 감독의 〈지난해 마리앙바드에서 L'année dernière à Marienbad〉(1961)는 위의 질문에 대한 답을 찾는 데 매우 중요한 단서를 제공해줍니다.

〈지난해 마리앙바드에서〉는 플래시백을 매우 특별한 미학적 장치로 사용한 영화들 중 백미라고 할 수 있는 작품인데요. 영화에서 사용된 플래시백 구조는 앞서 살펴본 두 영화의 예와는 또 다른 특징을 가지고 있습니다. 이 영화는 무서운 장면이나 관객을 놀라게 하는 공포 영화의 관습이 전혀 들어 있지 않음에도 불구하고 볼 때마다 마치 한 편의 공포영화를 보는 듯한 무서움을 느끼게 됩니다. 왜냐하면 영화의 등장인물들이 마치 살아있는 시체나 유령처럼 느껴지기 때문이죠. 이러한 느낌이 드는 이유는 바로 영화의 독특한 시간 구조와 연관이 있습니다. 감독은 바로 이러한 영화의 분위기를 창조하기 위해 불친절하기 짝이 없는 플래시백 구조를 끌어들입니다. 불가사의한 진실이라는 메시지를 담고 있는 〈지난해 마리앙바드에서〉의 시간성은 현재 - 과거 - 미래가 뒤섞여 있습니다. 남녀 주인공의 서로 다른 기억의 파편들이 끊임없이 충돌하면서 서로의 입장을 부인하고 결국 관객은 현실인지 환상인지, 현재 속의 과거인지 과거 속의 미래인지 도무지 분간이 가지 않는 시간의 미궁 속에 빠지게 됩니다.

일반적으로 플래시백 구조를 가지고 있는 영화들은 앞서 살펴본 영화의 예처럼 등장인물이 과거의 장면을 이야기할 때 현재 시간 속의 이야기와 행동은 더 이상 진행되지 않고 멈춰 있는 경우가 대부분입니다. 예

[그림57] 〈지난해 마리앙바드에서〉 : 플래시백 구조

를 들어 한 남성이 자신의 아들이 놀이터에서 시소를 타는 모습을 보고 자신의 유년시절을 플래시백으로 보여준다고 가정해보지요. 일련의 플래시백 구조가 끝나고 다시 현재 놀이터의 시간으로 되돌아올 때 플래시백의 주체인 남성의 행동은 거의 진행되지 않고 플래시백으로 돌아가기 전 상태가 그대로 이어집니다.

물론 이러한 규칙이 플래시백 구조를 가지고 있는 모든 영화들에 적용되지는 않습니다. 예를 들어 김호선 감독의 〈영자의 전성시대〉(1975)의 경우 영자(염복순 扮)와 창수(송재호 扮)가 유치장에서 재회하는 장면에서 창수의 시점으로 첫 번째 플래시백이 시작됩니다. 그러나 플래시백이 종료된 후 다시 현재 시점으로 넘어올 때 유치장이 아닌 창수가 일하는 목욕탕이 현재 공간으로 설정되지요. 즉, 플래시백이 진행되는 동안 현재 시간 속의 이야기와 행동이 진행된 것입니다. 두 번째 플래시백 역시 같은 구조를 가지고 있습니다. 이번에는 매춘굴에서 창수와 재회한 후 영자의 시점으로 플래시백이 펼쳐지는데, 다시 현재 시점으로 회귀했을 때 이미 상당한 서사적 진행이 이루어져 있습니다. 이러한 점에서 〈영자의 전성시대〉에서 사용된 플래시백 구조는 동시대 한국영화에서 사용된 그것과는 상당한 차이점을 보이는 중요한 사례를 제공합니

[그림58]〈영자의 전성시대〉: 플래시백 구조(00:04:18~00:14:26; 00:20:02~00:24:40)

다. 그러나 이런 예외적인 몇몇 영화들을 제외하고는 대부분의 영화에서 플래시백이 사용되면 현재 시간 속의 이야기와 행동이 더 이상 진행되지 않고 멈춰 있는 경우가 많습니다.

〈지난해 마리앙바드에서〉는 이러한 플래시백과 현재 시점의 규칙을 여지없이 파괴해 버립니다. 영화에서 사용된 플래시백은 전통적인 과거 시간으로의 플래시백이 아닌 과거 – 현재 – 미래가 공존하는 플래시백 구조를 가지고 있기 때문입니다. 사실 〈지난해 마리앙바드에서〉 사용된 플래시백 기법을 플래시백이라고 부를 수 있는지, 인정한다고 하더라도 사용된 플래시백의 빈도가 몇 번인지 정확하게 분석하기란 불가능에 가깝습니다. 너무나도 복잡하기에 여기에서는 도표만 제시하고 구체적인 설명은 생략하고자 합니다. 괜스레 플래시백에 대한 일반적인 이해만 방해할 수 있기 때문입니다. 그럼에도 불구하고 이러한 독특한 플래시백 구조에 관심이 있는 독자라면 '참고문헌'에 표기되어 있는 논문을 참조하시기 바랍니다. 〈지난해 마리앙바드에서〉에서 공존하고 있는 서로 다른 유형의 플래시백 구조를 도표화 보면 다음과 같습니다.

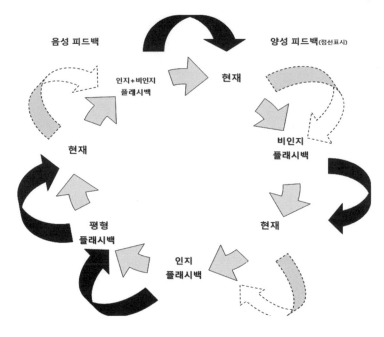

음성 피드백

양성 피드백(점선표시)

인지+비인지
플래시백

현재

현재

비인지
플래시백

현재

평형
플래시백

인지
플래시백

[도표2] 〈지난해 마리앙바드에서〉의 플래시백 구조

　[도표2]에서 보는 바와 같이 알랭 레네 감독은 기존 플래시백 기법의 전통성과 전형성을 벗어나고자 노력한 것을 알 수 있습니다. 다시 말해 감독은 플래시백 구조의 시간성을 실험적으로 재창조했다고 볼 수 있는 것이죠. 결국 〈지난해 마리앙바드에서〉에서 사용된 플래시백은 관객에게 영화의 숨겨진 퍼즐을 맞추기 위한 단서로서 기능하는 것이 아니라 오히려 희미한 단서조차 더욱 모호하게 만들어 버리는 기능을 한다고 할 수 있습니다. 이러한 모호한 시간성으로 인해 등장인물들의 육체는 현재에 있지만 감정은 과거 속에 잠겨 있는 마치 그림자 같은 존재로 관객이 느끼게 되면서 어떤 공포영화보다 더 무서운 정서를 느끼게 됩니다.

〈지난해 마리앙바드에서〉만큼이나 독특하게 플래시백을 사용한 작품은 김기영 감독의 〈이어도〉(1977)입니다. 영화는 천남석(최윤석 扮)의 죽음을 둘러싼 의문을 선우현(김정철 扮)의 시각으로 추적해 나가는 미스터리 구조를 가지고 있습니다. 이러한 서술 구조를 위해 김기영 감독은 모두 여섯 명의 증언이 등장하는 7개의 플래시백을 사용합니다. 그러나 〈이어도〉에서 사용된 플래시백 구조는 앞서 예로 들었던 영화들과 비교했을 때 매우 특별하게 사용되었음을 알 수 있습니다.

앞서 보았듯이 일반적으로 플래시백 구조의 영화들은 과거에 비교되는 현재로의 회귀 지점을 가지고 있습니다. 그러나 〈이어도〉에는 현재로의 회귀 지점이 존재하지 않습니다. 더군다나 전체 영화에서 현재 시점은 고작 6분(오프닝 2분＋클로징 4분) 정도밖에 되지 않지요. 현재 시점은 우현이 파랑도의 언덕에서 여인을 기다리는 장면에서 시작되는데 영화의 마지막 장면에서 다시 나타날 때까지 현재 시점은 영화의 시간성에 전혀 개입하지 않습니다. 대신에 영화는 우리에게 플래시백 속의 플래시백을 통해 과거 속의 현재를 보여줍니다. 이 점에서 〈이어도〉의 플래시백 구조는 〈라쇼몽〉의 구조와 매우 유사하게 보일 수 있습니다. 그러나 〈라쇼몽〉은 현재로의 회귀 시점이 명확하다는 점에서 〈이어도〉의 시간 구조와는 차이가 납니다. 즉, 현재로의 회귀 대신에 서로 다른 등장인물의 플래시백이 끝날 때마다 영화의 시제는 또 다른 플래시백을 연결시키는 주인공 우현의 플래시백으로 되돌아갑니다. 이러한 순환적인 플래시백 구조는 일종의 왕복 플래시백(Shuttle Flash-back)이라 할 수 있고 이런 플래시백의 왕복성은 〈이어도〉의 서술 구조의 핵심적 측면이라고 할 수 있습니다. 결국 이러한 현재로의 회귀 시점이 불명확한 시간 구조는 내러티브의 모호성과 캐릭터의 기묘함을 효과적으로 관객에게 전

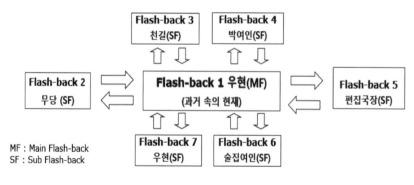

[도표3] 〈이어도〉의 플래시백 구조

달하는 핵심적인 영화적 장치로 기능합니다. 영화에 사용된 플래시백 구조는 위의 도표를 통해 보다 확실히 이해할 수 있습니다.

〈이어도〉에는 총 7개의 플래시백이 들어 있고 각각의 플래시백은 관객에게 천남석의 죽음을 둘러싼 의문들의 실타래를 풀어줄 중요한 단서들을 제공해줍니다. 흥미로운 점은 첫 번째와 마지막 플래시백을 제외한 나머지 플래시백에서 관객의 독해를 돕기 위한 일종의 구독점(句讀點)을 삽입했다는 점입니다. 사운드 효과를 통한 일련의 구독점은 우현의 메인 플래시백에서 개별 플래시백으로 이동하는 순간 "뽀글뽀글" 같은 공기방울 소리가 영상과 함께 사운드 오버랩 되는 것으로 나타납니다. 이는 관객에게 지금부터 영화의 시공간의 단절과 비약이 또 다시 시작된다는 신호를 줌으로써 관객의 머릿속에 누적되고 있는 정보의 혼란을 방지하기 위한 장치라고 볼 수 있습니다. 특히 이러한 공기방울 소리는 영화의 주무대인 파랑도의 섬 공간을 강조하고 그 속에서 살아가는 해녀를 상징한다고도 볼 수 있죠. 이러한 사운드 효과를 통한 구독점은 관객에게 시퀀스 간의 분리를 공고히 하고 이야기의 흐름을 유지해주는

[그림59] 〈이어도〉의 첫 번째 플래시백

[그림60] 〈이어도〉의 두 번째 플래시백

역할을 담당함으로써 〈라쇼몽〉에서 제공되는 현재로의 회귀와 같은 기능을 한다고 볼 수 있습니다.

먼저 첫 번째 플래시백은 과거 속의 현재 시점이 등장하는 우현의 플래시백입니다. FB(Flash-back, 이하 생략)①이 제공하는 정보로 인해 관객은 우현이 이어도 찾기 투어의 책임자였고 경찰에 의해 천남석을 죽인 살인범으로 의심을 받고 있으며 자신의 누명을 벗기 위해 파랑도로 왔다는 사실을 알게 되지요. 또한 우현에 맞서 싸운 신문기자 남석이 배 위에서 갑자기 실종되는 장면과 공교롭게도 그의 부모는 모두 물귀신에 의해 잡혀간 사실이 있음도 노출됩니다. 한편 FB①이 제공하는 마지막 정보는 무당(박정자 扮)에 대한 것입니다. 무당은 천남석의 고향인 파랑도를 지키는 실질적 지배자이며 무당의 지위를 이용, 굿을 한다는 명목 하에 섬 주민들의 재산을 착복한다는 사실을 관객에게 알려줍니다.

두 번째 플래시백은 영화의 주 공간인 파랑도를 지배하고 있는 무당의 시점으로 펼쳐집니다. FB②에 의해 추가되는 새로운 정보는 남석이

[그림61]〈이어도〉의 세 번째 플래시백

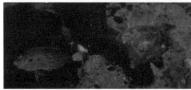

[그림62]〈이어도〉의 네 번째 플래시백

어린 시절 민자를 버리고 파랑도를 떠났고 최근에 다시 돌아왔으며 무당이 고액의 수고비를 받아 가로챘다는 것입니다. 또 하나의 중요한 정보는 신비의 섬 '이어도'가 남석을 죽인 실체가 아닐까라는 초자연적 존재에 대한 의심을 갖게 한다는 점입니다. 끝으로 파랑도의 신비한 술집 여자(이화시 扮) 캐릭터의 존재가 관객의 뇌리 속에 축적되어 가고 FB②가 끝난 후 영화의 시점은 다시 FB①으로 이동됩니다.

세 번째 플래시백은 남석에게 배신당해 파랑도로 흘러들어온 친구 천길의 시점으로 천남석 죽음의 미스터리를 풀어 나갑니다. FB③이 주는 남석에 관한 정보는 마을 사람들의 돈을 끌어들여 일련의 사업을 진행했고 공해 문제에 대해 극도로 혐오스런 시각을 가지고 있었다는 사실입니다. 또한 마을 누군가에게 엄청난 돈을 빌려 갚지 못했다는 사실도 밝혀지죠. 그러나 남석에게 돈을 빌려준 장본인이 누구인지, 왜 빌려주었는지에 대해서는 여전히 그 의문이 풀리지 않습니다.

네 번째 플래시백은 남석과 사실혼 관계에 있으며 자신을 민자라고

속이는 박여인(권미혜 扮)의 시각으로 구성됩니다. FB④에서 새롭게 드러나는 사실은 남석이 마을 사람들에게 돈을 빌려 전복 양식에 대한 연구를 진행했고 바다 공해 문제로 전복이 모두 죽게 되어 파산했다는 사실이 밝혀집니다. 한편 박여인은 아이를 갖지 못하는 불임 여성이고 술집 여자는 남석을 유혹해 잠자리를 가졌다는 정보가 제공됩니다.

다섯 번째 플래시백에서는 천남석이 근무했던 제주일보 편집국장(박암 扮)의 시선으로 본 천남석의 일련의 행동이 증언됩니다. 남석은 편집국장에 의해 신문사에 취업되자마자 열정적으로 공해 문제와 맞서 싸우기 시작합니다. 관객은 비로소 왜 이렇게 남석이 공해 문제에 집착했는지 이전 플래시백을 통해 이해하기 시작하죠. 이렇게 FB⑤부터 이전 플래시백에서 얻은 정보들이 씨줄과 날줄이 되어 서로 퍼즐을 맞춰나가기 시작합니다. 편집국장에게 있어 남석은 가장 열성적인 부하 직원이었기

[그림63] 〈이어도〉의 다섯 번째, 여섯 번째, 일곱 번째 플래시백

때문에 남석에게 많은 영향을 미친 인물로 부각됩니다. 편집국장도 남석의 죽음에 일정 정도 책임이 있는 것이죠.

여섯 번째 플래시백은 파랑도의 술집 여인의 시각입니다. 술집 여인은 이 영화에서 가장 입체적인 캐릭터라고 할 수 있는데요. 술집 여인은 어린 시절의 진짜 민자이자 남석에게 돈을 빌려준 의문의 할머니이기 때문입니다. 그녀는 외지에서 들어온 이방인이라고 자신의 정체를 숨기다가 비로소 진짜 신분을 드러냅니다. 반대로 박여인은 남석에게 자신이 어린 시절 민자라고 속인 사실이 드러나지요.

마지막 일곱 번째 플래시백은 메인 플래시백 구조 속에 남석의 갑작스런 실종에 대한 기억을 담고 있는 플래시백 구조입니다. 결국 이 마지막 플래시백을 통해 그간 축적되어 왔던 많은 등장인물들 간의 수수께끼가 풀리게 되지요. 마지막 플래시백은 다시 현재의 시간으로 되돌아갑니다.

이상으로 알아본 〈이어도〉의 일곱 개의 플래시백을 정리하면 [도표 3]처럼 우현의 첫 번째 플래시백을 제외하고는 각각의 플래시백은 끝나자마자 곧바로 우현의 플래시백으로 회귀했다가 다시 또 다른 플래시백으로 출발합니다. 즉, 과거 속의 현재 시점을 나타내는 우현의 플래시백은 일종의 메인 플래시백의 기능을 하고 다른 등장인물의 플래시백은 일종의 서브(보충) 플래시백 기능을 하는 셈이죠. 이러한 관점에서 보면 〈이어도〉는 보조 플래시백들이 주 플래시백으로 돌아가는 단 하나의 플래시백 구조로 이루어진 영화라고 볼 수 있습니다. 왜냐하면 다른 플래시백들에서 나타나는 기억의 파편들은 우현의 플래시백 안에서만 용해되면서 우현의 기억으로 대체되기 때문이죠. 다시 말해 각각의 서로 다른 플래시백은 남석의 죽음을 둘러싼 조사 과정을 진전되게 해주면서 다양한 캐릭터들의 특징들을 축적되게 만들어줍니다. 그러나 영화가 끝나는 마지막 순간까지 관객은 인물의 성격이나 역할뿐만 아니라 천남석의 죽음의 진짜 원인을 확신하지 못하게 됩니다.

물론 〈이어도〉의 이러한 시간 구조는 전체 영화사를 놓고 볼 때 김기영만이 구사한 독창적인 미학은 아닙니다. 그러나 1970년대 한국 영화라는 맥락에서 볼 때, 〈이어도〉는 분명 당시 관객들에게는 매우 독특한 영화였음이 분명합니다. 영화에서 등장하는 서브 플래시백은 천남석의 죽음의 의문을 점점 더 증폭시키고 캐릭터의 역할과 성격을 모호하게 만드는 기능을 담당하고 있기 때문입니다. 실제로 우현, 무당, 천길, 박여인, 편집국장, 술집 여인의 서브 플래시백이 하나씩 진행될 때마다 이들 모두가 천남석의 죽음에 직간접적으로 영향을 미쳤다는 새로운 사실들이 밝혀집니다. 따라서 관객들이 가지고 있는 천남석 죽음에 대한 의문과 진짜 민자의 정체를 밝히는 데 필요한 기억과 감정은 파편화됨으로써 영화의 미스터리가 점점 더 증폭된다고 볼 수 있는 것이죠. 마치 아가사 크리스티의 〈오리엔탈 특급 살인사건〉처럼 영화의 모든 등장인물들이 천남석을 죽음으로 몰고 간 장본인들로 제시되고 있는 셈입니다.

반면 우현의 메인 플래시백은 관객들에게 "누가 진짜 민자인지," "돈으로 천남석의 육체를 사간 할머니는 누구인지," "천남석을 죽음으로 내몬 가장 큰 요인은 무엇인지"라는 영화의 근원적인 해답을 찾기 위한 퍼즐조각들을 구별하고 제어할 수 있게 해주는 기능을 제공하고 있습니다. 이러한 의미에서 우현의 메인 플래시백은 관객의 의구심을 해소시켜주고 천남석의 죽음과 관계된 기억과 감정을 정리해주는 효과를 제공한다고 할 수 있죠. 게다가 메인 플래시백 내의 과거 속 현재 시점은 영화 전체의 시간성을 균형 잡히게 해주는 역할까지 담당합니다. 왜냐하면 플래시백 구성으로 인해 관객은 우현의 기억을 따라 자신만의 시간성을 구축해 나가기 때문입니다.

지금까지 우리는 영화 플롯을 구성하는 데 있어 플래시백이 담당하는 두 가지 기능을 알아보았습니다. 이제는 영화 내러티브 구성에서 차지하는 공간 개념에 대해 알아볼 순서입니다. 먼저 영화 내러티브의 공간 개념부터 알아보죠.

(2) 공간: 드러냄과 감춤의 미학

영화 구성요소에서 차지하는 공간성은 시간성과 마찬가지로 매우 중요합니다. 플롯을 구성하면서 그 사건이 일어나는 장소, 즉 공간의 선택은 처음 시나리오 작가가 구상한 이야기의 세계를 표현하는 데 있어 매우 중요한 요소이기 때문이죠. 전체 이야기에 따라 창작자는 한편으로는 집이나 학교 등과 같이 우리가 매일 살아가는 일상적인 공간을 선택할 수도 있고 다른 한편으로 우주나 전쟁터 같이 일상적이지 않은 매우 특별한 공간들을 선택할 수도 있습니다. 공간의 선택에서 가장 중요한 점은 자신이 설계한 플롯상의 공간이 전체 이야기의 세계를 얼마나 잘 표현할 수 있는가 하는 것입니다. 아무리 영화적 공간이 외관상 멋스럽게 그려진다고 하더라도 이야기를 효과적으로 전달하는 데 도움이 되지 않는다면 그 공간의 아름다움은 아무런 의미가 없는 빈껍데기일 뿐입니다. 반대로 영화적 공간이 전혀 매력적이지 않게 묘사되더라도 그 분위기가 전체 이야기를 전달하는 데 효과적으로 기능한다면 그 보잘것없는 공간은 진짜 영화적 공간으로 관객의 기억 속에 뚜렷하게 남을 수 있게 되는 것이죠. 이런 점에서 영화의 서술 공간은 스토리가 존재하는 차원이라고 할 수 있습니다.

영화의 서술 공간 역시 기본적으로 세 가지 차원의 지속 공간을 가지고 있는데, 그 셋의 관계는 앞서 살펴본 스토리-플롯 시간과의 관계와 유사합니다. 첫째, 화면 위에 실제로 드러나 보이는 세계인 플롯 공간(plot space). 둘째, 극중 인물들이 나타나는 모든 공간뿐 아니라 화면에 나타나지는 않지만 영화적 장치에 의해 함축되고 암시된 공간까지 지각하는 스토리 공간(story space). 셋째, 화면상에 보이는 공간이라고 할 수 있는 스크린 공간(screen space)이 그것입니다. 먼저 플롯 공간과 스크린 공간의 구별은 이제 쉽게 이해할 수 있을 것입니다.

> 스토리 공간 = 플롯 공간+관객에 의해 추측된 공간

스토리란 플롯을 본 관객들이 가정과 추측을 통해 재구성한 모든 사건들의 조합이라고 설명했습니다. 마찬가지로 스토리 공간 역시 플롯 공간을 본 관객들이 나름의 추측과 상상을 통해 재구성한 공간이라고 할 수 있습니다. 즉, 플롯 공간은 관객이 실제 화면에서 목격한 플롯으로 구성된 공간이라고 할 수 있고 스토리 공간은 영화에서 암시되고 함축된 공간을 관객 나름의 추측과 상상을 통해 다시 인과관계에 따라 재배열하고 재구성한 공간 영역이라고 할 수 있는 것이죠. 따라서 영화의 서술 공간이란 구체적인 사건이 진행되는 장소인 플롯 공간에 이야기의 일부로서 그밖의 장소를 추론하게 만드는 스토리 공간이 포함된 것이라고 할 수 있습니다. 이렇게 플롯 공간은 관객에게 영화의 시작과 끝을 추측하게 하고 전체 스토리를 재구성하게 해주는 역할을 합니다.

[그림64] 〈데블〉의 플롯 공간: 수미쌍관 구조를 갖는 오프닝(좌)과 엔딩(우) 장면

예를 들어 존 에릭 도들 감독의 〈데블 Devil〉(2010)은 오프닝에서 도시 전경을 상하반전으로 보여줌으로써 관객으로 하여금 앞으로 전개될 이야기가 뭔가 미스터리하게 흘러갈 것임을 암시합니다. 카메라는 기괴하고 음침한 음악과 함께 도시 전체가 뒤집힌 필라델피아의 모습을 보여준 후 서서히 영화의 주 공간이라고 할 수 있는 고층빌딩 내부로 진입합니다. 오프닝에서 보여준 상하반전된 불길한 플롯 공간은 실제로 이어지는 영화의 플롯과도 인과관계가 자연스럽게 형성됩니다. 도시 한복판에 위치한 고층빌딩 승강기에 서로 아무 관계가 없는 다섯 사람이 갇히게 되고 이후 각자 저지른 죄악과 모순이 씨줄과 날줄처럼 서로 얽히는 이야기가 전개됩니다. 흥미로운 점은 영화의 엔딩 장면을 오프닝에서 보여주었던 도시의 전경을 다시 한 번 보여주는 수미쌍관식 구조를 택했다는 것입니다. 그러나 오프닝과는 달리 엔딩 장면의 도시 전경은 정상적인 공간으로 관객에게 보여줍니다. 즉, 오프닝에서의 상하반전된 뒤집어진 도시 공간으로 관객에게 불길함을 암시했다면 정상적으로 보이는 도시의 전경은 이제 모든 사건이 해결되었다는 안도감을 관객에게 주는 역할을 합니다. 이렇게 플롯 공간은 관객의 가정과 추측을 촉진시켜 스토리를 완성시켜 주는 중요한 기능을 담당합니다.

영화의 서술 공간에서 스토리 공간과 플롯 공간의 관계도 중요하지만 정작 가장 중요한 공간 요소는 스크린 공간입니다. 영화의 서술 시간에서 스크린 시간은 특별한 부연 설명이 필요 없을 정도로 간단한 시간 개념이었지만 스크린 공간은 좀 다릅니다. 스크린 공간을 이해하기 위해서는 두 가지 개념의 이해가 선행되어야 하는데요. 하나는 프레임(frame)이고 또 하나는 오프 스크린 공간(off screen space)입니다.

먼저 영화에서 사용되는 프레임이란 영화 공간의 기본이자 핵심 개념으로서 우리가 눈으로 보는 현실세계를 영화세계로 한정시키며 시각적인 주의를 집중시키는 표현 단위라고 할 수 있습니다. 이런 의미에서 프레임은 촬영되는 대상이 들어갈 공간의 경계를 결정하고 장면을 구성함에 있어 최초의 선택이라고 할 수 있죠. 영화의 공간을 한정짓는 표현 단위인 프레임은 그래서 영화 서술의 공간 영역에서 가장 중요한 화두라고 할 수 있습니다. 실제 생활에서 보는 대상과 영화로 보는 대상 간의 가장 뚜렷한 차이점이 프레임에 의해서 결정되기 때문이죠. 실제 생활에는 시각의 범위를 한정하는 직각의 모서리인 프레임이 존재하지 않지만 영화에서는 직각의 모서리 내에 들어가야만 질서정연한 영화세계로 편입될 수가 있습니다. 그래서 우리가 플롯 공간이라고 부르는 영역은 사실 스크린 공간이라고 할 수 있는 것이죠. 관객이 화면에서 실제로 확인할 수 있는 구체적인 공간인 셈입니다. 그런데 스크린 공간에는 또 하나의 보이지 않는 공간인 오프 스크린 공간이 존재합니다. 말 그대로 화면 밖 영역인 셈이죠. 이런 의미에서 스토리 공간은 프레임 안에 존재하는 스크린 공간과 밖에 존재하는 오프 스크린 공간 모두를 포함한 영역이라고 할 수 있습니다.

일반적인 경우 내러티브가 전개되는 공간은 플롯 공간이지만 때로는 오프 스크린 공간을 이용해 스토리의 일부가 되는 공간을 의도적으로 보

[그림65] 〈8월의 크리스마스〉: 오프 스크린 공간(01:19:55~01:21:48)

여주지 않고 감춤으로써 관객의 추측을 유도하기도 합니다. 앞서 살펴본 영화적 글쓰기의 세 번째 팁인 "영화는 때로는 스토리 중 일부를 관객에게 보여주지 않아야 한다."는 감춤의 미학과 일맥상통하는 것이지요. 드러냄의 미학에 비해 감춤의 공간 미학이 얼마나 큰 감정적 울림을 줄 수 있는지의 예로 허진호 감독의 〈8월의 크리스마스〉를 다시 한 번 소환해보겠습니다.

주차 관리원 다림(심은하 扮)은 회식 자리에 왔지만 분한 감정을 억누를 수가 없습니다. 분명 초원사진관 사진사인 정원과 '썸'을 탔고 서로를 좋아하는 감정이 깊어졌다고 생각했는데 그게 아니었던 거죠. 다림이 정원에게 한 발 다가설 때마다 그는 두 발씩 다림을 밀어내기만 합니다. 자신의 생이 얼마 남지 않았다는 걸 아는 정원이 일부러 그녀를 멀리했던 것이죠. 이 사실을 전혀 모르는 다림은 홀로 화장실에 와 흐느낍니다. 거울 속에 비친 자신의 초라한 모습을 본 다림은 용기를 내어 사진관으로 찾아갑니다. 도대체 왜 자기를 멀리하는지 물어보고 싶었던 것이죠. 그러나 이미 밤은 늦었고 사진관은 불이 꺼진 채 굳게 닫혀 있습니다. 카메라는 텅 빈 쇼윈도를 바라보는 다림의 뒷모습을 잡아줍니다. 한참을 바라보던 다림은 화면 왼쪽 오프 스크린으로 사라집니다. 화면에는 다림의 모습은 보이지 않고 사진관의 전경만이 잡히죠. 영화는 이 모습을 무려 20초가량 고정된 카메라로 관객에게 보여줍니다. 그런 후 멀리서 급하게 걸어오는 듯한 발자국 소리가 들린 후 다림이 돌을 던져 사진관 쇼윈도를 깨뜨리는 장면을 이어서 보여줍니다. 흥분해서 숨을 가쁘게 몰아쉬며 어깨를 들썩이는 다림의 뒷모습을 보여준 후 컷을 바꿔 사진관 내부 깨진 유리창 사이로 다림의 화가 난 얼굴을 포착합니다. 한참을 노려보던 다림이 한숨을 쉬자 화면은 페이드 아웃되며 암전됩니다. 이어서 다시 페이드 인과 함께 아침이 되며 깨진 쇼윈도를 황당하게 바라보는 정원의 모습을 보여줍니다.

허진호 감독은 20초라는 사실 어마어마하게 긴 시간을 할애해 오프 스크린 공간을 적극 활용하여 관객의 상상력을 자극합니다. "정원에게 따지러 온 다림이 막상 사진관에 아무도 없자 허탈한 마음에 발길을 돌린다. 그러다가 갑자기 화가 머리끝까지 나서 다시 사진관으로 돌아가는 길에 돌멩이를 주워 그것을 던져 쇼윈도를 깨트려 화풀이를 한다. 어느 정도 화는 풀렸지만 이제는 걱정이 된다. 도대체 정원은 왜 보이지 않는 걸까?" 결국 감독이 사용한 오프 스크린 공간은 관객에게 다림의 보이지 않은 동선, 즉 화면 밖의 공간을 상상할 수 있게 만들었고 그 덕분에 관객의 감정선을 더욱 증폭시킬 수 있었던 것이죠. 그런데 만일 감독이 다림의 동선을 스크린 내 공간에서만 위치시킨 채 창문을 깨는 모습만을 단순하게 보여주었다면 어땠을까요? 아마도 다림이 가진 분노의 감정은 보여줄 수는 있어도 애증과 연민이 교차하는 감정선은 관객에게 전달되지 못했을 가능성이 큽니다. 이것이 바로 감춤의 공간 미학이 가진 역설의 힘입니다. 영화창작자는 이처럼 보이지 않는 화면 밖 공간을 창조적으로 사용함으로써 다양한 감정과 장면의 의미를 관객에게 전달할 수 있어야 합니다. 결국 좋은 영화적 글쓰기가 되기 위해서는 플롯 공간의 감춤과 드러냄의 줄다리기를 통해 관객이 창조하는 스토리 공간을 극대화할 수 있는 전략을 수립할 수 있느냐에 달려 있습니다.

우리가 비교적 간단하게 알아보았지만 사실 영화의 서술 공간도 시간성만큼이나 그리 간단한 개념은 아닙니다. 그러나 독자 여러분이 스토리/플롯/스크린(온, 오프) 공간을 구별하고 활용하는 연습을 많이 하면 할수록 영화를 분석하는 데 있어 많은 도움을 얻게 되고 나아가 좋은 시나리오를 쓰는 데 유익한 밑바탕이 될 거라고 확신합니다. 그런 의미에서 봉준호 감독의 〈기생충〉(2019)은 영화 내러티브에서 공간의 활용이 얼마나 중요한지 새삼 알려주는 중요한 사례를 제공합니다.

2019년 프랑스 칸 국제영화제 황금종려상을 수상하고 동시에 2020년 미국 아카데미 시상식에서 작품상을 비롯한 4개 부문에서 수상한 〈기생충〉은 한국영화사뿐만 아니라 세계영화사를 새롭게 쓴 기념비적 작품입니다. 한국영화 최초로 칸영화제에서 최고상을 수상한 것은 말할 것도 없고 아카데미 영화제 최초로 외국어 영화가 작품상을 수상한 첫 번째 사례를 남겼으며 역대 칸영화제 황금종려상과 아카데미 작품상을 동시에 거머쥔 작품 중 유일한 비영어권 영화라는 진기록을 남긴 것이죠.

〈기생충〉의 성공 요인으로 가장 많이 언급되는 점은 영화의 주제적인 측면입니다. 영화가 그리는 빈부 격차와 사회적 불평등의 모습이 한국만의 문제가 아닌 전 지구적인 보편적 현상으로 인식되면서 전 세계 관객들의 공감을 얻을 수 있었던 것이지요. 물론 이런 주제의식을 실어 나르는 형식이라고 할 수 있는 시나리오, 연기, 촬영, 편집 등 미장센 요소를 하나로 어우러질 수 있도록 멋지게 조화를 이루어낸 감독의 연출력도 주된 성공 요인임에 분명합니다. 그러나 개인적으로 〈기생충〉의 성공

요인 중 하나를 꼽으라면 단연 공간의 활용이라고 말하고 싶습니다. 영화가 던지는 주된 사회적 메시지는 치밀하게 설계된 공간 안에서 설득력을 얻기 때문입니다.

〈기생충〉은 공간의, 공간을 위한, 공간에 의한 영화라고 할 수 있을 정도로 영화의 가장 큰 매력은 공간을 담아낸 놀라운 세부 묘사에 있습니다. 〈기생충〉은 미국 배우 조합(Screen Actors Guild)이 주최하는 시상식에서 출연 배우 전체가 영화 부문 캐스팅상(Cast in a Motion Picture)을 받을 정도로 주연 및 조연 배우들의 연기 조화가 뛰어난 작품이지만 이 상을 수상하지 못한 숨겨진 주연배우가 하나 더 있습니다. 바로 영화에 등장하는 세 가지 공간입니다. 이렇게 〈기생충〉의 사실적인 공간의 대비는 주인공의 역할에 비견할 정도로 중요한 역할을 담당합니다.

영화는 세 가지 서로 다른 공간으로 사회적 계급과 그 질서를 유지하는 경계를 구별 짓고 있습니다. 그리고 이 경계선이 침범되는 순간을 영화의 클라이맥스로 활용하지요.

공간	계급
지상	상류층 · 유산자
반지하	하류층 · 무산자
지하벙커	최하류층 · 금융채무 불이행자

[표5] 〈기생충〉의 세 가지 공간 비교

먼저 〈기생충〉은 지상과 반지하라는 공간을 대비시켜 영화 속 두 가족의 삶을 직간접적으로 비교합니다. 지상은 글로벌 기업 CEO인 상류층 유산자 박 사장(이선균 扮) 가족이 사는 공간입니다. 고급스러운 취

[그림66] 〈기생충〉의 세 가지 공간

향과 예술적 혜안이 넘치는 각종 장식물들이 미니멀하면서도 군더더기 없는 크고 반듯한 대저택 속에 배치되지요. 자연스럽고 아름다운 주거 공간에 살고 있는 박 사장네 가족들 역시 큰 걱정 없이 평온하게 살아갑니다.

반면 영화의 주된 공간 중 하나인 반지하는 이런 상류층의 부르주아 공간과 대비됩니다. 아빠, 엄마, 큰아들, 막내딸 가족 전원이 백수로 막막하게 살아가는 무산자 기택(송강호 扮) 가족이 사는 반지하는 빈곤을 상징하는 공간으로서 반은 지상에 반은 지하에 위치한 주거 공간입니다. 지상도 아니고 지하도 아닌 어중간한 공간이지요. 환기가 잘 되기 어려운 구조에 습기가 많고 햇볕도 잘 들어오지 않는 공간에서 거주하는 기택 가족은 일상생활을 누군가에 기생(寄生)하며 살아갈 수밖에 없습니다. 와이파이 신호를 얻기 위해서는 누군가의 신호에 기생해야 하고 집

안 해충을 박멸하려면 구청에서 방역하는 소독 가스에 의존해야 하며 피자집 아르바이트 자리를 얻기 위해 누군가를 모함해서 쫓아낸 뒤 정착해야 합니다. 마침내 기택 가족은 숙주에 붙어 피를 빠는 기생충처럼 박 사장이라는 유산자 숙주에 달라붙어 온 가족이 '상류기생족(上流寄生族)'이 되려 합니다.

영화는 이러한 기택 가족의 기생 심리를 관객에게 이해시키기 위해 반지하 공간을 최대한 사실적으로 구현하기 위해 노력했습니다. 제작진은 기택네 집만이 아닌 반지하 동네에 모두 20동 건물에 40가구 가까이 산다는 설정을 하고 스튜디오에 직접 세트를 세웠습니다. 또한 관객의 상상력을 자극하여 다양한 스토리를 창출하기 위해 플롯에는 나오지 않는 각각의 설정을 만들어 동네 주변 세트를 만들었다고 합니다. 예를 들어, "해병대를 나와서 자부심이 엄청난 전파상, 동네 근심을 해결해주는 무당집, 유튜브를 하는 동네 백수, 아이가 많은 1층 다세대 새댁" 등으로 영화에는 나타나지 않는 동네주민들을 캐릭터라이징하고, "할머니가 아들딸을 분가시키고 혼자 폐품을 주우며 근근이 생활하는 집" 앞에는 폐지가 가득한 유모차를, "근처에서 떡볶이 장사를 하는 집"은 창문 근처에 고추장 등의 재료 상자를 쌓아두어 영화의 디테일을 살렸습니다. 또한 영화의 후반부 폭발력 있는 전개에 주요 갈등 요인으로 작용하는 '냄새'의 모티프를 관객에게 암시시키기 위해 반지하 공간의 냄새까지 시각화하는 데 노력을 아끼지 않았습니다. 예를 들어, 낡고 오래된 가구들과 옷가지들 그리고 음식물 쓰레기봉투까지 실제로 세트에 배치하여 자연스럽게 파리가 날아다니고 길고양이가 배회하는 등 지하 특유의 곰팡이 냄새를 시각화하는 데 성공하지요. 이런 디테일한 장치 덕분에 관객은 왜 기택이 냄새 때문에 극단적인 선택까지 하는지 공감할 수 있게 됩니다.

영화는 이러한 지상과 반지하라는 대비되는 공간 사이에 계단이라는 상징적 장치를 배치합니다. 예를 들어 기택네 집에서 박 사장의 대저택으로 가기 위해서는 꽤 높은 언덕을 올라야 합니다. 또한 박 사장 집은 대문을 통과한 뒤에 또 다른 계단을 올라야만 마당이 나오고 집 내부 공간 역시 거실에서 식당으로 갈 때, 다른 층으로 올라갈 때도 계단을 통해야만 이동할 수 있는 구조로 설정됩니다. 특히 기우(최우식 扮)와 기정(박소담 扮)이 박 사장 집을 처음 방문할 때 이런 계단을 통한 상승의 공간미를 강조하여 보여주죠. 즉, 하류층에서 상류층으로의 계급 상승이 대한민국에서 얼마나 일어나기 어려운 일인지를 상징적으로 보여주는 장치라고 할 수 있습니다. 반면 폭우가 쏟아지던 날 기택이 가족을 데리고 반지하 공간으로 돌아가는 장면은 계단을 끝없이 내려가는 하강의 연속으로 설정됩니다. 이렇게 영화는 계단이라는 수직적 공간을 통해 빈부 격차와 사회적 불평등의 모습을 상징적으로 전달하고 있습니다.

〈기생충〉을 본 많은 관객들이 대저택과 반지하라는 극과 극의 두 공간에만 집중하지만 사실 〈기생충〉에는 또 하나의 숨겨진 공간이 있습니다. 바로 박 사장 집 지하실에 위치한 지하벙커입니다. 제3의 공간인 지하벙커는 박 사장네 가사도우미 문광(이정은 扮)의 남편 근세(박명훈 扮)가 숨어 있는 공간입니다. 박 사장 가족이 이사 오기 전부터 그 저택에서 일했던 문광은 사업에 실패해 빚쟁이들에게 쫓기는 남편을 4년 동안 몰래 지하벙커에 숨겨 둡니다. 영화에서 지하벙커 공간은 대저택과 반지하 공간보다 오히려 더 중요하게 사용됩니다. 영화를 블랙코미디 장르에서 갑자기 서스펜스 공포 장르로 180도 전환시키는 주요 변곡점으로 작용하기 때문입니다. 문광이 근세를 벙커에 계속 살게 해달라고 충숙(장혜진 扮)에게 요청하지만 거절당하고 문광이 기택 가족을 발견하면서 두 가족의 갈등과 다툼이 영화의 전면에 떠오르게 됩니다. 그리고 이 충돌은 영화의 후반부 핏빛어린 살인극이 펼쳐지게 된 직접적인 계기로 작용하지요. 흥미로운 점은 지하벙커 공간을 매개로 펼쳐지는 계급간의 충돌은 상류층과 하류층의 갈등이 아닌 어쩌면 기택 가족보다 더 하류층이라고 할 수 있는 금융채무 불이행자와의 갈등으로 이어진다는 것입니다. 즉, 기택 가족이 부유한 삶에 대해 품는 헛된 욕망은 상류층인 박 사장에 의해서 좌절되는 것이 아닌 절대빈곤층인 근세에 의해서 거세되어 버리는 아이러니한 상황이 펼쳐지는 것이죠. 이렇게 〈기생충〉은 가속화되어 가는 소득 격차와 사회경제적 양극화라는 영화의 주제를 탁월한 공간미를 통해 전달하고 있습니다.

이렇게 공간적 요소를 이용해 영화의 주제를 전달하는 내러티브 기법은 사실 매우 오래전부터 사용된 영화적 유산입니다. 특히 고전 SF영화 중 미래를 배경으로 현대 사회를 조망하고 미래 사회에 대한 구체적인 비전을 제시하는 작품들은 영화적 공간과 시각적 요소에 의해 사회구조의 변동을 형상화합니다. 이러한 사회구조의 변동은 '지상(above)'과 '지하(below)', '안(inside)'과 '밖(outside)'이라는 영화적 공간으로 분리되어 강조됩니다. 실제로 〈메트로폴리스 Metropolis〉(1926), 〈델리카트슨 사람들 Les Délicatessen〉(1991), 〈데몰리션 맨 Demolition Man〉(1993)은 지상(over)사회와 지하(under)사회로, 〈매드맥스 3 Mad Max: Beyond Thunderdome〉(1985)은 사막 '밖(out)'과 사막 '안(in)'으로 분리되고 이러한 공간의 분할은 사회구조의 변동에서 발생되는 소외감을 증폭시키고 사회 간의 단절감을 증대시키는 역할을 합니다. 지상세계는 '타락한 공간'이자 동시에 가장 '문명화된 공간'이라는 이중적 의미를 부여받으며 지하세계는 문명의 진보가 갖는 모순을 비판하는 공간으로써 기능합니

[그림67] 〈메트로폴리스〉: 공간의 대비

다. 그리고 이러한 공간의 대조는 중요한 시각적 요소에 의해 강화되지요. 지금부터 SF영화가 어떻게 주제의식을 고양시키기 위해 영화적 공간을 활용하는지 구체적으로 알아보도록 하겠습니다.

〈메트로폴리스〉는 거대한 빌딩과 마천루로 가득 찬 도시입니다. 노동자들은 오직 생산을 위해 존재하는 소외된 인간이며 그들이 거주하는 곳은 거대 도시의 지하입니다. 이와는 대조적으로 도시의 지상에는 메트로폴리스의 지배자와 그의 아들이 살고 있지요. 〈메트로폴리스〉는 주로 건축 양식을 통해 지상과 지하라는 공간을 극단적으로 분리합니다. 이러한 공간의 분할은 최상류 계급과 최하층 계급을 만들어 냅니다. 최상류 계급이 살고 있는 지상은 도시를 지배하는 자본가들의 세계이고 최하층 계급이 살고 있는 지하는 노동자들의 세계이지요. 이러한 극단적인 공간의 분할은 노동자의 소외감을 증폭시키고 계급간의 단절감을 증대시키는 역할을 합니다.

지상과 지하라는 공간의 분할은 영화의 도입부부터 극명히 대조됩니다. 고층빌딩들과 거대한 도시는 마치 현대의 뉴욕시를 연상시키지요. 그러나 이와는 대조적으로 지하세계는 거대한 기계가 뿜어내는 증기와 노동자들의 집단적인 교대 행렬로 그려집니다. 노동자들은 마치 기계와 같이 걷고 움직이고 일하지만 그들이 일하고 있는 공장에서는 원자재의 모습도 완제품의 모습도 존재하지 않습니다. 즉, 노동 그 자체로만 존재하지요. 또한 이러한 대조는 지배자의 아들 프레더가 놀고 있는 지상세계의 인공적인 정원과 그가 방문한 지하 공장의 모습으로 이어집니다. 맑은 연못과 분수가 뿜어져 나오는 정원에는 화려한 옷을 입은 미녀들과 하얀 백조들이 날아다니죠. 이때 여주인공 마리아가 남루한 검은색 옷차림을 한 아이들과 함께 나타남으로써 공간의 대비가 갖는 분리감은 배가됩니다. 이러한 공간의 분리를 배가시키는데 기여하는 중요한 시각적 요소는 바로 세피아 톤(지상)과 블루 톤(지하)의 사용을 통한 하얀색과 검은색의 대비입니다. 프레더가 입고 있는 하얀색은 자본가, 즉 부르주아를 상징하고 검은색은 프롤레타리아를 상징합니다. 영화에서 검은색은 구체적으로 금지, 죽음, 재앙을 상징하고 하얀색은 지위, 권력, 사치를 나타냅니다. 또한 지하 노동자들의 다 떨어진 검은 작업복은 획일화된 움직임과 맞물려 생산물로부터 소외된 인간을 상징하지요. 중반 이후 프레더가 지하에 내려가 검정색 작업복으로 갈아입는다는 설정은 노동자와 동화되려는 심리 상태를 시각적으로 나타낸 것입니다. 이렇게 영화 곳곳에서 대비되는 공간과 이미지들은 파편화되고 분열된 자본주의의 문제점을 지적하는 영화의 주제를 강화시키고 있습니다.

〈델리카트슨〉은 정확한 시대를 알 수 없는 황폐한 세상, 식량 부족으로 인육을 먹는 것이 당연시되는 어느 교외 도시를 배경으로 삼고 있습니다. 델리카트슨이라는 푸줏간 간판을 내건 한 퇴락한 건물에 14명의 사람들이 모여 살고 있는데, 이들은 겉으로는 한 마을 사람들처럼 지내지만 서로를 감시하는 삭막한 집단입니다. 영화는 뚜렷한 시대 구분을

[그림68] 〈델리카트슨〉의 세 가지 공간

하지 않음으로써 오히려 인간 병폐를 모든 시기에 존재하는 전면적인 현상으로 관객에게 인식하게끔 합니다.

〈델리카트슨〉은 〈메트로폴리스〉와 마찬가지로 지상과 지하라는 공간을 분리합니다. 먼저 영화의 주 배경으로 등장하는 지상에 있는 주변 건물은 마치 폭격을 맞은 듯 폐허처럼 변해 있습니다. 그나마 온전한 모습을 한 유일한 건물은 세입자들이 모여 사는 건물뿐이죠. 이러한 모습으로 인해 지상세계는 그로테스크한 공간으로 비춰집니다. 델리카트슨은 '인육을 공급하는 집'을 의미하고 절대 권력은 사람고기를 공급하는 자로 비유됩니다. 지상에 있는 모든 물건들은 마치 1950년대나 60년대를 연상시킵니다. 거의 축음기에 가까운 레코드 플레이어, 지하 인간들과 교신하는 무전기, 그리고 흑백 TV에서 방송되는 프로그램도 모두 지나간 옛 향수를 달래주는 방송들뿐입니다. 이러한 소품의 사용은 시대적 구분을 모호하게 만들고 〈델리카트슨〉의 배경이 지나간 과거인지 미래의 핵전쟁 이후의 상황인지 구별하기 힘들게 하지요. 지상세계를 특징짓는 중요한 시각적 요소 중 하나는 모든 방을 연결하고 있는 환기통, 쓰레기 배출구, 수도관입니다. 이는 마치 현대 사회에 퍼져 있는 감시 카메라와 도청장치 같은 기능을 합니다. 절대 권력을 휘두르는 끌라베는 인육을 공급함으로써 권력을 갖고 각종 연결관을 통해 세입자들을 통제합니다. 특히 이러한 '감시와 통제'는 끌라베와 그의 정부 뽈뤼스의 정사 장면에서 두드러지게 나타납니다. 그들이 움직일 때마다 삐걱거리는 침대의 스프링 소리는 방들을 연결시키는 관을 따라 다른 세입자들의 방으로 전달됩니다. 첼로 연습을 하는 줄리, 천장을 칠하는 뤼종, 카펫을 터는 아줌마, 뜨개질하는 할머니, 타이어에 바람 넣는 아저씨 등은 그 소리에 맞춰 일괄적으로 움직입니다. 처음에는 천천히 들려오던 스프링 소리는 점점 빨라지고 그에 따라 세입자들의 움직임도 빨라지죠. 이런 모습은 지상세계가 단편적이고 획일적인 사회라는 것을 의미합니다.

반면, 지하세계는 오로지 곡물(穀物)만을 먹는 일련의 사회로 설정되어 있습니다. 이들은 지상인들의 사냥감이 되지 않기 위해 폐쇄적인 공간에서 숨어 살고 있죠. 지하 인간들은 지상인들에게 있어 반체제적인 집단으로 간주됩니다. 언론은 이들을 무법자로 묘사하고 한 번도 이들의 실제 모습을 본 적 없는 지상인들조차 이들을 흉악한 범죄 집단으로 취급합니다. 이들이 입고 있는 복장 역시 지상인들과 비교해 매우 특이합니다. 광부의 복장과 잠수부의 의상이 결합되어 있는 이들의 의상은 지하라는 공간을 더욱 단절되어 보이게 합니다.

지상과 지하를 극단적으로 대비시키는 가장 중요한 시각적 요소는 바로 곡물입니다. 콩이나 옥수수로 상징되는 이 곡물의 쓰임새는 지상과 지하의 세계에서 전혀 상반되게 나타납니다. 채식만을 하는 지하 인간들에게는 당연히 없어서는 안 될 식량 개념으로 쓰이지만 육식을 하는 지상인들에게 있어서는 육류를 바꿔 먹을 수 있는 화폐로써 기능합니다. 이러한 대조는 새로운 사회·경제적인 제도를 만들어내는 중요한 시각적 장치로 기능합니다.

〈델리카트슨〉은 영화의 말미 지상도 지하도 아닌 지붕이라는 공간을 제3의 공간으로 등장시킵니다. 영화의 결말부에서 델리카트슨의 절대 권력자인 끌라뻬는 자신이 던진 부메랑에 의해 죽고 뤼종과 줄리는 그들을 감시하던 모든 구멍을 막고 거대한 물을 만들어냅니다. 결국 타락한 지상세계는 정화되고 주인공들은 지하 인간들에 의해 구조됩니다. 지상과 지하를 화해시키는 두 사람의 중재자는 지하도 지상도 아닌 지붕이라는 제3의 유토피아적인 공간을 창조해냅니다. 잃어버린 인간의 순수성과 참된 자유의 회복을 위해 지상과 지하를 융합한 것이죠. 이러한 인간 치유의 암시는 영화의 엔딩 부분에 구체적으로 나타납니다. 뤼종과 줄리가 지붕 위에 나란히 앉아 톱과 첼로의 합주를 하는 것이죠. 톱과 첼로라는 상이한 악기의 합주는 두 사회의 융합을 의미하고 그들의 뒤에서 연주를 흉내 내는 어린 형제들은 미래의 희망을 뜻합니다. 이렇게 제3의 공간을 등장시켜 영화의 리듬을 변환시키는 〈델리카트슨〉의 구조는 〈기생충〉의 그것과 매우 유사하다고 볼 수 있습니다.

〈데몰리션 맨〉은 친숙한 이미지와 낯선 이미지들의 분리를 통해 지상과 지하라는 영화적 공간을 창출합니다. 미래의 지상 사회는 망막 확인 장치, 사이버 섹스 등 각종 첨단 테크놀로지 제품과 완벽한 미래형 첨단 아파트 등 관객에게 낯선 이미지들을 전달하고 지하 사회는 구식 자동차, 햄버거, 맥주, 히피 복장 등을 통해 친숙한 이미지들을 제시합니다. 이런 대조적인 공간과 이미지는 관객으로 하여금 지상세계를 청결, 건

[그림69]〈데몰리션 맨〉의 공간 구조

전, 평화, 안전, 편리한 사회로 느끼게 하고 지하세계를 비위생, 범죄, 혼란, 폭력적인 세계로 받아들이게 하죠.

〈데몰리션 맨〉의 무대가 되고 있는 미래의 LA는 지배 계급만이 권력을 행사하며 모든 기준을 제시합니다. 소수의 지배 계급은 다수의 피지배 계급에게 두 가지 선택지 중 하나만을 고르라고 강요합니다. 첫째, 권력이 제시하는 규율을 맹목적으로 받아들이고 이들의 감시와 통제를 받아들인다. 둘째. 지배 계급이 제시하는 기준에 반대하고 저항함으로써 자신들만의 사회를 건설한다. 흥미로운 점은 두 가지 상이한 선택을 택한 피지배 계급인들끼리 서로를 억압하고 제거하려 한다는 것입니다.

먼저 지상세계의 인간들은 지배 계급이 정해준 방식대로 순응하며 살아갑니다. 이러한 지상세계의 획일화된 사회 상태를 가장 잘 상징하고 있는 영화적 공간은 냉동 감옥입니다. 냉동 감옥은 죄수들에게 재활프로그램을 입력함으로써 인간의 정체성을 왜곡시킵니다. 냉동 감옥에 수감된 인간은 권력자가 바라는 대로 사고하고 행동하게 되는 것이죠. 과잉 진압으로 중형을 선고받고 냉동 감옥에 수감된 20세기 경찰 스파르탄은 폭력성을 제거당하는 대신 뜨개질을 능수능란하게 다룰 수 있는 정체성의 왜곡을 경험합니다. 반면 죄수인 피닉스는 각종 살인 기술이 입력되어 20세기 악당보다 더욱 잔인한 범죄자로 탄생됩니다. 결국 20세기의 병폐를 비판하고 그 대안으로 제시되고 있는 새로운 지상사회는 자아의 정체성이 말살된 사회가 되고 맙니다. 이러한 억압적인 사회에서의 인간은 단지 타의에 의해 움직이는 수동적인 존재일 뿐이죠.

반대로 지하세계에 살고 있는 인간들은 지상세계에 대해 적의를 품고 있습니다. 이들은 지상세계의 획일적인 인간과는 달리 자신의 의지에 따라 살아갑니다. 지상인들에게 있어 지하세계는 사회 화합의 장애물이자 동시에 마지막 범죄 요소에 불과하지만 이들의 실질적인 존재는 획일적인 지상세계에 대한 반대급부로 작용합니다. 그러나 20세기 병든 사회의 대안이 21세기 첨단 사회가 되지 못하듯이 지하세계는 인간이 되돌아갈 진정한 자연의 모습은 아닙니다. 오히려 지하라는 공간은 전체주의 사회가 가지고 있는 많은 모순을 근원적으로 비판하는 공간으로 기능합니다.

결국 일인 독재자인 콕도 박사가 살해되고 지상 문명의 상징인 냉동감옥은 주인공 스파르탄에 의해 파괴됩니다. 영화의 제목인 데몰리션(Demolition)이 상징하는 바는 지나친 기계 문명의 제거를 의미하고 이는 다시 원래 상태로의 재생을 의미합니다. 중재자인 스파르탄이 제시하는 새로운 재생은 지하사회로 상징되는 야만스런 자연 상태도 아니고 테크놀로지의 황홀경으로 가득 찬 비인간적인 지상사회도 아닙니다. 중재자는 지상인들은 더 더러워지고(To Be Dirty)를 지하인들은 더 깨끗해(To Be clean) 질 수 있는 중간 사회를 제언하고 두 사회의 중간 지점에서 이루어진 새로운 사회는 미래의 전체주의 도시를 보다 인간적인 사회로 바꾸게 됩니다.

〈매드 맥스 3〉에 나타나는 영화적 공간은 앞서 살펴본 작품과는 다소

상이한 구조를 가지고 있습니다. 3차 세계대전 후 연료의 고갈로 원시 상태로 회귀해버린 세계는 미래에 도래한 중세사회와 원시사회로 나눠 집니다. 첫 번째 공간은 문명의 찌꺼기와 약육강식의 법칙으로 건설된 바터 타운(Barter Town)입니다. 문명의 원시적 형태가 살아난 듯한 바터 타운의 지배자는 중세 봉건 영주를 떠올리게 합니다. 도시의 지배자가 살고 있는 중심부에 높이 솟은 건물은 마치 중세의 성(城)을 연상시키며 이 건물을 중심으로 여러 시설물이 존재합니다. 말 그대로 거래 도시인 이곳에서는 물, 양, 낙타, 심지어 여성까지도 매매되는 지상에서 가장 타락한 사회이자 동시에 가장 문명화된 공간으로 그려집니다. 바터 타운의 공간은 다시 지상과 지하로 분리되어 존재합니다. 지상의 물물거래 도시가 운영되기 위해서는 지하세계에 의존해야 합니다. 도시의 지하에는 돼지 오물을 이용한 메탄가스로 지상에 에너지를 공급하는 발전소가 있고 이곳을 지배하는 자는 거인과 난장이가 합쳐 이룩된 마스터라는 자입니다. 지상의 지배자 엔티티와 지하의 지배자 마스터는 서로의 이해관계를 위해 항상 대립합니다. 이러한 새로운 사회경제적 제도를 만들어내는 이미지들은 중세와 현대가 뒤엉킨 기괴한 형태로 나타납니다. 우선 들어갈 때는 두 사람이지만 나올 때는 한 사람뿐이라는 유일한 규칙이 존재하는 지상사회의 썬더돔(Thunderdome)은 로마의 원형경기장을 떠올리게 합니다. 살기 위해서는 남의 목숨을 빼앗아야 하는 썬더돔은 바터 타운에서 가장 비인간적인 공간이자 가장 타락한 공간으로 묘사됩니다. 한편 지상사회에서는 현대적인 이미지도 공존하고 있습니다. 네온사인과 각종 무기들, 자동차, 기차 등은 사라진 20세기 문명을 상징합니다.

　이와는 대조적인 두 번째 공간은 사막의 오아시스에 존재합니다. 이 공간에는 핵전쟁 후 살아남은 인류의 아이들이 독자적인 사회를 만들어

[그림70] 〈매드 맥스 3〉의 두 공간

살고 있습니다. 이들은 언젠 가는 캡틴 워커가 자신들을 문명사회가 있는 '내일의 땅' 으로 인도해 주리라고 믿으 면서 살아가지요. 내일의 땅 은 과거에도 존재한 적이 없 으며 현재에도 더 이상 존재 하지 않거나 미래에도 결코 존재할 것 같지 않은 상상 적인 공간으로 묘사됩니다.

지상의 낙원 오아시스는 여러 면에서 바터 타운과 비교됩니다. 오아시 스는 현실 사회와는 거의 단절된 원시시대를 연상시킵니다. 어린아이들 이 입고 있는 복장은 원시인에 가깝고 이들이 사용하는 무기는 나무로 만든 창과 돌로 만든 칼이 전부입니다. 이들의 부모들은 문명의 지식을 거부하고 원시 상태에서 살아가는 것에 만족했지만 남겨진 후세들은 시 간이 지나자 문명을 그리워합니다. 이들이 회귀하고자 하는 내일의 땅 은 주인공 맥스에게 보여주는 대형 여객기와 도시의 야경, 고층빌딩의 슬라이드 사진으로 상징됩니다.

〈매드 맥스 3〉은 지나가 버린 시대로 단순히 회귀하려는 환상을 버리 고 차라리 문명화로 향하고 있는 현실에 정면으로 맞서는 것을 결말 구 조로 채택합니다. 맥스는 바터 타운의 문명만을 아이들에게 전달해주고 비인간화된 지상사회는 제거시킵니다. 결국 아이들로 상징되는 미래의 인류는 사회의 타락을 벗어나기 위해 오아시스로 돌아갈 필요 없이 사회 속에서 그리고 사회를 통해서 자신의 자유를 실현하는 길을 택합니다.

이러한 역설적 해결을 위해 마침내 새로운 세대들이 문명 창조의 공간으로 선택한 곳은 바로 이전 문명의 폐허 속 도시입니다. 새로운 도시에서 이들이 밝게 비추는 불빛은 문명이 재창조되고 있음을 상징하고 남은 인류는 그 불빛을 따라 고향으로 돌아올 것이 암시됩니다.

지금까지 다양한 영화의 예를 통해 영화 내러티브의 시·공간 활용에 대해 살펴보았는데요. 우리가 앞서 알아본 영화 서술의 시간성과 공간성에 대한 모든 논의를 로드리고 코르테즈 감독의 〈베리드 Buried〉(2010)를 통해 최종적으로 정리해보겠습니다. 이 영화를 시·공간 활용의 마지막 분석 대상으로 선택한 이유는 영화 내러티브의 시간과 공간 모두를 극한으로 몰고 가 주인공이 느끼는 고통, 두려움, 공포, 절망, 희망, 체념 등 모든 감정들을 고스란히 관객들이 함께 체험할 수 있게 만든 뛰어난 작품이기 때문입니다. 이런 〈베리드〉를 분석하다 보면 시공간을 활용한 시나리오 창작에 많은 아이디어를 얻을 수 있으리라 확신합니다. 영화를 통해 우리가 주의 깊게 보아야 될 요소는 첫째, 영화가 스토리/플롯/스크린 시간을 어떻게 배열하고 있는가. 둘째, 영화가 스토리/플롯/스크린 공간을 어떻게 배치하고 있는가에 있습니다.

〈베리드〉는 전형적인 'Low Budget, High Concept' 영화입니다. 말 그대로 제작비는 적게 투자하되 아이디어로 승부를 거는 영화라고 할 수 있지요. 실제로 〈베리드〉는 제작비 300만 불의 저예산 영화로 스튜디오에서 단 17일 동안 촬영한 작품입니다. 개봉된 후에는 미국비평가협회상 각본상, 시체스 국제영화제 유럽작품상 등을 수상하며 평단의 고른 지지를 받았습니다.

〈베리드〉의 이야기는 매우 간단합니다. 이라크에서 근무하는 미국인 트럭 운전사 '폴'(라이언 레이놀즈 扮)은 갑작스런 공격을 받고 정신을 잃어버립니다. 눈을 떠보니 땅 아래 관 속에 묻혀 있다는 것을 알게 되지요. 납치범은 몸값을 요구하며 그를 위협하고 폴은 어떻게든 탈출하기 위해 핸드폰으로 아내, 친구, 911, 국방부, 회사 등 닥치는 대로 연락하기 시작합니다. 이런 미니멀한 내러티브를 가지고 있는 〈베리드〉의 가장 큰 미학적 성취는 스토리/플롯/스크린 시간과 스토리/플롯/스크린 공간을 거의 일치시킨 영화사를 통틀어 거의 몇 안 되는 예를 제공한다는 점입니다. 앞서 우리가 살펴보았던 〈하이 눈〉, 〈로프〉, 〈1917〉 등이 스토리 시간과 플롯 시간을 활용해 영화의 시간성에 새로운 장을 열었지만 공간 적인 면에서는 일반 영화와 그리 다르지 않았습니다.

마찬가지로 영화의 공간성을 극대화하기 위해 폐쇄 공간을 배경으로 만들어진 영화는 〈베리드〉가 처음은 아닙니다. 인물들을 한정된 공간에 몰아넣고 그곳에서 벗어날 수 없도록 하는 설정도 〈구명보트 Lifeboat〉(1944), 〈큐브 Cube〉(1997), 〈폰 부스 Phone Booth〉(2002) 같은 영화에서 익히 보아온 것들이죠. 그러나 〈베리드〉처럼 이야기의 처음부터 끝까지 주인공의 과거를 설명하는 플래시백 한 번 없고, 지상의 공간도 단 한 차례도 보여주지 않으며, 단 한 명의 인물만이 등장해서, 단 하나의 공간만을 활용해 내러티브를 완성시킨 사례는 이 영화가 거의 유일무이하다고 할 수 있습니다.

상식적으로 러닝 타임 1시간 35분 동안 관 속에서 벌어지는 이야기로만 극 전체를 이끌고 나간다는 것은 말처럼 그리 쉬운 일은 아닙니다. 더군다나 영화 내내 단 한 장소에 단 한 명의 배우만 등장한다는 설정은 15분 미만의 단편영화에서나 가능할 법한 설정이죠. 그러나 〈베리드〉는 장편 상업영화에서 그게 가능한 건 물론이고 기막히게 재미있을 수도 있다는 걸 증명해 냅니다. 그럼 구체적으로 영화가 어떻게 시·공간을 활

[그림71] 〈베리드〉의 시간 구조

용했는지 알아보죠. 먼저 시간성입니다.

〈베리드〉의 시간성은 다음과 같이 표기가 가능합니다. 스토리 시간 = 플롯 시간≒스크린 시간. 즉, 영화의 스토리 시간과 플롯 시간은 일치하고 상영시간과는 거의 일치한다고 볼 수 있습니다. 세 가지 지속 시간이 정확하게 일치하지 않는 이유는 영화에서 보여주는 최초의 플롯 시간인 pm 06:12부터 마지막에 나오는 시간 pm 08:48까지 2시간 36분이 경과했는데 영화의 러닝 타임은 1시간 35분에 그치기 때문입니다. 사실 1시간 1분 차이라면 세 가지 시간대가 거의 일치하는 것이나 다름없다고 할 수 있겠죠. 영화는 처음 폴이 관 속에서 눈을 뜨고 핸드폰을 발견하면서부터 계속해서 관객에게 핸드폰 액정의 시간을 관객에게 노출합니다. pm 06:12 → pm 06:19 → pm 07:20 → pm 08:17 → pm 08:21 → pm 08:48. 이는 관객의 머릿속에서 재구성되는 스크린 시간과의 간극을 없애기 위한 장치라고 할 수 있습니다. 그래야만 관객의 밀실 공포와 서스펜스가 고조될 수 있으니까요. 실제로 관객은 2시간 36분 이외의 스크린 시간을 생각할 겨를이 없을 정도로 촘촘하게 사건이 진행됩니다.

영화의 공간성은 오프닝 장면에서부터 관객의 시선을 압도합니다. 불길하고 긴박한 음악을 배경으로 오프닝 크레디트가 꼬리에 꼬리를 물며 끝없이 땅속으로 하강합니다. 모든 자막이 사라지고 화면은 한동안 온통 암흑인 암전된 상태로 13초 동안 몸이 부딪히는 작은 소리만 들릴 뿐 관객들이 영사 사고를 의심할 정도로 오랫동안 어둠만이 지속됩니다. 14초가 되어서야 라이터를 켜서 잠시 반짝거리는 장면을 보여준 후 다시 암전되었다가 17초에 다시 한 번, 22초가 지나서야 비로소 라이터 불빛에 비친 주인공의 눈동자를 희미하게 보여줍니다. 주인공만큼이나 관객 역시 폐쇄 공간에서 오는 극도의 밀실 공포감을 느낄 수 있는 연출이라고 할 수 있습니다. 결국 관 속이라는 공간만을 사용하는 〈베리드〉의 공간 구조는 다음과 같이 표현할 수 있습니다. 스토리 공간≒플롯 공간=스크린 공간. 사실 세 가지 차원의 공간이 거의 일치한다고 말할 수 있지만 스토리 공간과 플롯 공간은 보는 관객의 상상력에 따라서 차이가 날 수도 있고 완벽히 일치할 수도 있습니다.

우선 영화에서 구체적으로 보여주는 플롯 공간과 스크린 공간은 정확하게 일치합니다. 오프 스크린 공간을 전혀 사용하고 있지 않기 때문입니다. 스토리 공간과 플롯 공간이 어느 정도 차이 나는 이유는 영화 속 설정 때문입니다. 첫째, 주인공이 핸드폰으로 통화하면서 자신이 납치당했던 순간을 기억하는 장면에서 관객은 지상에서 주인공이 납치된 현장을 상상할 수 있습니다. 둘째, 관객은 주인공이 행하는 가족과 관계자들과의 통화를 통해 미국 본토의 공간을 구체적인 공간으로 상상해 낼 수 있습니다. 즉, 플롯에서는 지상의 습격 장소와 미국 본토의 공간을 전혀 보여주지 않지만 관객의 스토리 공간에서는 추가될 수 있는 것이죠.

이렇게 스토리/플롯/스크린 시간과 스토리/플롯/스크린 공간을 거의

[그림72] 〈베리드〉의 공간 구조

일치시킨 〈베리드〉는 땅 속에 묻힌 관이라는 폐쇄 공간을 통해 밀실 공
포감을 극한대로 고조시켜 관객의 서스펜스를 극대화할 수 있었습니다.
그렇다면 〈베리드〉는 어떤 담화적 요소를 사용하여 이런 내러티브 구조
를 실제 영상으로 완성할 수 있었을까요? 〈베리드〉가 사용한 담화, 즉
영상적 표현 양식은 크게 두 가지로 분류할 수 있습니다.

첫째, 밀실 공포를 포착해낸 촬영기술입니다. 유심히 보면 영화의 공
간에 비해 카메라 움직임과 앵글 변화가 매우 다양하게 이루어졌음을 알
수 있습니다. 숏의 크기는 클로즈업부터 초접사(extreme close-up)까지
이루어져 있고 앵글 역시 부감과 앙각이 번갈아가며 보이고 이동촬영 역
시 매우 변화무쌍하게 결합되어 있습니다. 시간과 공간이 매우 단조롭
기 때문에 카메라까지 단순하면 관객이 지루해할까 봐 변화를 많이 준
것이죠. 당연한 말이지만 상하 좌우가 모두 밀폐된 관 안에서 이러한 촬
영은 불가능합니다. 예를 들면, 관 천장이 균열되면서 모래가 새어 들어
오기 시작하자 폴은 그 틈을 막기 위해 사투를 벌입니다. 그런데 이 모습
을 갑자기 카메라가 천장 위로 쭉 올라가서 주인공을 부감으로 보여주
죠. 또는 좁은 공간으로 인해 움직일 틈도 없이 누워만 있는 주인공의 시
선이라고는 불가능해 보이는 시점숏도 종종 등장합니다. 영화는 이렇게

실제 공간이라면 물리적으로 불가능한 촬영 공간을 확보하기 위해 특수 세트를 만들었고 이를 통해 자유로운 카메라 움직임을 가져갈 수 있었습니다. 이를 위해 제작진은 각각의 목적에 맞는 서로 다른 7개의 관을 제작했습니다. 메인 역할을 하는 관은 벽이 어느 정도 확장된 형태로 설계되었으며 촬영 중간에도 언제든지 분리가 가능한 판으로 제작해 상황에 따라 원하는 각도에서 촬영할 수 있게 했습니다. 이런 장치 덕분에 매우 거친 핸드헬드 촬영부터 크레인을 이용한 촬영, 심지어 카메라가 원을 그리며 360도 회전하는 달리(dolly) 숏 또한 성공적으로 완성시킬 수 있었습니다. 또한 주인공이 처한 극한의 공포를 표현해내기 위해 카메라가 위쪽으로 올라가거나 나무 관을 가로지르는 동선 등 다양한 카메라 움직임을 구사해 주인공이 느끼는 감정이 관객의 그것과 완벽히 일치할 수 있는 영화의 긴장감을 확보할 수 있었습니다.

둘째, 서레이드(charade)의 활용입니다. 서레이드에 대해서는 『미장센』에서 자세하게 설명했기에 여기서는 간단하게 언급하겠습니다. 서레이드란 쉽게 말해 대사 이외의 모든 비언어적인 수단, 즉 소도구나 배우의 몸짓 등을 이용하여 인물 내면의 감정이나 심리를 표현할 수 있는 영상기술을 말합니다. 〈베리드〉에서 사용한 주된 서레이드는 핸드폰이라는 소품의 활용입니다. 핸드폰의 사용은 시간과 공간을 최소한도로 사용하는 영화의 불가능한 도전을 가능하게 해 준 일등공신이라고 할 수 있습니다. 만일 영화에서 핸드폰이 없었다면 〈베리드〉의 도전은 무모하게 실패할 수 있었을 정도로 영화에서 차지하는 지분은 절대적입니다. 주연배우가 제아무리 미친 연기로 존재감을 드러낸다고 하더라도 그것만으로 영화의 처음부터 끝까지 관객의 시선을 끌기란 쉽지 않습니다. 그러나 영화는 핸드폰을 통해 영화 내러티브의 시간과 공간의 간극을 메우는데 성공합니다. 시간적으로는 핸드폰 액정의 시간을 관객에게 노출함으로써 밀실 공포와 서스펜스를 고조시켰으며 공간적으로는 닫힌 관속 공간 외의 제3의 공간까지 확장할 수 있게 함으로써 관객의 스토리 공간을 보다 풍성하게 할 수 있었습니다. 또한 주인공에게 남겨진 마지막 희망의 끈이라는 의미를 통해 관객의 긴장감과 동일시를 이끌어내는 가장 큰 핵심 요소로 기능하기도 합니다.

이러한 〈베리드〉의 사례를 통해 우리는 다시 한 번 영화적 글쓰기의 두 번째 팁, "영화창작자는 미장센의 구성요소를 활용할 수 있는 안목이 필요하다."의 중요성을 새삼 깨닫게 됩니다. 결국 창작자가 미장센 요소를 잘 활용할 수 있는 능력을 갖춘다는 것은 좋은 플롯을 갖춘 시나리오가 되기 위한 필요충분조건이라는 점을 명심했으면 합니다.

3. 영화 내러티브와 사운드

영화의 내러티브를 구성하는 데 있어 시·공간의 활용이 필수불가결한 서술 구조의 원천이듯이 사운드의 활용 역시 영화 내러티브 구축에 중요한 역할을 수행합니다. 왜냐하면 영화는 시각매체가 아니라 시청각 매체이기 때문이죠. 대부분의 시나리오 작가 지망생들이 시각적인 면에 치중해서 글쓰기를 하는데요. 만일 자신이 사운드적인 미장센 요소까지 활용해서 시나리오를 쓸 수 있다면 그야말로 영화 매체에 가장 적합한 영화적 글쓰기를 구현할 수 있게 됩니다. 이렇게 시나리오를 쓰는 데 있어 사운드의 활용은 자신만의 영화적 글쓰기를 완성하는 데 있어 발휘할 수 있는 최고급 기술이라고도 할 수 있습니다.

사운드에 대한 논의는 '아모르문디 영화총서' 『영화 사운드의 이해』에서 자세하게 언급하고 있기에 기본 개념 및 종류에 대해서는 따로 지면을 빌어 설명하지는 않겠습니다. 보다 자세한 정보를 얻고자 하는 독자

분들은 위의 책을 참조하시기 바랍니다. 대신 우리 책에서는 영화적 글쓰기를 통해 시나리오를 창작하고 분석하는 데 있어 실질적으로 응용할 수 있는 사운드의 활용에 초점을 맞춰 논의를 이어가도록 하겠습니다. 먼저 시청각매체인 영화에서 이미지가 사운드와 맺고 있는 관계에 대해서 알아보겠습니다.

1) 이미지와 사운드의 조합

이미지와 사운드는 내러티브를 실어 나르는 핵심적인 두 요소입니다. 따라서 하나의 영상에서 사운드와 이미지를 서로 분리해서 기획하고 분석하는 시도는 어찌 보면 영화를 포함한 영상매체의 특성을 제대로 이해하지 못한 어리석은 행위라고 할 수 있습니다.

그럼에도 불구하고 우리는 시나리오를 설계할 때 이미지를 떠올리며 쓰는 것은 필수불가결한 의식의 흐름이라고 생각하지만 사운드까지 고려해서 작성하라고 하면 왠지 낯설고 부수적인 작업으로만 받아들이는 경향이 있습니다. 영화를 분석할 때도 마찬가지입니다. 대부분의 영화 분석 역시 이미지 분석 위주로 진행되고 사운드 분석은 상대적으로 드물게 시도됩니다. 즉, 우리는 은연중에 영화예술을 이미지 중심주의적으로 사고하고 사운드의 역할을 상대적으로 축소시키는 것이지요. 그렇다면 왜 영화 창작과 분석 과정에서 사운드는 상대적으로 소외되는 것일까요? 전통적인 영화미학에서 사운드가 항상 이미지에 종속되는 것으로 간주되어온 이유는 크게 세 가지 원인에서 기인한다고 볼 수 있습니다.

첫째, 영화의 이미지 중심적인 탄생 배경과 관련이 있습니다. 주지하

다시피 영화의 탄생은 사운드가 부재한 무성영화부터 시작되었다가 기술적 발전을 거쳐 유성영화 시대로 접어들게 됩니다. 기간으로 치자면 1895년에 영화가 탄생되어 1930년대에 본격적으로 사운드 시대가 열리기 전까지 약 35년간 영화에서 사운드는 부재했던 것이죠. 물론 무성영화 시절에도 필름에 직접 녹음만 되지 않았을 뿐이지 피아노 같은 악기를 이용해 무대 밑에서 생음악이 관람자에게 함께 제공되었습니다. 무성영화 시절에도 이렇게 부분적으로나마 사운드가 활용된 이유는 분명 이미지를 감상하는 데 도움이 되었기 때문일 겁니다. 다시 말해 회화적·사진적 요소가 더욱 강조되어온 영화의 초창기 시절에도 영화 사운드의 잠재력과 효과는 인정받았다고 할 수 있는 것이죠. 이런 맥락에서 유성영화의 출현은 시각과 청각적 요소를 모두 재현하고자 하는 미학적 욕구에서 시도된 것이라고 볼 수 있습니다.

그럼에도 불구하고 유성영화 초기 당시 많은 영화인들은 "영화가 소리와 목소리를 가지게 됨으로써 연극과 문학의 세계로 복귀하게 되고 30여 년 동안 발전해온 '침묵의 미학'이 오염될 것이다"라는 우려를 나타내기도 했습니다. 즉, 무성영화 예찬론자들은 사운드를 '이미지의 예술로서의 영화'의 지위를 위협하는 존재로 간주한 것이지요. 언뜻 보면 이들의 주장이 일견 타당하다고 볼 수도 있습니다. 실제로 유성영화 초기에는 배우의 대사와 음악 등을 녹음하기 위해 카메라의 움직임이 제한되는 등 영화의 회화성이 오히려 약화되는 현상이 벌어지기도 했으니까요.

예를 들어, 초창기 유성영화를 이끌었던 뮤지컬 장르를 보면 이런 장면을 종종 발견할 수 있는데요. 최초의 뮤지컬 영화이자 유성영화 최초로 아카데미 영화제에서 작품상을 받은 〈브로드웨이 멜로디 Broadway Melody〉(1929)를 보면 배우들이 춤추고 노래 부르는 리허설 장면을 보

[그림73] 〈브로드웨이 멜로디〉와 〈42번가〉의 영화 미학적 특징

여주기 위해 카메라는 멀리서 고정된 상태로 무대를 '녹화'하기만 합니다. 카메라의 이동, 편집 등 영화만의 미학적 특징은 거의 나타나지 못합니다. 즉, 무성영화 예찬론자들이 걱정했던 대로 소리가 들어간 영화는 그저 연극을 '기록'하는 매체로서 전락해버리고 만 것이죠. 그러나 1930년대 들어 할리우드 뮤지컬 장르가 성숙기를 맞이하게 되면서 뮤지컬 영화는 브로드웨이 연극 무대 뮤지컬과는 확실히 차별화되는 영화만의 미학적 특징을 적극적으로 개발하기 시작합니다. 그 대표적인 작품이 〈42번가 42nd Street〉(1933)입니다. 영화는 뮤지컬 영화 최초로 다이내믹한 카메라 워크와 리듬감 있는 편집을 사용함으로써 무대 뮤지컬을 뛰어넘는 미학적 성취를 보여줍니다. 무대 위에서 탭 댄스를 추는 여주인공을 고정된 카메라로 단순히 보여주다가도 갑자기 숏이 전환되면 영화의 배경은 뉴욕의 거리로 바뀝니다. 시공간을 뛰어넘을 수 있는 영화 편집의 마술성을 이용한 것이죠. 그런 다음 이번에는 답답하게 무대만을 비추던 연극적 카메라 대신 크레인 숏과 클로즈업 그리고 다양한 이동촬영을 통해 역동적인 이미지와 뮤지컬의 핵심인 사운드를 결합시키는 데 성공합니다.

이렇게 뮤지컬 장르의 진화 과정을 통해 알 수 있듯이, 영화는 분명 이미지의 예술로서 시작되었지만 동시에 본질적으로 소리의 차원을 포함하고 있었으며 기술의 발달과 실험을 통해 시각과 청각으로 경험되는 예술 형태로 발전한 것이라고 보아야 합니다.

영화미학에서 사운드가 이미지에 종속된 것처럼 간주되어온 두 번째 이유는 오랜 세월 지배적인 가치 체계로 자리잡아온 서구의 시각중심주의 문화와 연관 됩니다. 시각중심적 관념이란 "모든 감각들을 시각을 중심으로 통합해야 한다"는 논리를 말합니다. 실제로 시각은 인류의 문화가 시작된 이래로 신체 감각들 중 가장 고귀한 것으로 간주되는 특권을 누려 왔습니다. 예를 들어, 철학에서 시각은 그리스 시대부터 우월한 것으로 간주되기 시작해 르네상스 시대를 거쳐 근대 계몽주의 시대에 이르기까지 그 특권을 계속 부여받습니다. 특히 눈의 영역을 확대시킨 망원경, 안경, 현미경과 같은 시각적 혁신기술의 발명과 확산은 시각을 더욱 강화하면서 특권화하기 시작했고 예술 형식에서도 원근법으로 상징되는 시각주의가 강화되면서 시각은 오랫동안 서양 문화에서 주도적인 위치를 차지하게 됩니다. 즉, 시각은 진리, 지식, 이성 등과 자연스럽게 연결되는 데 반해 청각과 촉각 같은 다른 감각은 직감, 감정 등과 같이 과학적으로 검증이 불가능한 주관적 정서와 관련되어 온 것이죠. 이러한 시각중심주의 문화는 자연스럽게 이미지에 비해 사운드의 역할을 상대적으로 축소시키는 또 다른 이유와 연결됩니다.

세 번째 이유는 신체 감각 기관간의 수직적인 위계와 관련이 있습니다. 시각 중심주의 관점에서는 사물을 인식하는 여러 감각 기관들 중 시각이 다른 감각 기관보다 우월하기 때문에 감각 기관 간의 관계를 수평적이 아닌 수직적인 관계에 있다고 설정합니다. 한마디로 모든 감각 기관 중 시각이 가장 우월하고 탁월하다고 보고 영화에서 영상과 소리를 지각하는 차원도 이것과 관련이 있다고 보는 것이죠. 따라서 이미지와 사운드 사이에도 수직적인 관계, 즉 청각적 요소가 시각적 요소에 종속된다고 판단합니다. 이런 논리대로라면 영화를 관람할 때 사운드는 이미지에 비해 덜 지각되며 대부분 시각적으로 재현된 이미지에 종속되는 경우가 많다고 할 수 있습니다.

여러분은 이러한 관점에 대해 어떻게 생각하시나요? 실제로 우리가 영화를 감상할 때 청각에 비해 시각을 중심으로 보고 사운드는 이미지의 부차적인 요소로 받아들일까요? 이 질문에 대해 답하기는 매우 어렵습니다. 왜냐하면 감각이란 인간에게 너무나 익숙한 것이기 때문에 대부분의 관객은 다양한 감각에 대해 특별한 의식 없이 생활하기 때문이죠. 예를 들어, 스포츠 경기를 관람할 때 우리는 시각을 이용해서 보고 있다고 지각하지 않으며 맛있는 음식을 먹을 때 혀를 통해 미각을 느끼고 있다고 생각하지 않습니다. 감각기관이 어떻게 기능하고 상호 작용하는지 의식하는 것이 아니라 그냥 보고 먹는 것이죠.

그런데 때에 따라서는 감각 기관에 대해 매우 민감하게 인식하며 관람해야만 하는 경우가 있습니다. 바로 시각장애와 청각장애를 가진 관객들의 경우죠. 사실 장애에 관한 문제라 말을 꺼내기가 매우 조심스럽지만 시각장애인과 청각장애인이 어떻게 영화를 감상하는지에 대한 메커니즘을 이해하면 위의 질문에 대한 답을 얻기가 한층 더 수월할 수 있기에 논의를 이어가도록 하겠습니다.

당연한 말이지만 시각장애나 청각장애를 가진 관객은 일반적인 영화관에서는 제대로 영화를 감상할 수 없습니다. 시각장애인은 영화의 이미지적인 요소를 보지 못하고 청각장애인은 영화의 사운드적인 요소를 듣지 못하기 때문이죠. 그렇다면 시청각 장애인들은 극장이나 안방에서 영화를 감상할 수 없는 것일까요? 아닙니다. 이것을 가능하게 해주는 것이 바로 배리어프리(Barrier Free) 영화입니다. 배리어프리란 고령자나 장애인들도 살기 좋은 사회를 만들기 위해 말 그대로 물리적·제도적 장벽을 허물자는 사회 운동입니다. 따라서 배리어프리 영화란 영화를 감상하는데 시청각 장애인분들이 느끼는 불편함을 해소하고 일반인들에 준하는 감상을 돕기 위해 기존 영화에 자막과 화면해설을 입혀 제작한 영화를 말합니다.

예를 들어, 나뭇잎이 바람에 흔들리는 가을 풍경과 함께 낙엽이 서로 스치는 소리가 들리는 영화의 한 장면을 상상해봅시다. 먼저 나뭇잎이 흔들리는 이미지는 볼 수 있지만 그에 따른 소리는 들을 수 없는 청각장애인을 위해 배리어프리 영화는 자막으로 '소리를 보여줍니다'. 즉, "나뭇잎이 스치는 소리"라는 자막을 추가로 화면에 보여주는 것이죠. 반면 가을 풍경은 볼 수 없고 낙엽 소리만 들을 수 있는 시각장애인을 위해서 배리어프리 영화는 음성 해설로 영화 속 '화면을 들려줍니다'. 즉, "나뭇잎이 바람에 흔들리고 있습니다."라는 음성 내레이션을 제공하는 것이죠. 이런 점에서 배리어프리 영화는 일반적인 감각 기관이 갖고 있는 기능을 역으로 표현해주는 기능을 합니다. 소리를 들려주는 것이 아닌 '보여주고' 화면을 보여주는 것이 아닌 '들려주는' 것이죠. 아래의 구체적인 예를 보면 이해가 더 빠를 겁니다.

다음은 각각 〈군함도〉(2017)와 〈재심〉(2017)의 배리어프리 버전의 한 장면입니다. 왼쪽 사진은 청각장애인들을 위해 영화의 사운드적인 요소를 자막(수화)으로 설명하고 오른쪽 사진은 시각장애인들을 위해 영화의 대사나 상황 등을 음성 해설로 제공하는 장면입니다.

[그림74] 〈군함도〉와 〈재심〉의 배리어프리 버전

좀 더 구체적으로 일반적인 영화의 장면이 어떻게 배리어프리 버전으로 전환되는지를 육상효 감독의 〈나의 특별한 형제〉(2019)를 통해 알아보겠습니다. 〈나의 특별한 형제〉는 척추를 크게 다쳐 전신마비로 몸을 움직일 수 없는 지체장애인 세하(신하균 扮)와 수영 실력은 뛰어나지만 어린아이의 지능을 가진 동구(이광수 扮)의 이야기를 그리고 있습니다.

세하와 동구는 피를 나눈 진짜 형제는 아니지만 어떻게든 서로를 의지하며 함께 살기 위해 백방으로 노력합니다. 그에 대한 일환으로 동구가 수영대회에 나가야 하지만 그만 접수 마감 시간을 넘겨 출전하지 못할 위기에 처하게 됩니다. 아무리 사정을 해도 담당 공무원은 절대로 예외적으로 받아줄 수 없다고 말하며 사무실을 떠나지요. 동구와 세하는 떠나는 담당자를 쫓아갑니다. 담당자가 문을 나서자마자 세하는 동구에게 "동구야. 따라가"라고 지시합니다. 동구는 세하가 타고 있는 휠체어를 끌고 바로 쫓아가죠. 그러나 "딩동댕" 승강기가 도착했다는 소리와 함께 담당자는 벌써 승강기에 몸을 싣고 형제를 한심하다는 식으로 쳐다보며 승강기의 버튼을 눌러 문을 닫습니다. 그러자 세하는 "동구야. 저쪽으로 가! 열라 빠르게"라며 동구에게 다시 지시합니다. 동구는 "열라 빠르게"라고 복명복창하며 담당자의 뒤를 쫓아 휠체어의 지지대에 발을

[그림75]〈나의 특별한 형제〉: 배리어프리 버전
(00:28:00~00:28:23)

신고 정말 **빠르게** 경사로를 내려갑니다. 카메라는 경쾌한 음악소리와 함께 두 형제가 다가오는 사람들과 아슬아슬하게 부딪히지 않고 무사히 1층으로 내려가는 모습을 시점숏으로 보여줍니다. 경사로 코너에 다다른 동구는 아주 유연하게 한 발로 바닥을 짚어 속도를 줄인 후 휠체어를 180도 회전시켜 승강기 앞에 정확히 도착합니다. 아주 자세하게 묘사했듯이 대부분의 관객들은 별 어려움 없이 영화가 제공하는 이미지와 사운드 정보를 통해 20여 초에 달하는 해당 장면을 감상할 수 있습니다.

그러나 일반적인 영화 관람과 달리 소리를 들을 수 없다면 사운드 정보가 전달되지 않기 때문에 영화의 내용을 생생하게 이해하기 어렵습니다. 그래서 배리어프리 영화는 청각장애인을 위해 대사 및 상황 자막으로 소리를 다음과 같이 구체적으로 보여줍니다. "♪끼익! 운동화 마찰음♪, ♬경쾌하고 익살스러운 음악♬, ♪끼익! 휠체어 바퀴 마찰음♪, ♪마 팀장의 놀란 숨소리♪" 가만히 보면 효과음은 ♪8분음표로 음악은 ♬16분음표로 표기됨을 알 수 있습니다.

이번에는 화면을 볼 수 없는 시각장애인의 경우는 어떨까요? 시각장애인 입장에서 듣는 영화 속 장면을 상상해보면 이미지는 보이지 않고 배우들의 대사, 효과음 그리고 음악만 들립니다. 이럴 때 배리어프리 영화는 시각장애인을 위해서 음성 해설로 영화 속 보이지 않는 구체적인 화면을 다음과 같이 들려줍니다. "동구가 휠체어 지지대에 올라타 경사로를 바람처럼 내려간다. 경사로 코너에서 한 발로 브레이크를 밟으며 벽을 턴! 담당자가 엘리베이터에서 내리는 순간 그 옆을 딱 막아선다."

이상으로 시각장애와 청각장애가 있을 경우 영화를 어떻게 감상할 수 있는지에 대해 알아보았습니다. 다시 한 번 조심스럽지만 여러분께 질문을 던져보겠습니다. 두 장애 중 어느 쪽이 영화를 감상하는 데 더 불편함을 느낄까요? 이 질문은 바꿔 말하면 시청각정보로 구성된 영화를 이해하는 데 있어 우리가 어느 감각에 더 의존하여 영화를 관람하는가 하는 문제와 연결됩니다.

평소 이 질문을 던졌을 때 대부분의 사람들은 청각장애보다는 시각장애가 있었을 때 영화 관람이 더 어려울 것 같다는 의견을 피력합니다. 실제로 위의 〈나의 특별한 형제〉의 예만 보더라도 청각장애가 있었을 때 제공되는 소리 자막이 없더라도 완벽하게는 아니지만 영화의 대부분은 이해가 가능합니다. 그러나 시각장애의 경우 아무리 음성 해설을 붙여 이미지를 묘사한다고 하지만 소리만 듣고서는 영화의 내용은 고사하고 구체적인 장면을 상상하는 것조차 힘들지 않을까요? 왜냐하면 영화는 라디오 드라마가 아니니까요. 이런 점을 고려할 때 시각장애를 가진 관객이 영화를 이해하기가 훨씬 더 어렵다고 할 수 있습니다. 결국 "이미지와 사운드 사이에도 수직적인 관계가 존재하며 영화를 관람할 때 사운드는 이미지에 비해 덜 지각되고 대부분 시각적으로 재현된 이미지에 종속되는 경우가 많다"고 말하는 시각중심주의의 관점은 어느 정도 사실이라고 인정할 수 있을 것 같습니다.

이런 이유로 영화는 이미지가 사운드보다 우월한 위치에 있는 매체라는 명제를 기정 사실화하며 제작·배급·상영 전 과정에 거쳐 영화의 사운드는 이미지보다 등한시했던 것이 사실입니다. 실제로 영화 제작 과정을 보면 사운드가 이미지에 비해 상대적으로 얼마나 소외되고 있는 지를 알 수 있습니다. 먼저 영화의 근간인 시나리오 작업과 촬영이 이루 어질 로케이션의 확보, 세트를 설계하는 프리프로덕션(Pre-Production) 단계에서 사운드는 거의 고려되지 않습니다. 촬영이 본격적으로 이루어 지는 프로덕션(Production) 단계에서도 마찬가지입니다. 아름답고 멋진 이미지를 담기 위한 촬영이 중시되지 현장 녹음은 촬영에 비해 프로덕션 단계에서 소외되는 것이 현실이지요. 비록 예전보다는 많이 나아졌다지 만 사운드적 요소를 중요하게 고려하지 않았던 예전 대부분의 감독들은 사운드를 편집이 이루어지는 포스트프로덕션(Post-Production) 단계에 서 하는 부수적인 공정이라고만 생각하는 경향이 강했습니다. 즉, 사운 드의 활용은 편집 과정에서 발견된 영화의 문제점과 취약성을 보완 및 보강하는 공정으로 간주한 것이지요. 이렇게 사운드를 이미지를 강화하 거나 이야기의 허점을 막을 수 있는 요소라고만 생각했던 사고방식은 사 운드를 필수불가결한 요소가 아닌 일종의 양념이나 토핑 같이 영화를 돋 보이게 만드는 요소라고만 생각합니다. 이런 제작 방식으로 만들어진 영화의 사운드적 완성도는 당연히 떨어질 수밖에 없겠죠. 실제로 이런 이유로 한국영화에서 동시녹음이 아닌 후시녹음이 오랫동안 일반적인 관행으로 굳어지면서 사운드 기술은 후진상태에서 벗어나기 어려웠습 니다. 이와 관련하여 한국영화의 대중화와 세계화에 기여한 정진우 감 독의 재미있는 에피소드를 소개할까 합니다.

정진우 감독은 한국영화의 기술 발전을 위해 무던히도 애를 쓰신 분 입니다. 특히 그는 동시녹음 기술을 선진화하는 데 크게 이바지했는데 요. 영화진흥공사의 제작 담당 이사로 일하게 된 정진우는 한국영화 기

[그림76] 한국 최초의 동시녹음 영화인 〈율곡과 신사임당〉

술 발달에 많은 관심을 기울이게 됩니다. 이런 그가 한층 더 기술개발에 정진하게 되는 큰 계기가 찾아옵니다. 1972년 제23회 베를린 국제영화제에 정 감독의 작품 〈섬개구리 만세〉가 본선 최종후보에 오르게 된 것이죠. 당시 유력한 경쟁작은 인도의 거장 사트야지트 레이 감독의 〈머나먼 천둥소리〉였습니다. 영화 시사 후 기자회견장에서 인도 취재진은 정 감독에게 "왜 배우들이 말하는 대사와 화면의 싱크가 맞지 않느냐?"라며 굳이 후시녹음을 한 이유에 대해 집요하게 물어보았다고 합니다. 정진우 감독은 "맞다. 한국영화 여건상 후시녹음을 할 수밖에 없었다"라는 취지로 대답을 했는데, 결국 그해 베를린영화제 그랑프리는 레이의 영화가 차지하고 맙니다. 정 감독은 자신의 영화가 후시녹음을 했기 때문에 수상권에서 멀어졌다고 느꼈고 이때부터 인도영화보다 기술적으로 뒤진 한국영화의 현실을 개탄하면서 동시녹음만이 한국영화를 세계화하는 첫걸음임을 확신하게 되죠. 이후 정진우 감독은 영국과 일본에서 동시녹음 기술을 배운 후 당시 후시녹음에 전적으로 의지하고 있던 70년대 한국영화 제작 풍토를 동시녹음으로 전환하는 데 크게 공헌합니다. 실제로 한국 최초의 동시녹음 영화인 〈율곡과 신사임당〉(1978)과 〈심봤다〉(1979) 등을 제작하게 되죠. 대부분의 영화들이 처음 타이틀로 제목을 보여주는 것과 달리 그가 연출 또는 제작한 영화의 첫 타이틀은 항상 "몇 번째 동시녹음 작품"이라는 자막을 가장 먼저 보여줍니다. 정진우 감독이 동시녹음에 얼마나 애착이 있는지를 잘 보여주는 대목이라고 할 수 있죠. 한국영화의 사운드 발전은 이후 프로듀서 중심의 기획영화가 등장했던 1990년대 들어 괄목할 만한 성장을 합니다.

결국 완성도가 높은 사운드를 얻기 위해서는 소리에 대한 구상을 시나리오 단계부터 시작해야 합니다. 프리프로덕션과 프로덕션 단계에서 소외된 사운드를 후반작업만으로 보강하고 매우기에는 한계가 명확할 뿐만 아니라 사운드의 다양한 기능과 효과를 최대한 발휘하지 못할 가능성이 높기 때문입니다.

실제로 영화에서 사운드가 차지하는 비중과 역할은 매우 크고 중요합니다. 영화에서 사운드와 이미지의 관계는 협력적인 것이지 종속적인 관계가 아닙니다. 즉, 영화에서 이미지가 창조되는 것처럼 사운드 역시 단순한 이미지의 부속품이 아닌 독립적으로 창조되어야 하는 것이죠. 이처럼 사운드는 단순히 영화에 현실감과 현장감을 만들어주는 기능만을 하는 것이 아니라 정서적으로 이미지보다 더 강력한 효과를 가지고 있으며 영화의 스토리 구축에 있어서도 많은 잠재력을 가지고 있습니다.

이번 장의 목적은 주요 미장센 코드의 한 요소이자 영화 내러티브 구축에 중요한 역할을 수행하는 사운드를 시나리오 작법 과정에서 활용함으로써 어떻게 관객의 정서를 고양시키고 영화의 의미 구축에 기여할 수 있는지를 알아보는 데 있습니다.

2) 영화 사운드 디자인: 소리로 보여주고 이미지로 들려주기

영화의 기술이 발전하면서 시각적 영역뿐 아니라 사운드 기술 역시 눈부신 발전을 거듭하게 됩니다. 이런 사운드의 발전에 크게 기여한 것이 바로 사운드 디자인(Sound design)이라는 개념입니다. 사운드 디자인의 선구자인 월터 머치(Walter Murch)와 벤 버트(Ben Burtt)에 의해 영화에서의 사운드의 역할은 단순히 이미지를 보조하는 역할에만 국한되지 않고 좀 더 예술적인 형식으로 확장되기 시작합니다. 사운드 디자인은 특정한 효과음을 디자인하는 것을 의미하기도 하지만 보다 본질적으로는 이미지 중심적인 영화 사운드 작업에서 벗어나 그동안 등한시 되어왔던 사운드의 표현적인 가능성을 이끌어내고 사운드가 이미지에 종속되거나 독립적인 것이 아니라 서로 협력적인 위치에서 영화의 내러티브와 조화를 이루는 것을 말합니다. 이런 변화된 움직임은 영화 제작 현장에도 많은 영향을 미치게 되는데요. 할리우드 대부분의 영화는 시나리오 단계부터 사운드 디자이너가 참여함으로써 영화의 이야기 전개에 사운드 연출의 중요성이 점점 더 커지고 있습니다.

예를 들어, 앞서 언급한 사운드 디자인의 선구자 중 한 명인 월터 머치는 〈지옥의 묵시록〉, 〈대부 The Godfather〉 3부작, 〈잉글리쉬 페이션트 The English Patient〉(1996), 〈리플리 The Talented Mr. Ripley〉(1999)와 같은 영화에서 사운드 편집을 맡았는데요. 그중 〈지옥의 묵시록〉의 사운드 디자인은 영화의 주제를 전달하는 데 있어 사운드가 얼마만큼 중요한 역할을 할 수 있는지 잘 보여주었습니다. 앞서 플래시포워드를 설명하며 예로 들었던 코폴라 감독의 〈지옥의 묵시록〉은 베트남 전쟁을 소재로 한 영화로서 1979년 칸영화제 황금종려상을 수상한 1970년대 말

[그림77] 〈지옥의 묵시록〉 오프닝 사운드 디자인

미국과 할리우드를 상징하는 기념비적인 작품입니다. 특히 영화의 두 장면에서 사운드의 활용이 돋보입니다.

첫 번째는 오프닝에서 이미지와 결합되는 음향·음악·보이스오버와의 절묘한 조합을 이룬 장면입니다. 그룹 도어즈의 "The End" 음악이 흘러나오는 가운데 네이팜탄이 정글을 불태우는 장면으로 시작한 영화는 주인공 월라드 대위가 호텔 방에 누워 있는 모습과 불타오르는 정글의 모습을 중첩해 보여줍니다. 그 후 호텔 방 실링팬의 돌아가는 이미지와 정글 상공에서 비행하는 헬리콥터의 프로펠러 이미지를 이중인화로 보여주며 동시에 음향 역시 이미지와 동기화시킵니다. 먼저 시끄러운 헬리콥터의 프로펠러 소리를 들려준 후 자연스럽게 페이드 아웃되며 이미지를 실링펜으로 대체하는 것이지요. 이러한 이미지와 사운드의 활용은 전쟁의 트라우마를 겪고 있는 월라드 대위의 심리를 관객에게 전달하는 데 탁월한 효과를 발휘합니다. 여기에 이러한 혼란스러운 감정과 심리를 더욱 증폭시키기 위해 이번에는 월라드의 현재 심리가 담긴 음성 내레이션이 추가됩니다. "아직도 사이공에 있다. 잠에서 깰 때마다 떠오르는 건 정글뿐이다. (…) 사이공에선 집에 가고 싶고 집에 가면 정글로 돌아올 궁리만 했다. 오늘이 1주일째다. 자꾸 나약해진다. 난 방 안에서 점점 약해지고 (…) 벽을 바라볼 때마다 벽들은 날 조금

씩 조여 온다." 이번에는 내
레이션과 함께 "The End"
중 가장 고조되는 후렴부를
크게 들려주며 술에 취해 울
부짖는 자아마저 분열된 듯
한 윌라드의 모습을 잡아줍
니다. 오프닝 장면의 이러한
이미지와 사운드의 조합은
관객에게 영화의 전체적인
분위기를 전달하는 데 매우
효과적으로 기능합니다.

[그림78] 〈지옥의 묵시록〉 THX 스테레오 서라운드
음향 디자인

　두 번째 장면은 킬고어 중령(로버트 듀발 扮)이 지휘하는 헬리콥터 강
습부대가 베트콩 마을을 공습하는 시퀀스에서 시도된 THX 음향의 사용
입니다. 나팔수의 출동을 알리는 트럼펫 소리와 함께 헬기 강습부대는
새벽에 베트콩 마을을 향해 날아갑니다. 저공비행으로 마을에 도착할
무렵 킬코어 중령은 선전전의 일환으로 바그너(Wagner)의 오페라 "발
퀴레의 기마여행(Ride of the Valkyries)"을 확성기로 틀 것을 지시합니
다. 이 소리를 듣는 순간 베트콩들은 두려움을 느끼고 반면 미군들의 사
기는 올라가는 것이죠. 영화는 장엄한 오페라 음악과 함께 헬기 강습부
대의 무차별적인 베트콩 마을 공습 장면을 스펙터클한 70밀리 대형화면
으로 관객에게 보여줍니다. 총 소리, 폭탄 소리, 헬기 교신 소리 등의 효
과음이 이리저리 뒤섞이며 아비규환의 전장의 모습이 생생하게 펼쳐집
니다. 〈지옥의 묵시록〉으로 아카데미 최우수 음향상을 수상한 사운드
디자이너 머치는 이 영화를 처음에는 모노 사운드로 작업하려고 했으나

코폴라 감독의 강력한 요청으로 돌비스테레오 70밀리 6트랙으로 작업했다고 합니다. 덕분에 돌비社의 스테레오 서라운드 시스템이 공식적으로 적용되어 만들어진 첫 번째 영화가 될 수 있었습니다. 특히 〈지옥의 묵시록〉에서 사용된 스테레오 서라운드 음향은 단순히 기술적으로 사용된 것이 아니라 영화의 감정과 의미를 증폭시킬 수 있는 예술적 장치로 사용된 점이 중요합니다. 실제로 헬기 강습부대의 공습 장면에서 들리는 저음이 강화된 스테레오 서라운드 음향은 비록 아날로그지만 디지털 음향보다 더 묵직하게 관객으로 하여금 공습이 벌어지는 전쟁터 한가운데에 있다는 착각이 들게끔 생생한 현장감을 선사합니다. 또한 장면에서 사용된 오페라 "발퀴레의 기마여행"은 북유럽 신화 모티프를 영화적으로 변용한 뛰어난 음악적 해석이라고 할 수 있습니다. 북유럽 최고의 신인 오딘은 전쟁에 나갈 때 천마(天馬)를 타고 다니는 12명의 발퀴레 여신들을 동반했는데 영화에서는 이 천마가 헬리콥터로 변형되어 등장하는 것이죠. 즉, 북유럽 신 오딘은 킬고어 중령으로, 죽은 이의 혼령을 저승으로 인도하는 발퀴레 여신은 12대의 헬리콥터로 치환된 것입니다. 이렇게 〈지옥의 묵시록〉은 연출을 맡은 감독과 소리를 설계하는 사운드 디자이너가 새로운 사운드 시스템을 이용하여 영화 사운드를 어떻게 비약적으로 발전시킬 수 있는지 잘 보여주는 예라고 할 수 있습니다.

이렇게 사운드 디자인은 다양한 소리가 녹음된 사운드트랙과 이미지를 세밀하게 결합시키면서 영화 연출의 잠재적 역량을 최대한으로 끌어내는 역할을 담당하고 있는데요. 실제 영화에서 영화 사운드의 3요소인 대사(Dialog), 효과음(Special Effect), 음악(Music)이 어떻게 사운드 디자인을 통해 섬세하게 연출되는지 알아보겠습니다.

로버트 레드포드 감독의 〈호스 위스퍼러 The Horse Whisperer〉(1998)

에는 결별 문제로 로버트(샘 닐 扮)와 애니(크리스틴 스콧 토마스 扮)가 언쟁을 벌이는 장면이 등장합니다. 이 신의 주된 목적은 관객에게 점점 악화되는 부부관계를 보여주는 데 있습니다. 그래서 감독은 두 사람의 대사가 쉴 새 없이 겹쳐지게 연출했습니다. 우리가 타인과 언쟁할 때 상대의 말을 듣지 않

[그림79] 〈호스 위스퍼러〉의 사운드 디자인
(00:29:27~00:32:20)

고 자기 말만 고집함으로써 동시에 두 사람의 목소리가 섞이는 상황을 재현하려는 것이었죠. 이 연출 의도를 구현하기 위해 사운드 디자이너는 두 배우의 대화를 다른 트랙으로 따로 녹음했고 극적인 분위기를 고조시키기 위해 둘의 대화가 쉬지 않고 엇갈리게 편집을 했습니다. 두 배우는 영화에서 다음과 같이 쉴 새 없이 언쟁을 벌입니다. "당신이 정신과 의사야? 시간이 걸린다잖아!" "뭐라고 하든 상관없어." "별일 아니라는 듯한 표정으로 아닌 척하는 것도 지겨워." "아닌 척하는 게 아니라…" "죽어가고 있어. 죽어가고 있다고!" 이렇게 한숨 돌릴 여유도 없이 두 사람이 계속해서 언쟁을 함으로써 숨이 막히는 느낌을 줄 수 있었고 이 장면을 지켜본 관객 역시 배우가 느끼는 그대로 숨을 쉴 수 없게 만드는 데 성공합니다. 만일 이 장면을 현장에서 미리 사운드 디자인에 의해 따로 녹음한 것이 아닌 최종 편집 단계에서 사운드를 단순히 분리해서 연결했다면 절대 이런 강렬한 느낌을 살릴 수 없었을 것입니다.

사운드 디자이너 페르 할
버그와 리들리 스콧 감독은
소말리아 내전 당시 미군의
블랙 호크 헬리콥터가 추락
하면서 벌어진 실제 사건을
사실적으로 재현하기 위해
영화에 사용될 음향 효과와
배경음악을 사전 프리프로
덕션 단계에서부터 미리 설
계했습니다. 이러한 치밀한
사운드 디자인 덕에 〈블랙

[그림80] 〈블랙 호크 다운〉의 사운드 디자인
(00:38:10~00:38:54)

호크 다운 Black Hawk Down〉(2001)은 제74회 아카데미 시상식에서
음향상을 수상했습니다. 개봉 당시 전쟁영화의 새로운 지평을 열었다는
평가를 받은 〈블랙 호크 다운〉은 영화 내내 뛰어난 음향 연출을 보여주
는데요. 그중 가장 인상적인 장면은 모가디슈로 출격하는 블랙 호크 헬
리콥터의 등장 신입니다. 이 장면을 주의 깊게 들어보면 요란한 헬리콥
터의 효과음은 의도적으로 줄이고 음악의 볼륨을 상대적으로 키운 사운
드 디자인임을 알 수 있는데요. 감독은 관객 입장이 아닌 헬리콥터에 탑
승하고 있는 레인저 부대원들의 시점에서 장면을 묘사하고 싶었고 그래
서 의도적으로 거의 음향 효과를 넣지 않습니다. 사람이 긴장하면 주위의
소음이 아무리 크더라도 전혀 들리지 않는 그런 심리를 관객이 느끼게끔
한 연출이라고 할 수 있죠. 대부분의 전쟁영화가 스펙터클한 전투 장면
을 강조하기 위해 의도적으로 헬리콥터 소리를 키우는 것과 달리 오히려
프로펠러의 음향 소리를 빼고 연출한 덕분에 역설적으로 더 사실적인 장

면을 얻을 수 있었습니다.

한편 로저 도널드슨 감독의 〈단테스 피크 Dante's Peak〉(1997)는 〈블랙 호크 다운〉과는 반대로 배경음악을 제거하고 효과음을 강조한 경우입니다. 영화는 화산 폭발에 의한 자연재난을 그리고 있는데요. 극 중 해리(피어스 브로스난 扮)가 트럭으로 가기 위해 곧 무너질 위기에 처한 긴 터널

〔그림81〕〈단테스 피크〉의 사운드 디자인 (01:33:23~01:36:07)

을 지나가는 장면이 나옵니다. 가만히 들어보면 벽에서 흘러내리는 미세한 모래 소리를 들을 수 있습니다. 정말 손에 땀을 쥐게 만드는 소리인데요. 이 소리가 점점 커지면 곧 터널이 무너진다는 신호이니까요. 재미있는 사실은 원래 이 장면은 아주 장엄한 음악이 배경으로 깔린 채 편집되었다고 합니다. 그러나 음향 편집 감독이 이 장면에서 음악이 들어가면 관객에게 긴장감을 안겨주는 미세한 모래 소리가 묻혀버림으로써 서스펜스 효과가 차감될 거라는 의견을 냈다고 합니다. 결국 감독이 이를 받아들여 최종 편집본에서는 음악이 제거되고 효과음을 강조한 버전이 탄생할 수 있었습니다. 영화의 긴박한 상황을 볼 때 관객의 청력은 아주 미세한 소리까지 감지할 수 있을 만큼 예민하게 반응한다고 합니다. 그런 순간에 음악이 깔린다면 그 음악에 집중하느라 긴장감이 모두 사라져버리고 말겠죠.

그렇다고 모든 영화음악이 〈단테스 피크〉의 예처럼 몰입을 방해하는

것은 결코 아닙니다. 실제로 영화음악은 다양한 기능을 수행하며 단순 배경음악 이상의 역할을 하고 있습니다. 거의 모든 영화에 사용되는 음악은 시각적 영상의 정서적 경험을 강화시키고 관객의 상상력과 리듬감을 자극하여 이미지만으로 전달할 수 없는 감정과 의미를 표현하는 데 지대한 영향을 미칩니다.

영화음악의 역할에 대해서는 크게 두 가지 견해가 있는데요. 첫 번째 견해는 할리우드 고전 영화음악의 원칙 중 하나로서 "음악은 있되 관객에게 의식되지 않아야 한다."는 것입니다. 즉, 영화음악은 관객이 따로 의식하면서 감상하는 사운드 요소라기보다는 있는 듯 없는 듯 음원에 대한 의문 없이 자연스럽게 배경으로 받아들이게 해야 한다는 견해입니다. 말 그대로 백그라운드뮤직(B.G.M.)으로 사용해야 한다는 것이죠. 두 번째 견해는 좀 더 현대적인 시각으로서 음악 자체에 대한 관객의 의식적 관심을 허락할 뿐만 아니라 영화 전체의 시각적 요소와 불가분의 관계를 맺으면서 음악이 전체 영화를 지배할 정도로 사용될 수도 있다고 보는 견해입니다. 이런 견해를 반영한 영화는 뮤지컬이나 음악영화에서 많이 볼 수 있는데요. 예를 들어, 가이 리치 감독의 〈알라딘 Aladdin〉 (2019)을 본 대다수 관객의 머릿속에 남아 있는 기억 중 하나는 자스민 공주(나오미 스콧 扮)가 자신을 억압하는 편견에 맞서 의지와 용기를 담아 부르는 "Speechless"라는 영화음악일 겁니다. 또한 디즈니 애니메이션 〈겨울왕국 Frozen〉(2013)의 "Let it go"의 존재감은 단지 OST 중 한 곡이 아닌 영화 전체를 상징하는 음악으로 기억되지요. 한편 시대와 세대를 초월한 전설적인 록밴드 퀸과 천재 보컬 프레디 머큐리의 이야기를 다룬 〈보헤미안 랩소디 Bohemian Rhapsody〉(2018)의 진짜 주인공은 퀸의 음악 그 자체라고 할 수 있습니다.

이렇게 당당히 영화의 주인공으로 기능할 수 있는 음악이지만, 그럼에도 여전히 많은 영화 관계자들은 본질적으로 영화 전체의 효과를 희생시킬 정도의 지나친 관심을 집중시키는 음악은 바람직하지 못하다고 간주합니다. 여전히 음악이 이미지에 종속되어야 한다고 생각하는 것이죠. 이들이 보기에 영화 사운드의 주된 기능은 기본적으로 시각적 효과를 강화시키는 리듬을 창조하는 것과 정서적 반응을 유도하는 데 있습니다. 몇 가지 예를 통해 영화음악이 구체적으로 어떤 기능을 담당하고 있는지 알아보겠습니다.

〈라쇼몽〉 초반부에 나무꾼이 숲속으로 나무하러 가는 장면에서 나오는 프랑스 작곡가 모리스 라벨(Maurice J. Ravel)의 "볼레로(Bolero)"는 일종의 서곡(序曲)으로서 영화 전체의 분위기와 주제를 암시하는 데 탁월하게 사용된 예입니다. 〈라쇼몽〉에서 나무꾼 캐릭터는 관객을 작품 전체의 모티프가 되는 사건으로 끌어들이는 역할을 수행합니다.

영화의 도입 부분에서 나무꾼은 경쾌한 볼레로 음악에 맞춰 산으로 들어가게 되고 깊은 산중에서 사무라이의 시신을 발견합니다. 원작소설에서 "저는 오늘 아침 여느 때처럼 뒷산으로 삼나무를 베러 올라갔었습니다. 그런데 산그늘 덤불 속에 그 시체가 있지 않겠습니까?"라는 단 두 문장으로 묘사된 부분을 구로사와 아키라 감독은 무려 3분 50여 초 총 29개의 숏을 통해 보여줍니다. 카메라는 나무꾼이 걸어 들어가는 숲의 나무들을 앙각으로 잡아주다가 나뭇잎 사이 반짝이는 햇빛이 나오자 역광으로 나무꾼을 부감으로 포착합니다. 숲속 좁은 공간임에도 불구하고 영화는 한 번의 틸트와 팬을 제외하고는 모두 이동촬영으로 나무꾼의 동선을 따라갑니다. 이 정적인 리듬감은 처음부터 끝까지 같은 리듬과 멜로디가 반복되다가 점점 장엄하게 퍼져나가는 볼레로 음악을 통해 더욱

[그림82] 〈라쇼몽〉의 음악 사용

배가됩니다. 이렇게 감독은 시체를 발견했다는 단순한 상황을 역동적인 카메라 움직임과 다양한 숏의 크기 그리고 운율적인 음악 편집으로 표현함으로써 관객의 미묘한 정서적 효과를 유발하는 것과 동시에 관객의 상상력을 자극시키는 데 성공합니다. 실제로 이 장면은 영화 전체 이야기 구조에서 매우 중요한 위치를 차지하고 있는데요. 왜냐하면 이 상황이 사건의 극적 모티프가 되는 시체를 처음 보여주는 장면이자 관객을 숲속의 사건 속으로 끌어들이는 첫 서술 단계이기 때문입니다. 만일 볼레로 음악이 자아내는 운율적 리듬이 없었다면 나무꾼의 복합적인 역할을 관객에게 이해시키기 어려웠을 것이고 영화의 다중/다층적인 서술 구조 역시 제대로 풀어내지 못했을 겁니다.

리들리 스콧 감독의 〈블레이드 러너 Blade Runner〉(1982)는 음악이 영화 전체 주제를 조율할 정도로 중요하게 사용될 수 있다는 예를 잘 보여줍니다. 〈블레이드 러너〉는 SF영화 장르를 한 단계 격상시켰다는 평가를 받을 만큼 1980년대 영화 중 최고의 시각효과를 보여준 작품입니다. 〈블레이드 러너〉는 포스트모더니즘 영화의 대표작으로서 공간, 장르의 혼종, 하이브리드적 소품과 의상을 통해 그 특징이 재현됩니다. 특히 반젤리스(Vangelis)의 배경음악과 음향은 시대와 동서양을 구별하기 힘든 모호한 사운드 디자인을 통해 영화의 포스트모더니즘 주제를 전체적으로 선도하는 역할을 맡고 있습니다. 영화에서 사용된 음악은 시대와 문화가 혼합된 블루스, 재즈, 신디사이저 음악 그리고 클래식 피아노 선율까지 혼재되어 나타납니다.

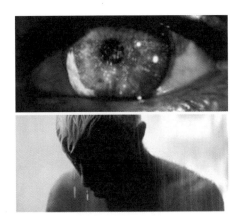

[그림83] 〈블레이드 러너〉의 포스트모더니즘 음악

먼저 오프닝 장면에 등장하는 2019년의 LA는 수백만 개의 불빛이 희미하게 빛나는 가운데 하늘에선 자동차들이 날아다니고 상상을 초월하는 엄청난 크기의 건물이 위압감을 줍니다. 이런 미래 도시의 풍경은 영화 내내 중요한 모티프로 작용하는 눈동자에 비친 모습으로 나타나는데 이때 웅장하고 신비로우면서도 차가운 느낌이 전해지는 신디사이저의 전자음악이 흘러나옵니다. 우주를 연상시키는 신비로운 느낌의 멜로디는 낯선 미래 사회의 모습과 함께 관객을 미지의 시공간으로 안내하는 역할을 맡습니다. 주인공 데커드(해리슨 포드 扮)가 거리에서 레플리컨트를 추적하는 장면에서 나오는 음악은 중동의 타악기와 현악기에 남성 보컬의 허밍 그리고 전자음향이 혼합된 음악이 사용되었습니다. 이 장면에 사용된 음악은 데커드가 느끼는 혼란스러움과 긴장감을 효과적으로 관객에게 전달합니다. 한편 노점상에서 데커드가 맥주를 마실 때 라디오에서는 트럼펫과 감미로운 보컬 그리고 피아노가 앙상블을 이룬

"One more kiss, dear"가 흘러나옵니다. 푸른 네온사인 불빛과 어우러지는 복고풍의 사운드가 절묘하게 결합되는 효과를 불러옵니다.

이번에는 주인공 데커드와 레플리컨트 레이첼(손 영 扮)의 사랑을 표현하는 "Love Theme"입니다. 영화의 전체 사운드트랙 중 유일하게 따뜻한 감성을 가져다주는 음악이라고 할 수 있습니다. 단선적인 피아노 음률과 재즈 색소폰 그리고 여성 허밍보컬이 전자음악과 혼합되어 몽환적이고 애절한 느낌을 관객에게 선사하면서 동시에 비극적 사랑과 애절한 정서를 내재하고 있습니다. 영화 후반부 클라이맥스 장면에서 레플리컨트의 우두머리인 로이(룻거 하우어 扮)는 마지막 유언을 남기며 서서히 죽어갑니다. 바로 이 장면에서 "Tears in Rain"이 흘러나옵니다. 어두우면서도 한편으로는 안식과 평화를 주는 애잔한 멜로디의 곡이 관객의 귓가를 촉촉이 적셔줍니다. 수명이 정해져 있는 예정된 죽음에 대한 레플리컨트로서의 두려움과 불안감 그리고 외로움의 정서가 관객에게 극적으로 전달되는 데 크게 기여합니다.

이번에는 한국영화 두 편을 통해 영화음악이 인물 내부의 숨겨진 정서를 끌어내어 감정적 변화를 유도하는 기능에 대해 알아보겠습니다.

첫 번째 영화는 장윤현 감독의 〈접속〉(1997)입니다. PC통신을 매개로 펼쳐지는 신세대의 새로운 사랑 방식을 아름다운 영상과 다채로운 OST로 담아낸 〈접속〉은 한국 멜로드라마의 흐름을 획기적으로 바꿨다고 평가받는 작품입니다. 특히 〈접속〉은 1990년대 후반 아직까지 제대로 정착하지 못한 한국영화 OST 시장의 새로운 가능성을 연 작품이기도 합니다. 사실 한국 영화음악 시장은 〈접속〉 전과 후로 나뉜다는 말이 과언이 아닐 정도로 당시 한국영화에서는 OST를 부가적으로 판매하거나 마케팅의 일환으로 활용했던 예는 거의 없었습니다. 〈접속〉의 OST는

그런 과도기에 등장해서 무려 80만장 이상의 판매고를 올리며 영화음악
이 독자적인 하나의 문화상품이 될 수 있다는 사실을 최초로 보여주었습
니다. 〈접속〉은 흥행에서도 성공을 거두면서 1990년대 후반 한국영화들
에 큰 영향을 미치게 되는데요. 〈접속〉이후 개봉된 한국영화의 대부분
은 사운드트랙을 구성함에 있어 올드 팝송을 전면에 내세우는 사운드 전
략을 구사하게 됩니다.

　〈접속〉에서 사용된 음악적 사용이 더 인상적으로 다가오는 것은 삽입
된 음악이 영화의 주요 모티프이자 전체 내러티브를 이끌어가는 서술 장
치로서 기능하였기 때문입니다. 특히 우리가 주목할 노래는 두 곡인데
요. 먼저 미국의 록밴드 벨벳 언더그라운드(The Velvet Underground)
가 부른 "Pale Blue Eyes"이고 또 다른 한 곡은 사라 본(Sarah Vaughan)
이 부른 "A lover's concerto"입니다. 이 두 곡이 영화 전체의 흐름을 어
떻게 이어가는지 살펴보기로 하죠.

먼저 벨벳 언더그라운드의 "Pale Blue Eyes"는 영화 전반에 걸쳐 내러티브를 이끌어가는 주요한 장치로 기능합니다. 갑자기 떠나버린 옛사랑에 대한 그리움을 지닌 채 살아가는 라디오 방송국 PD 동현(한석규 扮). 친구의 애인을 남몰래 짝사랑하는 케이블채널 쇼핑 가이드 수현(전도연 扮). 어느 날 옛 연인이 보낸 음반을 받은 동현은 그녀가 즐겨 듣던 이 곡을 자신의 라디오 방송 중에 선곡하고 마침 심야방송을 듣던 수현은 PC통신으로 이 곡을 신청하면서 두 사람의 인연이 시작됩니다. 동현과 수현은 PC통신 채팅을 통해 대화를 나누며 조금씩 서로의 마음을 열어가죠. 시간이 흘러 통신으로만 대화하던 두 사람은 만나서 함께 영화를 보기로 약속을 하지만 서로 엇갈려 만나지 못합니다. 수현은 동현이 이민을 떠나기 전 꼭 만나보고 싶다는 삐삐 메시지를 남긴 후 그가 올 때까지 극장 앞에서 몇 시간을 기다립니다. 약속 장소에 나타난 동현은 자신이 보낸 벨벳 언더그라운드 음반을 들고 있는 수현을 알아보지만 차마 만날 용기를 내지 못하고 극장 옆 2층 카페로 올라가지요. 동현은 2층 창가자리에 앉아 마냥 자신을 기다리고 있는 수현을 바라봅니다. 카메라는 동현의 뒷모습과 수현이 기다리는 모습을 부감으로 한 프레임에 잡아주죠. 동현은 과연 이 상황을 어떻게 처리할지 고민하기 시작합니다. 용기를 내어 수현에게 다가가고 싶지만 여전히 사랑의 상처가 짙게 남아 있는 그로써는 선뜻 수현의 손을 잡기가 버겁습니다. 또 다시 한참의 시간이 지나고 인적이 거의 끊긴 시간이 되자 "이제 그만 기다리자"고 결심한 듯 수현은 오래된 음반을 한참동안 바라봅니다. 카메라는 이번에는 수현의 앞모습과 2층에서 내려다보는 동현의 희미한 모습을 앙각으로 한 프레임에 잡아주죠. 수현은 이제 동현에게 마지막 메시지를 남기기 위해 카페로 들어갑니다. 물론 수현은 그곳에 동현이 있는 줄은 꿈에도 모르고 있죠. 공중전화 부스가 있는 2층으로 올라가기 전 수현은 1층 매장 직원에게 자신과 동현을 연결시켜 준 "Pale Blue Eyes"를 틀어달라고 부탁합니다. 카메라는 크레인 숏으로 서서히 2층 계단으로 올라가는 수현의 모습과 그녀를 기다리는 동현을 연속해서 보여줍니다. 자신의 바로 뒤에 동현이 앉아 있다는 것을 전혀 눈치 채지 못한 수현은 "Pale Blue Eyes"가 흘러나오는 가운데 동현에게 마지막 음성 메시지를 남깁니다. "당신을 본 적은 없지만 난 당신이 어떤 사람인지 다 알 것 같았는데 그걸 느끼지 못하고 그냥 가는군요. 이제 난 다시 혼자가 되겠죠. 당신처럼. 언젠가 그랬죠. 다신 만날 사람은 꼭 만난다는 걸 믿는다고요. 이젠 그 말 믿지 않을래요. 오늘 당신을 만나서 이 음악을 함께 듣고 싶었어요." 카메라는 팬 포커스(pan focus)로 전경에 위치한 수현의 모습을, 쉘로우 포커스(shallow focus)로 후경에 있는 동현을 동시에 보여줍니다. 이런 카메라 연출 덕분에 관객에게는 마치 수현이 동현에게 직접 고백하는 것처럼 들리게 되죠. 메시지를 남긴 수현은 함께 보기로 했던 영화 티켓을 알림판에 남기고 카페를 나섭니다.

수현의 마지막 인사를 듣던 동현은 그녀가 내려간 뒤 오랫동안 극장 앞에 서 있는 수현의 뒷모습을 바라봅니다. 동현은 갑자기 뭔가 결심한 듯 그녀를 뒤따라 계단을 내려가고 수현에게 다가가며 아무 말 없이 영화 티켓을 건넵니다. 두 사람이 가상공간이 아닌 실제 현실에서 만나는 것은 이 순간이 처음인 셈이죠. 수현 역시 아무 말 없이 놀란 듯 동현을 바라봅니다. 동현이 먼저 미소를 짓자 수현도 말없이 미소를 띠고 서로 웃음을 건넵니다. 수현이 동현이 건넨 티켓을 받아드는 순간 두 번째 곡인 "A lover's concerto"가 흘러나옵니다. 카메라는 크레인 숏으로 천천히 상승하여 피카디리 극장 앞바닥에 새겨진 별 모양의 중심에 두 연인을 위치시킵니다. 이어 화면은 정지되고 서서히 엔딩 크레디트가 올라가기 시작하죠. 사라 본의 노래 "A lover's concerto"는 사랑의 상처를 극복하고 새로운 사랑을 시작하는 두 연인을 축하하는 의미로 사용됩니다. 이렇게 영화는 대사라는 중요한 요소를 음악에 양보하는 사운드 디자인을 채택하면서 오히려 직접적인 대사로 전달하기 어려운 사랑의 환희와 기쁨을 효과적으로 관객에게 전달하는 미학적 성취를 얻게 됩니다.

곽재용 감독의 〈클래식〉(2003) 역시 음악이 매우 중요하게 사용된 영화입니다. 특히 포크그룹 '자전거 탄 풍경'의 "너에게 난 나에게 넌"은 영화 속에서 여러 버전으로 변형되어 사용되면서 엄마와 딸의 묘하게도 닮은 첫사랑을 감정적으로 연결시켜 주는 핵심 장치로 사용됩니다. 영화는 엄마의 사랑이 펼쳐지는 1960년대와 딸의 사랑이 전개되는 2000년대를 효과적으로 연결시키기 위해 플래시백 구조를 사용합니다.

아빠를 일찍 여의고 엄마와 단둘이 살고 있는 지혜(손예진 扮)는 어느 날 우연히 엄마의 첫사랑의 기억이 담겨 있는 연애편지를 통해 엄마 주희(손예진 扮)와 준하(조승우 扮) 그리고 태수(이기우 扮)의 사랑 이야기를 알게 됩니다. 주희와 태수는 정혼한 사이고 태수와 준하는 친구 사이입니다. 운명의 장난처럼 주희와 준하는 사랑하는 사이가 되지만 준하는 태수를 위해 주희에게 연애편지를 대필해줄 수밖에 없는 상황에 처하고 맙니다. 결국 주희는 태수와 결혼할 수밖에 없게 되고 둘 사이에서 딸 지혜가 태어나지요. 현재 시점에서 지혜 역시 엄마와 비슷한 첫사랑의 아픔을 겪고 있습니다. 지혜는 친구가 좋아하는 연극반 선배 상민(조인성 扮)을 짝사랑하지만 연애편지를 대필해줄 수밖에 없고 둘이 연인이 되어가는 모습을 지켜볼 수밖에 없습니다. 두 사람이 가까워지면 질수록 지혜는 상민을 멀리하려 하고 둘 사이에는 오해만 잔뜩 쌓이게 되죠.

그러던 어느 날 지혜에게 기적 같은 순간이 찾아옵니다. 상민과의 사이에서 미묘한 사랑의 감정이 싹트기 시작한 것이죠. 바로 이 결정적인 장면에 음악 "너에게 난 나에게 넌"이 삽입됩니다.

억수같이 퍼붓는 비를 피하기 위해 지혜는 나무

[그림85] 〈클래식〉의 사운드 디자인 1
(00:54:37~00:58:40)

밑으로 몸을 숨깁니다. 상민이 멀리서 다가오는 것을 본 지혜는 고개를 돌려 눈을 마주치지 않으려고 하죠. 그러나 상민은 방향을 바꿔 지혜의 곁으로 조금씩 다가옵니다. 상민은 우연히 지혜를 본 것처럼 연기하지만 사실은 멀리서 지혜를 보고 달려온 것입니다. 그러나 지혜는 지금 이 순간에는 이 사실을 전혀 모르고 있죠. 상민은 도서관까지 간다는 지혜를 위해 자신의 외투를 벗어 우산을 만들며 "저기 보이는 건물을 원두막이라고 생각하고 뛰는 거야. 하나, 둘, 셋"이라고 말합니다. 바로 이 순간 "너에게 난 나에게 넌"이 화면에 울려 퍼지기 시작합니다.

둘은 상민의 재킷을 우산 삼아 건물에서 건물로 뛰다 서다를 반복합니다. 카메라는 고속촬영을 통해 두 명의 발걸음이 만들어내는 일정한 보폭의 움직임을 클로즈업으로 잡아줍니다. 더 빠르지도 더 느리지도 않게 서로를 배려하는 둘 사이의 조심스런 감정을 관객에게 전달하기 위함이죠. 카메라는 다시 고속 이동촬영으로 둘의 웃는 표정을 클로즈업으로 포착합니다. 비가 와서 짜증나는 것이 아니라 오히려 이 둘은 즐겁게 마치 데이트를 하는 것처럼 보입니다. 음악은 간주가 서서히 끝나고 이어서 본격적인 가사가 관객의 귓가로 들려오기 시작합니다. "너에게 난 해질녘 노을처럼 한 편의 아름다운 추억이 되고 소중했던 우리 푸르 던 날을 기억하며 후회 없이 그림처럼 남아주기를…." 관객은 자신도 모 르게 가사를 집중해서 듣게 됩니다. 이 둘은 이동을 잠시 멈추고 비를 피 하고 있기 때문에 배우의 동선보다는 사운드에 집중할 수 있게 되는 것 이죠. 또한 가사 역시 장면의 상황과 너무나 극적으로 맞아 떨어지는 내 용을 담고 있기 때문이기도 합니다.

카메라는 둘의 수줍은 미소를 사랑스럽게 포착한 후 다시 빗속을 향 해 뛰어나가는 모습을 이동촬영으로 잡아줍니다. 목적지에 가까워질수 록 둘의 표정에는 수줍음이나 어색함 대신 이 세상에서 가장 행복한 사 랑스러운 연인의 기쁨이 전해져 옵니다. 노래의 가사 역시 계속해서 이 어집니다. "나에게 넌 내 외롭던 지난 시간을 환하게 비춰주던 햇살이 되고 조그맣던 너의 하얀 손 위에 빛나는 보석처럼 영원의 약속이 되 어…." 첫 번째 가사보다는 조금은 더 깊어진 이들의 심리를 잘 전달하고 있습니다. 후렴이 반복된 후 1절이 끝나는 시점에 맞춰 드디어 목적지인 도서관에 도착합니다. 음악은 2절로 넘어가기 전 간주가 흘러나옵니다.

나란히 뛰었기 때문에 마주 볼 수 없었던 둘은 처음으로 서로 바라보 며 미소를 교환합니다. 특별한 말은 하지 않았지만 전보다는 둘의 관계 가 뭔가 진전된 듯한 기분을 관객은 느끼게 됩니다. 2절 가사가 시작되 면 상민은 다시 빗속으로 뛰어가고 지혜는 그의 뒷모습을 보기 위해 이 층으로 바쁘게 뛰어가는 장면이 이어집니다. 이어 "다신 만날 필요가 없 다고 생각했는데. 도서관은 왜 이렇게 가까운 거지"라는 지혜의 내레이 션이 들린 후 영상은 페이드 아웃됩니다.

상민과 지혜가 비오는 캠퍼스를 달리는 장면에 이어 비슷한 장면이 다시 한 번 등장합니다. 이틀 후 또 다시 비가 내립니다. 지혜는 우정 때문에 좀 더 적극적으로 상민에게 다가가지 못하는 자신이 원망스럽습니다. 그저

[그림86]〈클래식〉의 사운드 디자인 2
(01:29:41~01:36:00)

께 상민과 만났던 장소를 쳐다보고 있던 지혜는 매점 언니로부터 자신을 만나기 위해 상민이 일부러 우산을 놓고 갔다는 사실을 알게 됩니다. 그제야 지혜는 상민 역시 친구가 아닌 자신을 사랑하고 있다는 걸 확신하게 되죠. 영화는 과거의 시간과 현재의 시간을 교차시키며 이틀 전 상민이 우산을 놓고 가는 행동을 관객에게 직접 보여줍니다. 지혜가 상민의 진심을 처음으로 확인한 바로 그 순간 "너에게 난 나에게 넌"을 바이올린 위주로 편곡한 배경음악으로 깔아주며 관객의 감성을 자극합니다. 지혜는 상민이 두고 간 우산을 들며 "이거 정말 특별한 우산이네. 언니 내가 갖다 줄게!"라고 말한 후 비오는 밖으로 달려 나갑니다.

음악은 다시 포크풍의 오리지널 곡으로 변환되어 상민에게 우산을 주기 위해 비오는 캠퍼스를 달리는 지혜의 심리를 강화시켜 줍니다. 이번에도 카메라는 고속 이동촬영으로 사랑의 환희에 가득 찬 지혜가 두 팔을 활짝 펴고 달리는 모습을 잡아주죠. 지혜는 마침내 상민이 연극 연습을 하고 있는 강당에 도착하고 그에게 우산을 건넵니다. 상민도 그제야

처음 본 순간부터 지혜를 좋아했다는 사실을 고백하죠. 음악 역시 후렴부가 모두 끝날 때까지 이어진 후 영상과 사운드 모두 자연스럽게 종료됩니다.

이렇게 두 번의 시퀀스에서 사용된 "너에게 난 나에게 넌"은 관객에게 인물 내면의 숨겨진 정서를 암시하고 감정적 변화를 이끌어내는 기능을 합니다. 또한 풋풋했던 첫사랑의 추억을 느끼게 해주는 역할도 하지요.

한편 영화음악은 영상과의 부조화를 통해 새로운 의미를 창조하는 대위법(對位法)을 사용함으로써 역설적인 대조의 효과를 얻을 수 있습니다. 영화에서 사용하는 대위법이란 두 개의 대조적인 양식이나 주제를 결합시켜 제3의 감정을 창조하는 작업을 말하는데요. 일종의 관객의 선입견을 역이용하는 방법이라고 할 수 있습니다. 예를 들어, 요람에서 잠을 자고 있는 아이의 얼굴을 보여줄 때 무슨 음악이 어울릴까요? 당연히 고요하고 잔잔한 클래식 선율이 어울립니다. 그렇다면 클럽에서 파티를 즐기고 있는 청춘을 보여줄 때는 어떤 음악이 분위기와 맞을까요? 아마도 대부분의 관객들이 빠른 테크노 음악이 나오기를 기대할 겁니다. 대위법은 이런 상황에 음악을 의도적으로 바꿔서 사용합니다. 요람과 테크노 음악을 연결시키고 클럽과 클래식 음악을 결합시켜 익숙함을 기대하는 관객에게 낯선 감정을 전달하는 것이죠.

봉준호 감독의 〈괴물〉(2006)에서 한강 둔치에 괴물이 처음 등장해 공원을 아비규환으로 만드는 장면이 있습니다. 주위 모든 사람들이 괴물을 피해 정신없이 도망치는 가운데 헤드폰을 끼고 분위기 있게 음악을 들으며 손톱에 낀 때를 긁어내는 데 열중하고 있는 한 여인이 보입니다. 이때 관객은 헤드폰에서 새어 나오는 찬송가 같은 아주 고요한 음악을 듣게 됩니다. 바로 그때 달려오는 괴물의 발이 그대로 이 여인을 강타하며 끌고 가는 장면이 이어지죠. 헤드폰을 끼고 있느라 소란이 난 줄 전혀 모르고 있던 이 여성은 결국 앉은 자리에서 바로 괴물에 희생을 당합니다. 괴물이 등장하는 이 초반의 장면에서 많은 희생자가 발생되었지만 유독 관객의 뇌리에 이 장면이 강하게 남았던 이유는 긴박한 이미지와 정적인 사운드가 대조를 이루는 대위법을 사용했기 때문입니다.

데이비드 핀처 감독의 〈세븐 Seven〉(1995) 역시 대위법을 잘 이용한 대표적인 작품입니다. 영화는 인간의 7대 죄악을 모티프

[그림87]〈괴물〉: 음악의 대위법
(00:14:20~00:14:40)

로 살인을 저지르는 연쇄 살인범과 그를 쫓는 두 형사의 이야기를 그리고 있습니다. 은퇴를 1주일 앞둔 베테랑 형사 서머셋(모건 프리먼 扮)은 새로 부임한 신참 밀스 형사(브래드 피트 扮)를 만납니다. 두 형사 앞에 기이한 연쇄 살인사건이 일어나고 밀스와 서머셋은 이 사건의 수사에 나서게 되지요. 사실 서머셋은 은퇴를 앞두고 있어 모른 체하며 보낼 수 있었지만 왠지 밀스를 돕고 싶은 마음이 듭니다. 그래서 연쇄 살인에 대한 단서를 얻기 위해 심야에 도서관을 방문하지요. 오랫동안 알고 지낸 경비원은 서머셋의 고상한 취향을 고려하여 바흐(Bach)의 "G선상의 아리아(Air For The G String)"를 들려줍니다. 이 곡은 사실 태교음악의 대명

사라고 할 수 있을 정도로 바이올린의 서정성을 살린 매우 아름다운 곡인데요. 우리가 이 음악을 듣는 동안 본능적으로 편안함을 느끼는 이유는 음악의 속도와 밀접한 관련이 있습니다. "G선상의 아리아"는 대체적으로 안단테, 즉 느리게 연주되며 이 속도는 인간의 심장박동 속도와 매우 유사합니다. 그래서 음악을 들을 때마다 편안함에서 오는 심리적 아름다움을 느끼게 되는 것이죠.

이런 안정적인 음악이 도서관 전체에 은은하게 울려 퍼지는 가운데 서머셋은 살인범이 7대 죄악을 모방한다는 추리하에 단서가 될 만한 책들을 찾아 나섭니다. 영화는 교차편집으로 살인 현장의 시체 사진으로 추리를 하는 신참 밀스와 서머셋을 번갈아 보여주지요. 밀스의 시선으로 잔인하게 살해된 희생자들의 흑백사진이 클로즈업되면 이번에는 서머셋이 찾은 『캔터베리 이야기 The Canterbury Tales』와 『신곡 La Divina Commedia』 속 삽화들이 관객의 시야에 들어옵니다. 청각으로는 은은하고 고상한 느낌을 자아내는 아름다운 선율이 들리고 시각으로는 차마 눈뜨고 보기 어려운 인간의 추악한 죄악이 보이는 것이죠. 만약 감독이 일반적인 스릴러 영화의 관습에 따라 이 장면에 공포심을 배가시키는 자극적인 음악을 선택했다면 단순히 살인범의 잔혹성만 부각되었을 겁니다. 그러나 〈세븐〉처럼 이미지와 사운드의 반대되는 정서의 충돌은 관객들에게 복합적인 감정을 느끼게 합니다. 시청각 정보에 의해 형성되는 아름다움과 잔인함의 공감각(共感覺)은 거룩한 신의 이름을 빌려 자신이 직접 잔인무도한 살인을 저지르는 살인마의 그로테스크함을 표현하는 한편 태초부터 현재에 이르기까지 끊임없이 반복되는 인간의 원죄를 극복하려는 두 형사의 고뇌를 자연스럽게 관객에게 전달합니다.

이장호 감독의 〈바보선언〉(1983)은 다양한 사운드 효과를 극대화시커 주제를 강화하는 실험적인 연출로 관객들에게 충격을 준 1980년대 한국영화 최대의 문제작입니다. 〈바보선언〉은 주로 리얼리즘에 치중했던 이장호 감독의 이전 작품과는 달리 모더니즘 계열의 난해하고 파격적인 구성을 통해 모순과 부조리로 점철된 한국사회의 모습을 신랄하게 조롱한 블랙코미디입니다. 〈바보선언〉은 영화적 관습을 파괴하면서 시대와 기존 영화미학에 저항하

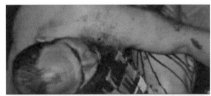

[그림88] 〈세븐〉: 음악의 대위법
(00:25:08~00:29:50)

려는 경향을 보였는데요. 그중에서도 사운드의 3요소를 이용한 실험성은 지금 시점에 보아도 대단한 미학적 완성도를 보여줍니다.

　〈바보선언〉의 가장 중요한 사운드 특징은 대사를 최소화했다는 점입니다. 당시 한국영화는 물론이고 할리우드 대다수 영화들도 배우의 대사를 통해 의미와 감정을 전달하는 게 일반적인 관습이었는데요. 〈바보선언〉은 영화가 시작하고 무려 37분 만에 처음 대사가 나올 정도로 과감히 축소시킵니다. 이와 관련해서 당시 웃지 못 할 에피소드가 있었는데요. 손님들이 비디오 대여점에서 〈바보선언〉을 빌려 영화를 보는데 하도 대사가 나오지 않으니까 반납을 하러 오는 경우가 빈번했답니다. 그러자 참다못한 주인들이 "그 영화 앞부분에 대사 안 나오는데 그거 테이프가 잘못돼서 그런 거 아니에요. 원래 그런 거니까 괜히 다시 가져오지

마세요."라고 대여하는 손님들에게 미리 주의사항을 알려주었다고 하네요. 사실 영화 전체를 놓고 보아도 대사가 거의 없는 것과 마찬가지입니다. 대신 감독은 대사의 빈자리를 내레이션, 효과음, 음악을 통해 사운드를 디자인합니다.

먼저 영화의 오프닝 장면부터 내레이션, 효과음, 음악을 결합시킨 사운드 디자인으로 내러티브를 전개해 나갑니다. 영화가 시작되자마자 어린아이가 그린 그림이 화면 전체를 장식하는 가운데 화려한 음악과 함께 전자오락 효과음이 강하게 들립니다. 전자오락실은 1980년대 초부터 한국 문화산업에서 중요한 공간으로 등장합니다. 전자오락실은 만화방의 인기를 따돌리며 청소년들을 급속히 빨아들였고 기성세대는 그런 전자오락실이 청소년 탈선의 원흉이라는 인식을 갖기도 했습니다. 감독은 1980년대 한국 전통문화를 위협했던 엔터테인먼트 산업 중 하나인 전자오락을 의도적으로 영화에서 상징화시킵니다.

이어지는 장면에서 이장호 감독의 당시 7살 난 아들의 목소리로 내레이션이 추가됩니다. "옛날 한 옛날, 20세기가 끝날 무렵에 우리나라에 동칠이라는 바보 같은 어른이 살았습니다." 내레이션이 끝나면 화면에는 그 동칠이(김명곤 扮)가 다리를 절룩이며 실제로 나타나고 영화 사운드는 민요 "꼭두각시"를 들려줍니다. 어린 시절 초등학교 운동회에서 들

[그림89] 〈바보선언〉: 오프닝 사운드 디자인(00:00:01~00:01:59)

었던 추억의 선율과 함께 동칠이가 좁은 달동네 골목을 걸어가는 장면이 이어지죠. 주요 배우와 제작진들의 크레디트가 올라오면서 이번에는 "꼭두각시"와 전자오락 효과음이 뒤섞인 사운드로 변환됩니다. 남의 조종에 따라 움직이는 사람을 의미하는 "꼭두각시"는 주인공 동칠이의 캐릭터를 묘사하는 주요 장치로 사용됨을 알 수 있습니다.

1980년대 한국사회는 개인의 의지에 따라 살 수 있는 사회가 아니라 국가권력에 의해 사상과 행동이 조종당하는 독재사회라는 의미를 동칠이를 통해 보여주고 있는 것이죠. 실제로 이장호 감독은 당시 서슬 퍼런 군사정권에 의해 자행된 검열의 칼날에 희생된 피해자 중 한 사람이었고 이러한 상징을 통해 우회적으로 사회 비판을 할 수밖에 없었습니다.

사운드를 이용한 당시 한국사회에 대한 비판적 인식의 표현은 영화감독의 자살 장면에서도 다시 한 번 빛을 발합니다. '바보선언'이란 제목이 보인 후 곧바로 하얀 양말을 신고 내의만 걸친 한 남성이 빌딩 옥상 위에 서 있는 모습을 틸트업하며 서서히 보여줍니다. 다름 아닌 이장호 감독 본인이죠. 그 남성은 날갯짓을 몇 번 한 후 그대로 아래로 떨어집니다. 이어지는 숏에서 떨어지는 남성은 온데간데없고 대신 신문 한 장이 아래로 떨어지는 모습을 앙각으로 보여주며 "레디 고!"라는 음성이 들립니다. 그런 후 야구방망이에 공이 맞는 효과음과 청중의 박수소리가 크게

[그림90] 〈바보선언〉: 사운드 디자인(00:02:14~00:04:31)

믹싱 됩니다. 추락하는 신문지를 클로즈업으로 보여주면서 "활동사진 멸종위기"라는 내레이션이 들려오죠.

이어지는 숏에서 아까 추락한 남성이 거리에 쓰러져 있는 모습을 부감으로 잡아줍니다. 이어 "스트라이크" 효과음과 함께 관중의 함성소리가 들리고 추락한 남성을 보러 군중이 둘러싸지요. 떨어진 남성은 동칠이의 귀에 대고 마지막 유언을 남깁니다. 영화는 지금까지 펼쳐진 일련의 상황을 오프닝에 등장했던 어린아이의 내레이션으로 정리합니다. "어느 날 동칠이는 옥상에서 뛰어내린 영화감독을 만났습니다. 그 당시에는 사람들은 영화에 관심이 없었습니다. 모두들 스포츠에만 관심이 많았습니다. 영화감독은 혼자서 죽어버렸습니다." 결국 관객들은 이 내레이션으로 앞서 펼쳐진 일련의 상황과 상징들을 이해할 수 있게 됩니다.

1980년대 군사정부는 정치로 쏠리는 국민의 관심을 돌리기 위해 프로야구와 같은 스포츠를 의도적으로 장려했고 국민은 자신도 모르는 사이에 우민화(愚民化), 즉 부지불식간에 바보로 변하고 말게 되죠. 동칠이는 바로 그 대다수 바보화 되어가는 국민을 상징하는 캐릭터라고 할 수 있습니다. 또한 이장호 감독 역시 이 정책에 희생양이 되어 그 어느 감독보다 혹독하게 정부의 감시를 받게 되죠. 자살한 감독은 바로 자신의 이러한 실제 상황을 상징적으로 보여준 인물이라고 할 수 있습니다. 감독은 이렇게 배우의 대사가 아닌 효과음, 내레이션, 음악을 적절히 결합시키는 사운드 실험으로 획기적인 내러티브를 구축하고 있습니다.

〈바보선언〉은 이외에도 영화 전편에 걸쳐 다양한 음악적 실험을 독특하게 시도하고 있습니다. 전통민요 "새타령"과 팝송 "글로리아(Gloria)"가 뒤엉키고 식민지 시대의 가요 남인수의 "감격시대"는 전혀 감격적이지 않는 장면에서 반어법으로 사용되며 구전가요 "알캉달캉"과 국악 "어디로 갈거나" 등으로 동칠과 그의 동료들의 애환을 은유적으로 표현합니다. 영화의 마지막 장면에서 여의도 국회의사당을 배경으로 동칠과 육덕이의 탈춤을 연상시키는 스트리킹 장면은 찬송가 "어느 민족 누구게나"가 배경에 깔립니다. 그야말로 사운드를 통한 아이러니 효과의 종합선물세트 같은 놀라운 연출이라고 할 수 있습니다.

이상의 예에서 보았듯이 사운드 디자인은 다양한 소리가 녹음된 사운드트랙과 이미지를 세밀하게 결합시키면서 영화 연출의 잠재적 역량을 최대한 끌어내는 역할을 담당합니다. 이렇게 영화의 사운드는 하나의 사운드 요소가 단독으로 사용될 수도 있고 다른 사운드 요소와 결합하여 사용될 수도 있습니다. 시나리오 창작자 입장에서 중요한 점은 비록 사운드 디자이너와 같은 전문가 수준은 아니더라도 사운드 요소들이 영화 안에서 어떻게 기능하는지 각 요소의 유형과 특징에 대해 어느 정도 파악할 수 있어야 한다는 것입니다. 앞에서 보았다시피 이미지와 함께 시너지 효과를 내는 사운드의 연출은 비단 후반작업에서만 하는 것이 아니라 프리프로덕션에서부터 설계되어야 하기 때문입니다.

나오는 글

지금까지 우리는 창조적인 시나리오를 쓰기 위한 방법에 대해 고민하면서 소설과 다른 영화적 글쓰기의 특징이 무엇인지를 파악해보았습니다. 또한 미장센을 활용한 영화적 글쓰기의 중요성과 시나리오 작법에 실질적으로 도움을 줄 수 있는 네 가지 팁에 대해 알아보았습니다. 본문 곳곳에 흩어져 있는 영화적 글쓰기를 위한 네 가지 팁을 다시 한 번 간추려 요약하고자 합니다.

영화적 글쓰기 네 가지 팁	시나리오 작법 적용
구체적으로 관객에게 보여주기	드러냄의 미학 활용
미장센 구성요소 활용 안목 기르기	플롯 인과성 증폭
스토리 일부 관객에게 보여주지 않기	감춤의 미학 활용
마인드맵 이용 습관 기르기	연상작용 / 잠재의식 자극

[표6] 영화적 글쓰기 네 가지 팁

첫 번째 팁은 "영화는 구체적으로 보여주어야 한다."는 것이었습니다. 드러냄의 미학을 활용하는 팁으로서 영화는 반드시 카메라라는 '중개자'가 있어야만 관객에게 이야기를 전달할 수 있기 때문에 가급적 프레임의 여백을 채워나가는 글쓰기를 지향해야 합니다. 두 번째 팁은 "영화창작자는 미장센 구성요소를 활용할 수 있는 안목이 필요하다."는 것이었습니다. 창조적인 시나리오를 쓰기 위해서는 좋은 필력 외에 미장센 요소를 잘 활용할 수 있는 능력을 반드시 갖춰야 합니다. 그래야만 관객의 상상력을 자극할 수 있고 영화의 의도를 제대로 전달할 수 있는 좋은 플롯을 갖춘 시나리오를 쓸 수 있습니다. 세 번째 팁은 "영화는 때로 스토리 중 일부를 보여주지 않아야 한다."는 것이었습니다. 감춤의 미학을 활용하는 팁으로서 특별한 의도를 살리기 위해 관객에게 고의로 구체적인 장면을 보여주지 않는 기법을 말합니다. 첫 번째 팁과 상보(相補)적인 관계로 스토리와 플롯의 팽팽한 긴장감을 발생시키기 위해 감춤과 드러냄의 줄다리기를 시의 적절하게 사용하여 제3의 반응을 유도할 수 있는 전략입니다. 영화적 글쓰기의 마지막 팁은 "마인드맵을 이용해 이야기를 정리하는 습관을 길러야 한다."는 것이었습니다. 마인드맵 기법을 활용해서 이야기를 창작하고 분석하게 되면 두뇌의 연상작용과 잠재의식을 자극시켜 평소 생각하지 못했던 다양한 아이디어를 얻을 수 있습니다. 아무쪼록 이 네 가지 팁이 독자 여러분의 시나리오 창작과 분석과정에 도움이 되기를 바랍니다.

앞서 시나리오에 대한 피드백을 하는 과정에서 가장 많이 하는 조언 두 가지에 대해 설명했는데요. 반대로 가장 많이 듣는 질문이 있습니다. 바로 "창의적인 영화적 글쓰기에 부합하는 가장 이상적인 시나리오의 예는 무엇입니까?"라는 것입니다. 이런 질문을 받을 때마다 저는 주저 없이 〈8월의 크리스마스〉를 추천합니다. 그런데 이제 한 편을 더 추천목록에 넣을 수 있을 것 같습니다. 바로 〈기생충〉입니다. 기왕 우리 책의 화두를 〈기생충〉으로 시작했으니 논의의 끝머리도 〈기생충〉의 한 장면을 예로 들며 마무리할까 합니다.

〈기생충〉을 가장 이상적인 시나리오의 예로 드는 이유는 비단 아카데미 시상식을 비롯해 세계 유수의 영화제에서 각본상을 수상했기 때문만은 아닙니다. 우리 책에서 소개했던 네 가지 팁은 물론이고 영화의 시공간과 사운드를 절묘하게 조화시켜 스토리와 플롯의 인과관계를 가장 잘 구현한 작품이기 때문입니다.

봉준호 감독의 영화는 그가 그린 스토리보드와 거의 일치하는 것으로 유명한데요. 사실 시나리오도 마찬가지입니다. 물론 시나리오의 내용이 최종 편집본과 부합하지 않는 장면도 상당수 존재하지만 거의 일치한다고 봐도 무방할 정도로 디테일이 뛰어납니다. 이미 시나리오를 쓸 때 어떻게 장면을 연출할지 이미지와 사운드를 상상해가며 작성했기 때문에 읽어내려 가면 바로 영화 장면이 연상됩니다. 예를 들어, '믿음의 벨트' 몽타주 시퀀스를 보면 시나리오 단계에서부터 이미 음악을 머릿속에 염두에 두고 설계한 것임을 알 수 있습니다. 심지어는 특정 숏에 맞는 음악적 톤을 다음과 같이 지정하기도 합니다. "날카롭게 곤두서는 음악의 선율, 베일 듯 신경줄을 자극한다." 또한 음악과 영상이 어떤 지점에서 끝날지를 시나리오 상에서 미리 계산해 두기까지 합니다. "구비구비 이어져 온 시퀀스 음악 '믿음의 벨트', 마침내 절정의 대단원을 맞는다." 이렇게 특별히 강조하고 싶은 장면에서는 "고속촬영의 우아한 리듬으로", "계단을 따라 우아하게 상승하는 스테디 캠", "서서히 디졸브 되면" 등과 같이 기술적 용어를 종종 사용하기도 하지만 영화 기술과 관련된 표현이 없는 장면도 글을 읽으면서 충분히 머릿속으로 영상이 그려지게 서술됩니다. 이러한 영화적 글쓰기가 가능한 가장 큰 이유는 단순히 작가로서가 아닌 직접 연출한다는 생각으로 글을 썼기 때문이죠.

〈기생충〉에서 가장 뛰어난 장면 중 하나라고 평가받는 '믿음의 벨트' 시퀀스를 통해 이 영화가 어떻게 미장센 요소를 이상적으로 조합하고 있는지 알아보겠습니다.

기우, 기정에 이어 아버지 기택까지 수행기사로 취직하면서 가족 전체가 박사장 집에 기생하는 데 성공합니다. 이제 기택 가족은 문광 대신 엄마 충숙마저 가사도우미로 취직시키기 위해 음모를 꾸미게 되죠. 우리의 관심을 끄는 장면은 충숙을 취업시키기 전 문광을 내쫓는 작업이 펼쳐지는 20개의 신과 60개 숏으로 이루어진 약 5분여에 달하는 '문광 축출 작전' 장면입니다. 숏별로 어떻게 구성되었는지 살펴볼까요.

	〈기생충〉'믿음의 벨트' 60개 숏(00:39:21~00:44:23)
1	테마음악 "믿음의 벨트"＋기정 박사장 집 2층에서 내려오는 모습, 고속촬영
2	기정 내레이션＋식탁에서 졸고 있는 문광 포착
3	기우 내레이션＋과일 접시 부감으로 클로즈업
4	기우 내레이션＋문광이 과외하는 기우를 감시하는 듯한 시선
5	기우 내레이션＋문광을 관찰하는 기우 모습 클로즈업
6	기우 내레이션＋문을 닫고 나가며 다시 한 번 감시하는 문광의 시선 클로즈업
7	기우 내레이션＋문광 오른쪽 패닝＋남궁현자 기사 스크랩 액자 클로즈업
8	기우 내레이션＋욕실에서 사우나를 즐기는 박사장의 모습
9	충숙 내레이션＋남궁현자 사진 액자 클로즈업
10	기우, 기정, 충숙 피자집 식탁에서 작당 모의, 와이드앵글
11	피자 부감 클로즈업＋핫소스 뿌려지는 장면, 팬(＝)쉘로우포커스
12	기우 뒷모습＋다혜 측면 얼굴. 문광 복숭아 알레르기 있음을 인지 1
13	다혜 뒷모습＋기우 정면 얼굴 클로즈업. 복숭아 알레르기 있음을 인지 2
14	기정 동네슈퍼에서 복숭아 훔치는 모습, 고속이동촬영
15	기정 복숭아 털 날리는 장면 고속이동촬영, 복숭아 알레르기 작전 암시
16	기우 내레이션＋집 앞 골목길에서 구체적 작전 설계, 고속이동촬영
17	기우 내레이션＋복숭아 털 수집 장면 클로즈업
18	기우 내레이션＋박사장 집에서 문광에게 인사 고속이동촬영
19	기우 내레이션＋복숭아 털 담긴 용기 클로즈업
20	기우 내레이션＋기우가 문광 뒤통수에 복숭아 털 뿌림 1, 고속이동촬영
21	문광 기침 사운드＋기우 박사장 집에서 나오면서 뿌듯한 웃음
22	문광 병원 벤치＋에스컬레이터에서 서서히 내려오는 기택, 딥포커스
23	문광 병원 벤치＋기택 셀카 찍는 척하며 문광 촬영, 딥포커스
24	마트에서 기택이 연교에게 문광 사진 보여줌
25	문광이 찍은 셀카 사진 속 문광 클로즈업

26	문광 사진을 보는 기택과 연교
27	마트 지하주차장에서 연교에게 문광의 병에 대해 설명, 이동촬영
28	기택 집에서 미리 장면 리허설하는 가족들, 줌인+패닝
29	기우 지시로 감정 연습하는 기택
30	감정 디테일 연기 지도하는 기우+기우 지시로 감정 연습하는 기택 2, 패닝
31	기택 운전하며 연교에게 문광의 증상 실전 설명, 팬⟨=⟩쉘로우포커스
32	감정 연습하는 기택+기택 연습 따라 하는 기우, 패닝
33	문광의 결핵 사실을 믿는 연교+부연 설명하는 기택
34	감정 디테일 살려 기택의 대사를 하는 기우
35	연교의 입에서 기우의 대사가 그대로 반복, 기우의 작전이 제대로 통한다는 암시
36	감정 디테일 살려 기택의 대사를 하는 기우+그 모습 지켜보는 기정
37	감정 디테일 살려 기우의 대사를 하는 기택
38	감정 디테일 살려 기택의 대사를 하는 기우+그 모습 지켜보는 온 가족
39	감정 디테일 살려 기우의 대사를 하는 기택+기겁하는 연교
40	다송을 무릎에 앉혀 수업하는 기정을 줌인
41	스마트폰 메시지를 보는 기정의 손 클로즈업+3분 후 도착 메시지
42	재빨리 가방에서 복숭아 꺼내는 기정의 손 클로즈업
43	기정 박사장 집 2층에서 내려와 식탁 문광에게 접근, 고속이동촬영, 롱 숏
44	기정 식탁에 앉아있는 문광에게 복숭아 털 뿌림 2, 고속이동촬영
45	냉장고 문 열며 문광 반응 보는 기정, 고속촬영
46	멍하니 한 곳을 응시하는 문광
47	박사장 집 주차장에 도착한 기택+다급히 비밀번호 누르는 연교, 패닝
48	계단을 오르는 연교와 기택, 고속촬영+문광의 기침소리 사운드
49	기침하는 문광+계단을 오르는 연교와 기택, 고속촬영
50	놀라는 표정의 연교, 고속촬영+문광의 기침소리 사운드
51	휴지로 입을 가리며 기침하는 문광이 휴지통에 휴지를 버리는 모습, 틸다운
52	기택 집에서 핫소스 필살기를 설명하는 기정과 기우
53	핫소스 들고 흔드는 기정 손 클로즈업
54	연교보다 앞장서서 이동하는 기택, 고속이동촬영+문광의 기침소리 사운드
55	기침하며 부엌코너를 도는 문광+휴지통을 보는 기택의 시선
56	주머니에서 핫소스를 꺼내는 기택, 앙각
57	휴지통 안 휴지위에 핫소스를 뿌리는 기택의 손 클로즈업, 부감
58	연교의 걱정스러운 표정 클로즈업
59	핫소스 뿌린 휴지를 들고 연교를 바라보는 기택의 얼굴 클로즈업
60	두 눈을 감으며 왼쪽으로 쓰러지려는 연교, 페이드아웃

앞서 설명한 대로 '문광 축출 작전' 신 스토리보드의 일러스트는 허를 내두를 정도의 정교한 디테일을 보여줍니다. 다음 그림에서 볼 수 있듯이 배우의 시선과 동선, 카메라 움직임, 숏의 크기와 앵글, 심지어 초당 프레임 수까지 실제 영화에서 본 거의 그대로 세밀하게 묘사되어 있는 것을 확인할 수 있습니다. 그렇다면 스토리보드의 전 단계라고 할 수 있는 시나리오는 어떨까요? 시나리오 역시 마찬가지입니다. 촬영 현장과 후반작업에서 필요할 때마다 수정되는 '미완성' 시나리오가 아니라 구체적인 이미지와 사운드를 치밀하게 상상해가며 작성했다는 것을 바로 알 수 있을 정도로 꼼꼼하게 묘사되어 있습니다.

우선 〈기생충〉의 시나리오는 첫 번째와 두 번째 팁을 충실하게 반영했다는 것을 알 수 있습니다. 기택 가족이 문광을 쫓아내기 위한 단서를 어디서 얻었는지 그리고 그 단서를 어떻게 작전으로 발전시켜 나가는지, 끝으로 어떻게 실행하는지를 매우 구체적으로 보여줍니다. 또한 〈기생충〉은 영화의 상황과 등장인물들의 심리 상태를 알게 해주는 가장 직접적인 수단인 대사를 최대한 자제하여 사용합니다. 대신 다양한 미장센 요소들을 창의적으로 결합시켜 '문광 축출 작전'에 대한 정보를 시청각적으로 관객에게 전달합니다. 고속촬영을 언제 어떻게 사용하고 배우의 시선이 교환되는 지점에서 카메라는 어떤 움직임을 가져갈지를 고민하며 영화의 초점을 활용해 관객의 집중을 유도하고 숏과 앵글을 다변화시켜 편집의 리듬까지 계산하는 치밀함을 보여줍니다.

〈기생충〉의 시나리오는 세 번째 팁인 플롯의 감춤과 드러냄의 줄다리기 역시 시의 적절하게 활용합니다. 예를 들어, 기우가 문광에게 복숭아 알레르기가 있음을 인지하고 거사에 앞서 사전에 테스트했을 때 영화는 문광의 기침소리를 사운드로만 들려주고 문광이 육체적으로 얼마나 괴

[그림91] 〈기생충〉: '믿음의 벨트' 스토리보드

로워하는지에 대한 이미지는 철저하게 감추는 전략을 구사합니다. 실제로 이 장면을 시나리오에서는 사운드만 강조하고 이미지는 생략합니다. "기우가 대문 앞 계단을 내려와 몇 발짝 가기도 전에, 벌써부터 들려오는 문광의 격한 기침소리. 터벅터벅 내리막길을 걷는 기우. 밤하늘로 울려 퍼지는 기침소리가 고조되는 음악과 뒤섞인다." 결국 이 감춤의 미학은 관객의 궁금증을 더욱 자극하게 되고 마지막 60번째 숏에서 강력한 효과를 발휘하게 됩니다.

재미있는 사실은 〈기생충〉을 보고 외국 관객이 가장 많이 웃은 장면이 바로 57번에서 60번째 숏으로 넘어가는 순간이었다는 점입니다. 휴지 위에 핫소스를 뿌리는 기택의 손이 클로즈업되는 순간 웃음소리가 시작되다가 연교의 걱정스러운 표정에 이어 기택이 핫소스를 뿌린 휴지를 들고 정말 찝찝하다는 표정으로 연교를 바라보는 장면에서 관객은 그야말로 손뼉을 쳐가며 박장대소를 합니다. 사실 이들의 반응을 볼 때마다 솔직히 이해가 잘 가지 않습니다. 한국 관객의 대부분은 이 장면에서 그렇게 큰 웃음이 터지지는 않았으니까요. 물론 언어와 문화의 차이로 인해 정서의 포인트가 다를 수 있다는 것은 자연스러운 현상입니다. 결국 이렇게 다양한 관객 반응을 유도할 수 있었던 것은 그만큼 〈기생충〉의 인과관계가 뛰어났기 때문입니다.

그렇다면 '믿음의 벨트' 마지막 장면에서 관객이 이토록 통쾌하게 웃을 수 있었던 요인은 어디에 있을까요? 핵심은 복숭아 알레르기 장면을 두 번 보여준 것에 있지 않을까 추측해 봅니다. '문광 축출 작전'은 마치 은행 강도의 사전 모의나 군사작전을 방불케 할 정도로 치밀하게 전개되는데요. 아마도 케이퍼 무비(Caper movie)에 익숙한 서양 관객들은 〈기생충〉이 장르의 공식을 패러디했다고 본 것 같습니다. 케이퍼 무비는 무언가를 도둑질하는 행위를 스펙터클하게 보여주는 범죄영화의 한 유형인데요. 〈오션스 일레븐 Ocean's Eleven〉(2001)이나 〈도둑들〉(2012) 같은 영화를 말합니다. 외국 관객이 보기에는 가사도우미 자리를 얻기 위해 마치 은행이라도 터는 것처럼 치밀하게 계획을 세우는 모습이 무척 색다르게 다가왔을 것도 같습니다.

〈기생충〉의 시나리오는 영화의 시공간을 활용하는 측면에서도 많은 교훈을 줍니다. 영화는 문광을 축출하기 위해 기택 가족이 모의하고 실행하는 장면을 플래시백과 현재 시점을 끊임없이 교차시켜 이야기를 진행해 나갑니다. 만일 '문광 축출 작전' 신이 현재와 과거를 오가는 편집이 아닌 단일한 시간대 안에서만 벌어졌다면 매우 단조로운 이야기로 그쳤을 것입니다. 〈기생충〉은 플래시백을 정보의 보충 기능을 하도록 사용하면서 관객이 영화를 쉽게 이해하고 이야기에 몰입하는 데 도움을 주고 있습니다.

앞서 잠시 설명했지만 〈기생충〉은 시나리오 단계에서부터 이미 음악을 필수불가결한 이야기의 원천으로 사용하고 있습니다. 봉준호 감독의 영화 대부분은 사운드를 인상적으로 사용하는데요. 그 주된 이유는 감독 자신이 기타와 피아노를 직접 연주할 정도로 음악적 소양이 뛰어난 것도 있겠지만 영화예술이 시청각매체라는 점을 확실히 인식하고 있기 때문이기도 합니다. 이렇듯 시나리오를 쓰는 과정에서 사운드를 십분 활용하는 능력은 자신만의 영화적 글쓰기를 하면서 발휘할 수 있는 최고의 기술이라는 점을 〈기생충〉은 보여줍니다. 봉준호 감독은 정재일 음악감독에게 "믿음의 벨트" OST를 만들 때 "바로크풍으로 음악을 만들되 우아하지는 않지만 우아한 척하는 음악을 만들어달라"고 했다고 합니다. 꽤 까다로운 주문인데요. '믿음의 벨트' 시퀀스를 보고 나면 감독의 주문을 음악감독이 정말 멋지게 표현했다는 생각이 듭니다.

먼저 "믿음의 벨트" 음악을 들어 보면 17~18세기 유럽의 상류층이 즐겼던 바로크 음악을 대표하는 바흐가 연상되는데요. 언뜻 들으면 엄격한 형식미와 장식성이 특징인 바로크 음악은 호화로운 박 사장 집의 분위기와 매우 잘 어울리는 것처럼 들립니다. 그러나 사실은 반전의 효과를 얻기 위한 고도의 음악적 장치라는 것을 알 수 있습니다. "믿음의 벨트"의 제목은 연교가 기정에게 낯선 사람을 믿지 못하고 아는 지인들끼리 소개해주는 찬스를 "믿음의 벨트"라고 부르는 것에서부터 출발하는데요. 결론적으로 연교의 그 믿음의 벨트는 거짓과 음모로 연결되어 결국 비극으로 끝나고 마는 출발점이 됩니다. 정재일 음악감독이 만든 가짜 바로크풍 "믿음의 벨트"는 박 사장으로 대표되는 부르주아 계급의 가식과 위선을 풍자하는 장치로 사용됩니다.

"믿음의 벨트" 영화음악에 숨겨져 있는 또 하나의 상징은 바로 바흐와의 연결성입니다. 바흐의 곡은 치밀하고 수학적인 경우가 많은데요. 가사도우미 문광을 쫓아내기 위해 기택 가족이 벌이는 촘촘하고 치밀한 음모의 실행 과정은 치밀하게 작곡된 바흐의 음악을 닮았습니다. 그러나 바로크풍이지만 바로크 음악이 아닌 "믿음의 벨트"는 이 모든 과정이 결국은 다 가짜라고 결론을 내리는 것이죠. 앞선 논의에서도 강조했듯이 이미지와 시너지 효과를 낼 수 있는 사운드 연출은 비단 후반작업에서만 하는 것이 아니라 프리프로덕션에서부터 설계되어야 한다는 당위성을 〈기생충〉은 잘 보여줍니다.

이상으로 〈기생충〉이 어떻게 미장센 요소를 이상적으로 조합해서 시나리오를 작성하고 영화로 완성했는지를 알아보았는데요. 독자 여러분이 〈기생충〉보다 훨씬 더 뛰어난 시나리오를 쓸 수 있는 주인공이 되기를 진심으로 기원합니다.

끝으로 『미장센-영화 창작 논리의 해부』 개정판 에필로그에서 독자분들이 미장센 코드 후반부에 대한 내용이 누락된 점을 지적해 주셨고 이를 "영상으로 관객의 마음을 움직일 수 있는 영화적 글쓰기란 무엇인가?"라는 새로운 책에서 자세히 알아보겠다고 약속드렸는데 이 두 가지를 모두 지킬 수 있게 되어서 감사하게 생각합니다.

■ 참고문헌

『고려대한국어대사전』, 고려대학교 민족문화연구원 저, 2009.
『국립국어원 표준국어대사전』: https://stdict.korean.go.kr
『동아 프라임 영한사전』, 동아출판 편집부 저, 동아출판, 2018.
『옥스포드 영한사전』, ＡＳ혼비 저, 정영국·조미옥 등 편, 이퍼블릭(범문사), 2009.
『영화용어해설집』. 이승구·이용관 엮음, 집문당, 1997.

김윤아 저,『영화 스토리텔링』, 아모르문디, 2019.
김성동 저,『만다라』, 청년사, 2005.
목혜정 저,『영화 사운드의 이해』, 아모르문디, 2016.
봉준호 저,『기생충 각본집 & 스토리보드북 세트』, 플레인, 2019.
서정남,『영화서사학』, 생각의나무, 2004.
이범선 저, 정현기 외 엮음,『오발탄 외』, 푸른사상, 2013.
이병주 저,『지리산』, 한길사, 2006.
이정국 외,『고등학교 시나리오』, 서울특별시 교육청, 2016.
이종승 저,『미장센-영화 창작 논리의 해부』, 아모르문디, 2019.

김용 저, 김일강 역,『영웅문1』, 고려원, 1986.
루이스 자네티 저, 김진해 역,『영화의 이해-이론과 실제』, 현암사, 2007.
블라디미르 프로프 저, 유영대 역,『민담형태론』, 새문사, 2000.
수잔 콜린스 저, 이원열 역,『헝거게임』, 북폴리오, 2009.
시모어 채트먼 저, 김경수 역,『영화와 소설의 서사구조』, 민음사, 1995.
앙드레 고드로 저, 송지연 역,『영화서술학』, 동문선, 2001.
얀 마텔 저, 공경희 역,『파이 이야기』, 작가정신, 2004.
조셉보그스 저, 이용관 역,『영화읽기와 영화보기』, 제3문학사, 1991.

연희원,「시각중심주의의 남성편향성 연구」, 한국여성철학, 23호, 2015.
이종승,「영화에 나타난 소외의식 연구」, 동국대학교 대학원 연극영화학과 석사학
        위논문, 2000.

이종승, 「플래시백과 피드백 개념의 융합을 통한 영화 시간의 복합성 연구」, 『씨네포럼』 통권 14호, 동국대학교 영상미디어센터, 2012.

나원정, "'기생충'의 부잣집 vs 반지하, 극과 극 공간의 엄청난 공통점", 「중앙일보」, 2019.06.09.

BESSALEL Jean, GARDIES André, *200 Mots-clés de la théorie du cinéma*, CERF, 1992.
CARCASSONNE Philippe, " Coupez ! ", *Cinématographe*, n° 51, octobre, 1979.
＿＿＿＿＿＿＿＿＿, " Le mauvais esprit du cinéma ", *Cinématographe*, n° 97, février, 1984.
DE MONTVALON Christine, *Les mots du cinéma*, Belin, 1987.
JOURNOT Marie-Thérèse, *Le vocabulaire du cinéma*, Nathan, 2003.
LAFFAY Albert, *Logique du cinéma*, Masson, 1964.
MAGNY Joél, *Vocabulaires du cinéma*, Les petits cahiers, 2004.
MITRY Jean, " Les origines du flash-back ", *Cinématographe*, n° 97, février, 1984.
MOUREN Yannick, *Le flash-back*, Armand Colin, 2005.
PREDAL René, Alain Resnais, Lettres modernes, coll. *Etudes cinématographiques*, 1968.
PESSIS Georges, *Dictionnaire Cinéma*, DIXIT, 1997.
ROY André, *Dictionnaire du film*, Logiques, 1999.
TURIM Maureen, *Flashbacks in film : memory & history*, Routledge, 1989.
VERNET Marc, "Flash-back ", in *Lectures du film*, J. COLLET, M. MARIE, D, PERCHERON, J-P. SIMON, M. VERNET, Albatros, 1980.

〈최첨단 편집―영화편집의 마술 The Cutting Edge: The Magic of Movie Editing〉, 2004
[올레tv] 배리어프리 영화 섹션
[tvN] 〈비밀독서단〉, E09.151110.
[jtbc] 〈방구석 1열〉, E72.190922.